C·H·Beck

W0109074

Josef Braml • Mathew Burrows

DIE TRAUM WANDLER

Wie China und die USA in einen neuen Weltkrieg schlittern

C.H.Beck

Originalausgabe
© Verlag C.H.Beck oHG, München 2023
Alle urheberrechtlichen Nutzungsrechte bleiben vorbehalten.
Der Verlag behält sich auch das Recht vor, Vervielfältigungen dieses Werks
zum Zwecke des Text and Data Mining vorzunehmen.
www.chbeck.de
Umschlaggestaltung: geviert.com, Christian Otto
Umschlagabbildung: v. l. n. r.: Donald Trump © picture alliance/newscom;
Vladimir Putin © picture alliance/AP Photo; Joe Biden
© picture alliance/Reuters; Xi Jinping © Lintao Zhang, getty images;
Recep Tayyip Erdogan © picture alliance/Reuters
Satz: C.H.Beck.Media.Solutions, Nördlingen
Druck und Bindung: Pustet, Regensburg
Printed in Germany
ISBN 978 3 406 80719 0

myclimate

klimaneutral produziert
www.chbeck.de/nachhaltig

Den Friedensstiftern dieser Welt

INHALT

PROLOG

Sarajevo, 28. Juni 1914: Der serbische Nationalist Gavrilo Princip war einer von sechs Attentätern, die auf die Autokolonne mit Erzherzog Franz Ferdinand – dem Erben der österreichisch-ungarischen Monarchie – und seiner Frau Sophie angesetzt wurden. Die ersten Attentatsversuche scheiterten aus verschiedenen Gründen, aber Princip bekam erneut Gelegenheit, als der Fahrer des Erzherzogs vom Weg abkam und die Bremse betätigte. Als er versuchte, den Rückwärtsgang einzulegen, ging der Motor genau in der Nähe der Stelle aus, an der Princip stand. Princip trat an das Trittbrett des Fahrzeugs und erschoss den Habsburger Erben und seine Frau aus nächster Nähe. Der Rest ist Geschichte.

Eine Woche später versicherte der deutsche Kaiser Wilhelm II. Wien seiner bedingungslosen Unterstützung – und erteilte damit de facto einen Blankoscheck. Am 23. Juli sandte der österreichisch-ungarische Kaiser Franz-Josef ein Ultimatum an Serbien, mit so harten Bedingungen, dass die meisten europäischen Regierungen befürchteten, Serbien könnte es nicht akzeptieren. Tatsächlich nahmen die Serben nicht alle Bedingungen an – sie weigerten sich etwa, österreichische Beobachter an den serbischen Ermittlungen über die Hintergründe des Attentats teilnehmen zu lassen. Aber Serbien akzeptierte die meisten österreichisch-ungarischen Forderungen. Als Kaiser Wilhelm die serbische Antwort erhielt, schrieb er eine Randnotiz: «Damit fällt jeder Kriegsgrund fort.»[1] Er versuchte sogar in letzter Sekunde zu intervenieren, aber der Zug hatte sich bereits in Bewegung gesetzt. Österreich-Ungarn erklärte Serbien am 28. Juli den Krieg. Wien hatte kein Interesse an weiteren Verhandlungen mit Belgrad, weil es die Krise als Vorwand nutzen wollte, um mit Serbien abzurechnen und sich als europäische Großmacht zu behaupten. Doch der Konflikt ließ sich nicht regional begrenzen. So töteten die Kugeln von Sarajevo Millionen von Menschen in einem Krieg, der später als Erster Weltkrieg bezeichnet wurde.

Der australische Historiker Christopher Clark stellte in seinem Bestseller *Die Schlafwandler: Wie Europa 1914 in den Krieg zog*[2] die These infrage, Deutschland habe den Krieg gewollt und planmäßig herbeigeführt, um seinen «Platz an der Sonne» zu sichern. Stattdessen beschrieb er, wie eine Spirale aus militärischen Zwängen, aggressiver Risikobereitschaft, falschen Erwartungen und Fehleinschätzungen außer Kontrolle geriet. In dieser Sichtweise war die Krise vom Juli 1914 eine «Tragödie».[3]

Um es ganz deutlich zu sagen: Auch wenn es keinen allein Schuldigen gibt und es in allen europäischen Hauptstädten eine Kriegspartei gab – wie Clark gezeigt hat –, trägt Deutschland immer noch eine besondere Verantwortung für den Ausbruch des Ersten Weltkriegs. Berlin hatte die Mittel, um die Krise zu entschärfen, nutzte sie aber nicht. Im Gegenteil, indem es Wien signalisierte, dass das Deutsche Reich bedingungslos zu seinem Verbündeten stehen würde, lieferte Berlin das Feuerzeug, um die Lunte zu zünden.[4] Es handelte sich aber eher um «eine riskante Partie aus Furcht», wie Kurt Rietzler, ein enger Vertrauter des Reichskanzlers Theobald von Bethmann Hollweg, im März 1930 in einem Brief an den Chefredakteur des *Berliner Tageblatts*, Theodor Wolff formulierte.[5] Anstatt direkt auf Krieg zu zielen, begann die Reichsleitung ein gefährliches Spiel: Mit dem, was sie für ein «kalkuliertes Risiko» hielt, versuchte sie, ihr politisches Ziel zu erreichen, das Bündnis zwischen Frankreich und Russland zu schwächen und die wahrgenommene «Einkreisung» Deutschlands durch die Triple Entente zu brechen.

Sie hatte sich jedoch verrechnet. Berlin erklärte Russland am 1. August und Frankreich am 3. August den Krieg. Die Verletzung der belgischen Neutralität durch Deutschland und die britische Angst vor einer deutschen Vorherrschaft in Europa führten am 4. August zum Kriegseintritt Großbritanniens. Innerhalb eines Monats gingen «in ganz Europa die Lichter aus», obwohl die meisten Beteiligten erklärten, dass sie keinen Krieg wollten, und bereits den Zeitgenossen bewusst war, dass «wir sie zu unseren Lebzeiten nicht mehr angezündet sehen werden», wie der britische Außenminister Sir Edward Grey beklagte. George Kennan, Architekt der Containment-Politik während des Kalten Krieges, nannte den Ersten Weltkrieg die «Urkatastrophe des 20. Jahrhunderts», die nicht nur in Europa, sondern auf der ganzen Welt verheerende Schäden anrichtete.

Dass Clark sein Buch zum Gedenken an den 100. Jahrestag des Ersten Weltkriegs mit *Die Schlafwandler* betitelte, veranlasste einen Kritiker zu der Aussage, dass die Europäer keine Schlafwandler gewesen seien, sondern «*Träumer*, die sich nationalen Ruhm, Macht und Erlösung erhofften – Träume, die sie kaum verstehen konnten und die zu Albträumen werden würden».[6] Ob Schlafwandeln oder Traumwandeln, der Beginn des Krieges war die Folge einer Kette von Entscheidungen verschiedener Akteure, die keineswegs unvermeidlich waren. Deshalb sind, wie Clark zurecht mahnte, ähnliche Eskalationen auch in den heutigen Krisen denkbar. Die Geschichte mag sich nicht wiederholen, aber sie könnte sich reimen, sollten die rivalisierenden Weltmächte von heute in einen Krieg «hineinschlittern», wie es die europäischen Mächte 1914 taten, um den berühmten Ausdruck von David Lloyd George zu zitieren, der im Dezember 1916 mitten im Ersten Weltkrieg zum britischen Premierminister gewählt wurde.

Nach dem Zerfall der Sowjetunion schienen die Rivalitäten der Weltmächte für immer beendet zu sein und manche Beobachter diagnostizierten sogar das «Ende der Geschichte». Die entstehende neue Weltordnung nach 1990 wurde als «Endpunkt der ideologischen Entwicklung der Menschheit und die Universalisierung der westlichen liberalen Demokratie als finale Form der menschlichen Regierung» charakterisiert, wie es der amerikanische Politikwissenschaftler Francis Fukuyama bekanntlich formulierte.[7] Auch wenn selbst die idealistischsten Köpfe nach dem zweiten Einmarsch Russlands in die Ukraine seit Februar 2022 aus ihren postsowjetischen Tagträumen vom «Ende der Geschichte» erweckt wurden, könnte es sein, dass sie bereits «traumwandelnd» unterwegs sind in den nächsten Albtraum.

Im Februar 2023 sah UN-Generalsekretär António Guterres die Aussichten auf einen Frieden in der Ukraine schwinden, und warnte vor einem «größeren Krieg»: «Die Chancen auf eine weitere Eskalation und Blutvergießen wachsen», sagte er in einer Rede vor der UN-Generalversammlung. «Ich fürchte, die Welt schlafwandelt nicht in einen größeren Krieg. Ich fürchte, sie tut dies mit weit geöffneten

Augen.»[8] Und Jim Stavridis, ein pensionierter Admiral der U. S. Navy und derzeitiger Dekan der Fletcher School of Law and Diplomacy an der Tufts University, warnt: «Sollten die USA und China in einen konventionellen Krieg schlafwandeln, ist die Wahrscheinlichkeit, dass er zu einem nuklearen Schlagabtausch eskaliert, erheblich. Es ist unwahrscheinlich, dass zwei Großmächte, die sich im Kampf gegenüberstehen, den Einsatz taktischer Atomwaffen vermeiden, zumindest auf See. Sobald diese Schwelle überschritten ist, ist es nur noch ein kleiner Schritt zu einem viel umfassenderen nuklearen Konflikt. Denken Sie an 1914 und die einsatzbereiten Atomwaffen.»[9]

Wenn Karl Marx Recht damit hat, dass sich die Geschichte zuerst als Tragödie abspielt und als Farce wiederholt, dann tendieren wir dazu, nicht aus unseren Fehlern der Vergangenheit zu lernen und sind eher geneigt, sie in einer anderen Form zu wiederholen. Unser gegenwärtiger Entwicklungspfad ist nicht beruhigend und ähnelt der Zeit vor dem Ersten Weltkrieg. Damals wie heute stolpert die Welt von Krise zu Krise: die Finanzkrise (2007/2008), der Kollaps Libyens und Syriens (seit 2010), die Atomkatastrophe in Fukushima (2011), Hurrikan Sandy (2012), der Lower Manhattan wochenlang im Dunkeln ließ, der Konflikt in der Ukraine und die Annexion der Krim durch Russland (seit 2014), der Aufstieg des sogenannten Islamischen Staates und die Ausrufung des Kalifats (2014), die Welle von Migranten aus dem Nahen und Mittleren Osten nach Europa (seit 2015), Brexit (2016), Donald Trumps Sieg bei den US-Präsidentschaftswahlen (2016) und die Überschwemmungen in Deutschland, vor allem im Ahrtal (die Menge von zwei Monaten Regen innerhalb von nur zwei Tagen im Sommer 2021). Die meisten davon waren menschengemachte Katastrophen, von denen einige durch die Missachtung der Umwelt durch die Menschheit verstärkt wurden. Anstatt unser eigener schlimmster Feind zu sein, sollten wir uns verstärkt um visionäre und vorausschauende Strategien bemühen und diese auch umsetzen.

Wie viele Überraschungen und Schocks wollen wir uns noch zumuten? Ende 2022 stimmte in einer Think-Tank-Umfrage unter überwiegend in den USA ansässigen Experten eine überwältigende Mehrheit von über 70 Prozent folgender Aussage zu: «Innerhalb der nächsten zehn Jahre wird China versuchen, Taiwan mit Gewalt zurückzuerobern.»[10] Kurze Zeit später, am 1. Februar 2023, schrieb der neue Kommandeur des US-Air Mobility, General Mike Minihan, in einem an die Medien durchgestochenen Memo: «Ich hoffe, ich liege falsch. Mein Bauchgefühl sagt mir, dass wir 2025 kämpfen werden.» General Minihan erklärte seine Einschätzung wie folgt: «Xi hat sich seine dritte Amtszeit gesichert und seinen Kriegsrat im Oktober 2022 eingesetzt. Die Präsidentschaftswahlen in Taiwan finden 2024 statt und werden Xi einen Grund bieten. Die Präsidentschaftswahlen in den Vereinigten Staaten finden im Jahr 2024 statt und werden Xi ein abgelenktes Amerika bieten. Xis Team, die Begründung und die Möglichkeit sind im Jahr 2025 alle gleichzeitig vorhanden.»[11] Sollte es zu einem Gegenangriff der USA kommen, würde das Air Mobility Command eine entscheidende Rolle spielen.

Es herrscht eine fatalistische Stimmung innerhalb vieler westlicher Eliten, die Angst vor einem bevorstehenden Krieg mit China, als ob der Ukraine-Krieg signalisiert hätte, dass wir uns auf einen noch größeren manichäischen Konflikt vorbereiten müssen, über den wir keine Kontrolle haben. US-Präsident Joe Biden unterzeichnete am 9. August 2022 seinen CHIPS Act,[12] der den Export von High-End-Halbleitern oder Chips mit US-Inhalten nach China einschränkt, mit dem ausdrücklichen Ziel, Chinas technologischen Fortschritt zu begrenzen. Nur wenige der westlichen Medien haben die Bedeutung dieser Abmachung erkannt: «Stellen Sie sich vor, eine Supermacht erklärt einer Großmacht den Krieg und niemand bemerkt es. Joe Biden hat diesen Monat einen ausgewachsenen Wirtschaftskrieg gegen China begonnen – und die USA fast dazu verpflichtet, seinen Aufstieg zu stoppen – und im Großen und Ganzen haben die Amerikaner überhaupt nicht reagiert.»[13] Die Europäer, die sich eigentlich Sorgen machen sollten, und sei es nur wegen der Geschäftseinbußen, die dies für ihre Unternehmen mit sich bringen wird, scheinen dabei mitzumachen, ohne die umfassenden Konsequenzen zu verstehen.[14]

Wir hoffen, dass dieses Buch ein Weckruf sein wird. Wir haben eine kollektive Verantwortung für unser Schicksal, ein Schicksal, das wir für uns selbst und zukünftige Generationen positiv gestalten müssen. Wie das Beispiel des Ersten Weltkriegs zeigt, sind vergangene Generationen von Staatsoberhäuptern in einen Krieg gestolpert, ohne dessen tragische Auswirkungen zu verstehen. Die zehntägige Kubakrise von 1962 hätte eine dieser Gelegenheiten sein können. Präsident John F. Kennedy erhielt von keinem Geringeren als dem «Dekan» der US-Nachkriegsdiplomatie, Dean Acheson, den Rat, die sowjetischen Raketenstellungen auf kubanischem Boden zu bombardieren, was, wie Acheson später zugab, sehr wohl eine militärische Vergeltung Moskaus hätte auslösen können. Glücklicherweise hatte Kennedy Barbara Tuchmans Buch *The Guns of August 1914* über den Ersten Weltkrieg gelesen,[15] das nur wenige Monate vor der Kubakrise veröffentlicht worden war. In seinen Memoiren *Schwerter und Pflugscharen* erinnerte sich General Maxwell Taylor daran, wie das Buch in seinen Gesprächen mit dem Präsidenten während der Krise aufkam:

«Als begeisterter Leser von Geschichtsbüchern war Kennedy sehr beeindruckt von Barbara Tuchmans Werk *The Guns of August 1914*, das er oft als Beweis dafür zitierte, dass Generäle dazu neigen, in einer Krise eine einzige Lösung parat zu haben und damit den politischen Entscheidungsträgern die Hände binden, indem sie ihnen die Wahl dazwischen lassen, nichts zu tun oder einen unflexiblen Kriegsplan zu akzeptieren. Als er Tuchmans Buch las, war es die Starrheit der Mobilisierungspläne sowohl vonseiten des Dreibunds als auch vonseiten der Triple Entente, die es den Diplomaten unmöglich machte, einen Weltkrieg im Jahr 1914 abzuwenden. [...] Mitten in der Krise sagte er zu seinem Bruder Bobby: *Ich werde keinen Kurs einschlagen, der es irgendjemandem erlaubt, ein vergleichbares Buch über diese Zeit zu schreiben [und es] The Missiles of October zu nennen.*»[16]

Der amerikanische Co-Autor des Buches, das Sie gerade lesen, hat viele Jahre lang für die US-Geheimdienste gearbeitet, innerhalb derer der Schwerpunkt auf die Entwicklung von Szenarien gelegt wurde. Seine nicht geheimen *Global Trends*-Bände, die ausführliche Abschnitte über verschiedene Szenarien oder alternative Welten, die Wirklichkeit werden könnten, beinhalten, belegen diese szenariobasierte Perspektive. Unsere Zukunft ist nicht vorherbestimmt, und ein systematisches Nachdenken über plausible Szenarien könnte verhindern, dass wir – wie Kennedy beklagte – zu einer militärischen Lösung getrieben werden.[17]

Eine system- und szenariobasierte Politikberatung ermöglicht es uns außerdem, über den ausschließlichen Fokus auf gegenwärtige Bedürfnisse und Forderungen hinauszugehen und damit Platz für die Zukunftsplanung zu schaffen. Was wir anstreben sollten, ist ein politischer Prozess, der ein evidenzbasiertes Lernsystem für das langfristige Wohlergehen des Westens – und der restlichen Welt – darstellt. Strategischer Weitblick auf Grundlage von Systemdynamik und indikatorbasiertem Tracking und Tracing möglicher Zukünfte könnte eine Möglichkeit sein, uns für die Zukunft aufzustellen.

Wie unsere Vorgänger aus der Zeit des Ersten Weltkriegs könnten wir in einen großen Konflikt der Supermächte «traumwandeln» – einen Dritten Weltkrieg. Ein besseres, aber nicht ideales Szenario, ein ausgewachsener Kalter Krieg, lässt sich bereits beobachten. Allerdings können wir die zugrundeliegenden Triebkräfte, die uns in eine so negative Zukunft treiben, auch beeinflussen. Es gibt drei Schlüsselfaktoren, die hierfür bedeutsam sind: Inwiefern der Ukraine-Krieg gelöst oder ungelöst bleibt, wird die Weltordnung maßgeblich verändern. Ein gerechtes Friedensabkommen, das zu einer stabileren europäischen Ordnung führt, würde einen Präzedenzfall für die friedliche Beilegung von Differenzen zwischen den USA und China schaffen und die Entschärfung des neuen Kalten Krieges ermöglichen. Der zweite Faktor ist die derzeitige globale Konjunkturabschwächung, die den Nationalismus anheizt, der bereits vor der Pandemie einsetzte und den inneren Zusammenhalt in fast allen Industrie- und Entwicklungsländern beeinträchtigt hat. Wie schon in den europäischen Gesellschaften in der Zeit vor dem Ersten Weltkrieg werden die Gefühle des Umbruchs und des Verlustes, insbesondere in der heutigen westlichen Mittelschicht, schwer rückgängig zu machen sein, aber die Entkopplung von China und die Abschaffung der Globalisierung kann darauf nicht die Antwort sein. Schließlich sind wir drittens weit davon entfernt, den Klimawandel in den Griff zu bekommen, eine beispiellose Herausforderung, die die Existenz der am stärksten gefährdeten Länder und Arten bedroht. Ein besseres Verständnis jeder dieser Kräfte und dafür, auf welche Weise sie diese verschiedenen Szenarien herbeiführen können, ist der erste Schritt, um einen besseren Weg in die Zukunft zu ermöglichen.

Die meisten dieser großen Herausforderungen sind vertrackte Probleme – sie sind kurzfristig unlösbar und erfordern ständig ein kluges und weitsichtiges Management. Trotzdem sind unsere Entscheidungsprozesse bisher zu kurzsichtig, sie wurden für die Ära des alten Kalten Krieges konzipiert, in einer schwarz-weißen Welt, die keine Grautöne kannte und weit weniger komplex war. Leon Fuerth war der Stellvertretende Nationale Sicherheitsberater in der Regierung Bill Clintons und hatte persönliche Erfahrungen mit den neuartigen Herausforderungen für die Entscheidungsfindung im Weißen Haus. Bereits in den 1990er Jahren beobachtete er eine besorgniserregende Entwicklung: «Ich bemerkte dies zum ersten Mal in meiner Zeit im Weißen Haus, als mir klar wurde, dass Ereignisse, die ich als weiter entfernt und langsamer wahrgenommen hatte, tatsächlich aus der Reihe tanzten und viel schneller auf den höchsten Regierungsebenen diskutiert wurden, als ich berechnet hatte. [...] Ich stellte die Theorie auf, dass etwas Systemisches stattfand [...], dass die exponentielle Zunahme von Berechnungen und Netzwerken eine treibende Kraft war, die die beschleunigte soziale Entwicklung auf dem ganzen Planeten vorantreibt. Dass dies – im Grunde das Mooresche Gesetz – eine neue Sache war, mit der man sich auseinandersetzen musste, und dass es das Tempo des Wandels objektiv beschleunigt hatte und dass sich die Dinge meiner Beobachtung nach schneller zu bewegen begannen als unsere Reaktionszeit, was immer ein Risiko für eine Regierung ist, die auf Repräsentation, Beratung und Debatte angewiesen ist, ganz zu schweigen von Rechtsstreitigkeiten.»[18] Für Fuerth hätten 9/11, der Irak-Krieg, die Finanzkrise 2007/2008 und der Arabische Frühling vorhergesehen werden können, wenn «wir weit genug und schnell genug vorausgedacht hätten», was den US-Verantwortlichen eine bessere Chance gegeben hätte, mit ihnen umzugehen oder sie, im Falle des Irak-Kriegs, zu vermeiden.[19] Stattdessen stolperte Washington, wie die Europäer in den Wochen vor dem Ausbruch des Ersten Weltkriegs, allzu oft in Krisen, ohne eine ausreichende Vorlaufzeit, um besser mit ihnen umgehen zu können.

Die Geschichte ist voll von Staatsoberhäuptern und Gesellschaften, die die falsche Wahl getroffen haben. In früheren Zeitaltern konnte ihnen teilweise verziehen werden. Sie verfügten nicht über das heutige wissenschaftliche und erfahrungsbedingte Wissen über Kriege, Klimawandel, Krankheit, Revolution, soziale Solidarität und Frieden. Es ist fast ironisch, dass wir mit all diesem Wissen in die gleichen Fallen zu tappen scheinen wie unsere Vorfahren. Politiker im demokratischen Zeitalter werden entgegnen, dass sie von der öffentlichen Meinung eingeschränkt werden. Aber haben sie das angesammelte Wissen genutzt, um in der Öffentlichkeit für ansonsten unpopuläre Entscheidungen zu werben? Haben sie versucht, Möglichkeiten durchzuspielen? Einige von ihnen haben sich zweifellos Mühe gegeben, aber viele waren zu beschäftigt. Sie greifen lieber auf Vermutungen oder politische Ideologie zurück. Sie treffen nicht nur Entscheidungen, ohne deren Konsequenzen vollständig zu verstehen, sondern weigern sich auch, ihr Versagen anzuerkennen.

Dieses Buch ist ein Plädoyer dafür, die Art und Weise zu ändern, wie demokratische Regierungen ihre Entscheidungsprozesse organisieren und wie sie sich selbst und ihre Öffentlichkeiten weiterbilden. Es stellt das gegenwärtige «Traumwandeln» in Frage, beziehungsweise die Hoffnung, dass die Dinge gut ausgehen, exemplarisch verkörpert durch die Art, wie die westlichen Verantwortlichen insbesondere mit China umgehen. Für die Vereinigten Staaten, wie Kennedy so eloquent mahnte, ist die «militärische Option» allzu oft die naheliegendste. Die Vereinigten Staaten erleiden einen schweren Terroranschlag, also beginnen sie einen Krieg gegen den Terror, vor dessen Misserfolg viele Terrorismusexperten gewarnt hatten, ein Misserfolg, der kürzlich von der gesamten NATO mit ihrem demütigenden Abzug aus Afghanistan anerkannt wurde. Wie wir ausführlich erläutern werden, müssen sich die westlichen Staats- und Regierungschefs noch intensiver mit der Zeit der Globalisierung nach dem Kalten Krieg auseinandersetzen, die andere Gesellschaften großgezogen, das wirtschaftliche Gravitationszentrum nach Osten verlagert und Menschen mit anderen Werten bestärkt hat.

Vor mehr als fünf Jahrhunderten begann der Aufstieg des Westens, eine Zeit schrecklicher Brutalität und Gewalt für viele Menschen in den weniger entwickelten Teilen der Welt, während er mit dem Bekenntnis des Westens zur Rechtsstaatlichkeit, zur institutionellen und zivilgesellschaftlichen Entwicklung, zur wirtschaftlichen Dynamik und zur technologischen Innovation zugleich große Fortschritte brachte. Angesichts eines neuen globalen Wandels, der sich seit den frühen 2000er Jahren im (wieder) aufstrebenden China, in Indien und – im Laufe der Zeit – in Afrika abspielt, stellt sich die Frage, ob diese nächste Periode friedlich sein kann. Können wir absehen, wie Ost und West, Nord und Süd zusammenkommen, um die großen globalen Herausforderungen wie den Klimawandel zu meistern?

Die Art und Weise, wie wir mit Menschen mit unterschiedlichen historischen Erfahrungen und Werten umgehen, ist ein Test für den Westen. Ein Verständnis für das große Ganze beziehungsweise für die «vorausschauende Regierungsführung», wie Fuerth es ausdrückte, kann uns dabei helfen, diese Periode zu bewältigen, in der sich die tektonischen Platten verschieben. Wir müssen im Vorfeld alle Optionen und vorhandenen Barrieren prüfen, um den möglichen Beginn eines Dritten Weltkriegs zu verhindern. Wie Sir Edward Grey über die letzten Tage vor dem Ausbruch des Ersten Weltkriegs sagte: «In einer Krise können die Menschen ihre festen Standpunkte zu allgemeinen Angelegenheiten nicht ändern; sie sind zu sehr mit den Einzelheiten des Augenblicks beschäftigt. Vorhersagen, dass der Krieg einen allgemeinen sozialen Umbruch mit sich bringen würde, fielen ins Leere», obwohl sie sich als wahr herausstellten.[20] Hoffen wir wie Kennedy, dass niemand ein Buch über diese kommende Epoche schreiben muss, in dem erklärt wird, warum die Menschheit nie dazulernt.

Wir widmen dieses Buch den Friedensstiftern, die sich – mit Blick auf die herannahenden vier apokalyptischen Reiter der Eroberung, des Krieges, des Wiederauflebens von Armut und Hungersnot und des Todes unseres Planeten – dafür einsetzen, uns von unserem gegenwärtigen Weg abzubringen und die Menschheit in eine bessere Zukunft zu steuern.

EINFÜHRUNG: DIE RISIKEN DES «TRAUMWANDELNS»

Wenn «Traumwandeln» bedeutet, die Grenzen des eigenen Geistes im Schlaf zu übertreten, müssen wir in einer neuen Realität aufwachen und unseren Horizont erweitern, um den Lauf der Geschichte zu ändern – und dabei hellwach bleiben. Wir müssen aufpassen, dass unser Traum nicht zu einem Albtraum wird, weil wir die Augen vor der Realität verschließen. Die Rückkehr der globalen Machtpolitik hat den westlichen Traum vom «Ende der Geschichte»[1] und dem «ewigen Frieden»[2] beendet. Gleichwohl haben sich die letzten drei Jahrzehnte für uns und andere als Segen erwiesen. Eine völlige Abkehr von der Globalisierung hin zur Konfrontation mit all jenen, die unsere Werte nicht teilen, etwa China, mag unsere moralische Integrität sichern, aber nicht den materiellen Erfolg beziehungsweise das Überleben unserer Zivilisation für zukünftige Generationen. Wenn wir von diesem neuen Kalten Krieg, der uns bereits beeinflusst, in einen heißen Krieg abdriften, riskieren wir, die Grundlagen der historischen Erfolgsgeschichte des Westens und der Welt der letzten drei Jahrzehnte zu zerstören.

Nach zwei verheerenden Weltkriegen schuf die amerikanische Führungsmacht eine liberale westliche Weltordnung, die auf zwei Kant'schen Annahmen beruhte: Demokratien würden sich tendenziell friedlicher verhalten als Autokratien. Darüber hinaus würden Länder, die – ungeachtet ihrer politischen Regime – für beide Seiten vorteilhafte Handelsbeziehungen unterhalten, starke Anreize haben, nicht gegeneinander in den Krieg zu ziehen, da in einer solchen Konfrontation beide verlieren würden. Obwohl die zweite Annahme durch Russlands wiederholte Angriffskriege gegen die Ukraine unter Druck steht, hat sie mit Blick auf die Vorteile, die sich aus dem Handel miteinander ergeben, immer noch Gültigkeit und hilft Ländern aus der Armut, die sonst weniger Chancen hätten.

Die schlechten, hässlichen und guten Szenarien für unsere Zukunft

Das heute schon fast inflationär vorgebrachte Argument, der Handel habe keinen Frieden mit Russland gebracht, ist nicht stichhaltig. Interdependenz verringert die Wahrscheinlichkeit eines Krieges, sichert aber nicht automatisch den Frieden. Das wussten wir bereits, seit die Geschütze im August 1914 abgefeuert wurden. Der Erste Weltkrieg beendete drei Jahrzehnte wirtschaftlicher Integration. Gemeinsame Geschäfte zu machen ist keine hinreichende Bedingung für Frieden, aber eine notwendige. Das sogenannte «Friend-Shoring», ein Euphemismus für «Entkopplung» oder «Deglobalisierung», ist noch weniger geeignet, den Frieden zu sichern, da diejenigen, die ausgeschlossen werden, wahrscheinlich mehr Anreize für gewalttätige Konflikte haben – ein hässliches Kriegsszenario, auf das noch detaillierter eingegangen werden wird, um zu zeigen, wie leicht wir in solche Szenarien hineinschlittern oder «traumwandeln» können, wenn wir unseren derzeitigen Kurs, die schlechte Option des Kalten Krieges, weiterverfolgen.

Während die Vereinigten Staaten nach 1945 den Freihandel befürworteten – auch zur Befriedung des europäischen Kontinents – und alle anderen dazu drängten, ihre Märkte zu öffnen, lässt sich derzeit eine Kehrtwende beobachten. Die amerikanischen Mittelschichten konnten nicht die Früchte der Globalisierung ernten, die sie erwartet hatten. Amerikas westliche Verbündete empfinden diese Wende als heuchlerisch, sie sind nicht bereit, wirtschaftliche Einbußen zu erleiden, indem sie den Handel mit China und anderen aufstrebenden Wirtschaftsmächten aufgeben.

Politische Entscheidungsträger, sei es ein «anti-globalistischer» Donald Trump oder ein «friend-shoring» Joe Biden, sollten einen Blick in den Spiegel werfen. Warum gab es beispielsweise nicht mehr Unterstützung für die Verlierer der Globalisierung, um sie umzuschulen und ihnen neue Erwerbsmöglichkeiten zu eröffnen? Die Staatsausgaben für Umschulungen erreichten in den Vereinigten Staaten 2008 mit nur 0,17 Prozent des Bruttoinlandsprodukts (BIP) ihren Höhepunkt, und seitdem sind die Finanzierungsmittel noch weniger geworden.[3]

Der liberalisierte Handel hat sich – kongruent mit Winston Churchills Ausspruch, die Demokratie sei die schlechteste Regierungsform, abgesehen von all den anderen, die ausprobiert wurden – als der beste Weg erwiesen, um durch Wettbewerb bessere und billigere Produkte und Dienstleistungen zu fördern, die Verbraucher und wachsende Volkswirtschaften begünstigen.

Nach Jahrzehnten zunehmender globaler wirtschaftlicher Integration droht die Welt nun den entgegengesetzten Weg einzuschlagen. Die Kosten dieser politisch getriebenen Umkehrung, ein multidimensionaler Prozess, den die Autoren einer IWF-Studie von Januar 2023 als «geoökonomische Fragmentierung» bezeichnen, rangieren zwischen «0,2 Prozent (ein Szenario mit begrenzter Fragmentierung/kostengünstiger Anpassung) und 7 Prozent des BIP (in einem Szenario mit starker Fragmentierung/kostenintensiver Anpassung). Mit der technologischen Entkopplung könnte der Produktionsverlust in einigen Ländern 8 bis 12 Prozent erreichen.» Darüber hinaus könnte die Globalisierung der Finanzmärkte einer «Finanzregionalisierung» weichen, mit einem «fragmentierten globalen Zahlungssystem», einer «höheren makroökonomischen Volatilität», «schwereren Krisen» und einer «Komplizierung bei der Lösung künftiger Staatsschuldenkrisen».[4]

Ja, die Global Player sollten ihre Lehren aus dem alten Kalten Krieg gezogen haben, und niemand will zu einem weiteren zurückkehren, aber die Absicherungen gegen eine neue Bipolarität und Deglobalisierung erodieren. Von den drei hier skizzierten Szenarien ist diese neue Bipolarität – gekennzeichnet durch eine Rivalität des Westens mit China und Russland – ein Szenario, das bereits eingetreten ist. Im Kern geht es um die zunehmenden Barrieren und den Protektionismus, der sich auf der ganzen Welt etabliert.

Es ist zweifellos ratsam, wie die Pandemie gezeigt hat, essentielle Dinge wie Masken und chirurgische Geräte zu horten und sich nicht auf andere zu verlassen, egal ob sie freundlich gesinnt sind oder nicht. Es gab in der Tat hässliche Beispiele für ein Tauziehen zwischen «Freunden» um medizinische Ausrüstung, wobei China am Ende die fehlenden Materialien lieferte. Und es sei unbestritten, dass Ausnahmen vom freien Handel mit Waffen, illegalen Materialien und sogar sensibler Technologie als eine Form des Selbstschutzes gerechtfertigt sind, obwohl dies auch hier schädliche Auswirkungen haben kann, wenn es im Grunde getan wird, um die Entwicklung eines Konkurrenten zu hemmen, wie es Washington mit seinen Beschränkungen für Halbleiter (Chips) beabsichtigt.

Doch das heutige «Friend-Shoring» geht über die Sicherung der eigenen Resilienz hinaus und wird zu einer neuen Form des Merkantilismus, einer Nullsummenmentalität, für die es viele historische Beispiele gibt, die sich am Ende alle als selbstzerstörerisch erwiesen haben. Im Falle der USA hat der Rückzug aus der Weltwirtschaft, der durch die Finanzkrise 2007/2008 ausgelöst wurde, die wirtschaftliche Dynamik verringert und die Ungleichheit im eigenen Land erhöht.[5]

Selbst die Vorstellung eines «wertebasierten» freien Welthandelsblocks, der Verbündete und Partner der USA zusammenfasst, die die demokratischen Normen teilen, kann kein Ersatz sein, wenn China, andere Teile Asiens und die Entwicklungsländer zunehmend die größten Motoren der Weltwirtschaft sind. Werden die Vereinigten Staaten den Fehler Großbritanniens in den 1930er Jahren wiederholen und sich hinter eine neue «Imperial Preference» zurückziehen – auf die London zurückgriff, um den Binnenhandel innerhalb des weltweiten britischen Empire zu verbessern und den aufstrebenden Wirtschaftsmächten USA und Deutschland etwas entgegenzusetzen? Die «Imperial Preference» trug wenig dazu bei, den Niedergang Großbritanniens aufzuhalten. Schon im Vorfeld des Ersten Weltkriegs war die schwindende Macht Großbritanniens auf die Bestrebungen des Deutschen Reiches getroffen, nach «einem Platz an der Sonne» zu greifen, was zur «Urkatastrophe» führte, die den Niedergang Europas als dominierender Kontinent in der Weltpolitik beschleunigte. Es legte auch den Grundstein für die anhaltende Gewalt im heutigen Mittleren Osten, der Nachbarschaft Europas, wo man es den «Nahen Osten» nennt.

Eine seltene zweite Chance: Idealismus und Realismus

Der Historiker David Fromkin schrieb ein berühmtes Buch über den Nahen Osten (*A Peace to End All Peace. The Fall of the Ottoman Empire and the Creation of the Modern Middle East*),[6] das für viele Amerikaner nach 9/11 zu einem Lehrbuch wurde, um diese Region zu verstehen. Präsident George W. Bushs Vorgänger im Weißen Haus, Bill Clinton, und Botschafter Richard Holbrooke, der die Dayton-Verhandlungen über Bosnien und den jugoslawischen Bürgerkrieg führte, waren davon besonders angetan. Weniger berühmt wurde ein früheres Buch Fromkins, *In the Time of the Americans: FDR, Truman, Eisenhower, Marshall, MacArthur. The Generation that Changed America's Role in the World*, in dem er argumentierte, dass die Generation nach dem Zweiten Weltkrieg zum Teil deshalb großartig war, weil sie eine «seltene zweite Chance erhalten hatte, die Mängel von Woodrow Wilsons Eine-Welt-Idealismus zu korrigieren».[7] Amerikanische Außenpolitik war nur dann erfolgreich, wenn ihrem Idealismus Realismus eingeflößt wurde.

Alle amerikanischen Entscheidungsträger, die nach 1945 beim Aufbau der Weltordnung halfen, hatten im Ersten Weltkrieg gekämpft, etwa Harry S. Truman oder Dwight D. Eisenhower, oder waren Diplomaten oder hochrangige Beamte wie Franklin D. Roosevelt (FDR) gewesen. Zur Zeit des Ersten Weltkriegs waren sie Wilsonianer, die wie ihr Präsident glaubten, dass die Beteiligung der USA – die George Washingtons und Thomas Jeffersons berühmte Warnungen vor «verfänglichen Allianzen» zurückwies – nur gerechtfertigt sein konnte, wenn sie einem größeren Zweck diente, als nur den Alliierten zum Sieg zu verhelfen. Die Vereinigten Staaten sollten nur dann das moralische Recht haben, in den Krieg einzutreten, wenn sie damit «alle Kriege beenden» und «die Welt sicher für die Demokratie» machen könnten.

Am regnerischen Abend des 12. April 1917 «begrüßte stürmischer Applaus Woodrow Wilsons Forderung nach einer Kriegserklärung an das Deutsche Reich. Der Jubel von Bürgergruppen setzte sich fort, als Wilson das Kapitol verließ und die Pennsylvania Avenue hinunter zum Weißen Haus fuhr.»[8] Später gratulierten ihm seine Mitarbeiter zu einer Rede, die «die Stimmung der meisten Amerikaner eingefangen und eine zuvor gespaltene Nation für die edle Sache vereint hatte, ‹Krieg zu führen, um alle Kriege zu beenden›». Wilson war jedoch schockiert über den Jubel: «Denken Sie darüber nach, wofür sie ihren Applaus gaben. Meine heutige Botschaft war eine Botschaft des Todes für unsere jungen Männer. Wie seltsam scheint es, dem zu applaudieren.» «Damit brach der Präsident in Tränen aus.»[9]

Zwei Jahre später, nachdem er sich für seine Idee des «Völkerbundes» eingesetzt hatte, erlitt Wilson einen paralytischen Schlaganfall, konnte sich kaum bewegen oder sprechen, und alles brach in sich zusammen. Der US-Senat weigerte sich, die Mitgliedschaft der Vereinigten Staaten im Völkerbund zu ratifizieren. Der Frieden von Versailles war sowieso belastet, und bald würde sich ein neuer größerer Krieg entwickeln.

Für die meisten Amerikaner war das, was sie sich am meisten wünschten, nach Hause zu kommen und den Problemen in Übersee den Rücken zu kehren. Eisenhower, FDR und Truman sahen, wie ihr Idealismus zerschlagen wurde, hatten aber drei Jahrzehnte später eine weitere Chance. Sie zogen die Lehren aus dem Debakel nach dem Ersten Weltkrieg und überzeugten die Amerikaner, dass maßvolles Engagement besser sei als Isolation. Sie konstruierten das globale multilaterale Gefüge sowohl mit Idealismus als auch mit Realismus. Nicht alles funktionierte wie geplant, einschließlich der Vereinten Nationen (UN). Der Kalte Krieg machte kollektives Handeln bald unmöglich, aber der Multilateralismus überlebte den Wettbewerb zwischen den Vereinigten Staaten und der Sowjetunion und legte ein Rezept für den Aufbau eines dauerhaften Friedens fest, der inklusiv und nicht bestrafend war und versuchte, andere, einschließlich ehemaliger Feinde, mit nach oben zu ziehen. Dieses Beispiel ist auch heute noch relevant, auch wenn einige amerikanische Verantwortliche teilweise davon abgerückt sind.

Nicht viel Großartigkeit nach der Greatest Generation

Diese Nachkriegsgeneration hat die Regierungsverantwortung vor Jahrzehnten übergeben. Im amerikanischen Kongress sitzen nur wenige, die in einem größeren Krieg gekämpft haben. Es gibt wenig Bewusstsein darüber, geschweige denn Furcht davor, wie leicht die Welt in einen gefährlichen neuen Weltkrieg abgleiten kann. Es gibt auch weniger Idealismus. Die Vereinigten Staaten produzierten die wirksamsten Impfstoffe gegen COVID-19, aber es gab keinerlei Interesse daran – nicht mal das eines liberalen Präsidenten wie Joe Biden –, sicherzustellen, dass die Welt außerhalb des Westens Zugang dazu hatte. Und das, obwohl klar war, dass sich die von der Pandemie beeinträchtigte Weltwirtschaft nur dann vollständig erholen würde, wenn das Virus weltweit besiegt wird – was eine globale Zusammenarbeit erfordern würde.

Stattdessen hat die COVID-19-Krise die bestehenden geoökonomischen Rivalitäten, insbesondere zwischen den Vereinigten Staaten und China, verschärft. Die Auswirkungen der Pandemie stellen auch eine Bedrohung für Chinas Kommunistische Partei dar – weshalb sie versucht hat, die Debatte über das Virus intern zu unterdrücken und mit einer aggressiven Außenpolitik davon abzulenken. Ebenso brauchte der damalige US-Präsident Donald Trump einen externen Gegner, um zu Hause die Reihen zu schließen. Um von seinem eigenen Versagen abzulenken und seine Wiederwahl zu sichern, machte Trump China für die Ausbreitung des «China-Virus» in den Vereinigten Staaten verantwortlich. Mit der Schuldzuweisung rechtfertigte die Trump-Administration ein noch härteres Vorgehen gegen China. Diese bedenkliche Haltung wird nun von beiden politischen Parteien eingenommen – erst recht im Wahlkampf, und der anti-chinesische Eifer wird wahrscheinlich auch bis nach dem 5. November 2024 anhalten, unabhängig vom Ausgang der Präsidentschafts- und Kongresswahlen.

Es gibt die spürbare Sorge, dass Amerikas Macht gegenüber seinem Herausforderer China relativ gesehen abnimmt, obwohl das Thema in den meisten Elitekreisen tabu ist. Diejenigen, die versuchen, sie zu artikulieren, werden beruflich geächtet. Im Sinne dieser patriotischen Stimmungslage geht es eher darum, sicherzustellen, dass Amerika so viel Macht wie möglich behält. Das eigentliche Problem für die außenpolitische Elite der USA geht über die Tatsache hinaus, dass China nicht dem westlichen Drehbuch der Demokratisierung und liberalen Marktreformen gefolgt ist, sondern beinhaltet, dass ein stärkeres und mächtigeres China die seit langem vertretene «Nummer Eins»-Position der Vereinigten Staaten bedroht, eine Herausforderung, von der einige nahezu besessen sind.

Auch für Präsident Joe Biden ist es Chinas vermeintliche Machtergreifung, die stört: «China hat das übergeordnete Ziel [...], das führende Land der Welt, das reichste Land der Welt und das mächtigste Land der Welt zu werden», sagte er Reportern im Weißen Haus. «Das wird unter meiner Aufsicht nicht geschehen»,[10] versuchte Biden zu versichern. Es wäre beruhigender, wenn jemand im Weißen Haus dem Präsidenten sagen könnte, wie die Seerivalität zwischen Deutschland und Großbritannien vor dem Ersten Weltkrieg endete – ein gut dokumentierter historischer Wettbewerb, der einige besorgniserregende Ähnlichkeiten mit den heutigen chinesisch-amerikanischen Wirtschafts- und Militärkriegsspielen aufweist.

— — —

Kapitel 1

DAS SCHLECHTE SZENARIO –
DIE NEUE BIPOLARITÄT IST BEREITS DA

Jeden Tag gibt es eine weitere US-Mediengeschichte über eine ungeheuerliche Aktion des kommunistischen Regimes in China und darüber, ob die Biden-Administration hart genug gegen Peking vorgegangen ist. Dieses reflexartige Mediengewitter wird sich nur noch verstärken, je näher wir den US-Präsidentschaftswahlen im November 2024 kommen. Anti-China-Rhetorik war selbst in besseren Zeiten gang und gäbe. Bill Clinton führte einen Wahlkampf gegen China, legte dann aber den Grundstein für Chinas Beitritt zur Welthandelsorganisation (WTO), ein Schritt, den viele US-Konservative und -Liberale jetzt bereuen und meinen, solche leichtfertigen Geschenke seien für Chinas Aufstieg verantwortlich.

Washingtons Neubewertung Chinas

Zur Überraschung vieler Amerikaner und insbesondere der Chinesen war Biden gegenüber China härter als sein Vorgänger Trump, was seine Anti-China-Politik zu einem Markenzeichen seiner Regierung macht.[1] Biden ging noch weiter, er behielt nicht nur die von Trump eingeführten US-Importzölle auf chinesische Waren bei und setzte andere Länder unter Druck, die 5G-Technologie von Huawei nicht zu kaufen, sondern er stellte auch den Export von High-End-Chips und Fertigungsanlagen nach China ein. Diese Vorschriften blockieren den chinesischen Zugang nicht nur zu US-Firmen, sondern zu allen High-End-Halbleitern und -Geräten, die irgendwo mithilfe US-amerikanischer Technologie hergestellt werden. Zusätzlich dazu verbieten sie US-Bürgern, den Chinesen zu assistieren.[2]

Die neuen und sich rasant weiterentwickelnden Technologien – künstliche Intelligenz (KI), Robotik, Big Data, Biotechnologie, 3D-Druck, das Internet der Dinge (IoT) – sind die «Treiber des Wirtschaftswachstums und der nationalen Stärke in diesem Jahrhundert» und erfordern alle modernste Halbleiter. Die chinesische Führung weiß, dass ihr Land die neueste Chip-Technologie benötigt, wenn es die wirtschaftliche Wertschöpfungskette weiter erklimmen und modernste technische Güter und Dienstleistungen her- beziehungsweise bereitstellen will.[3]

Einige amerikanische Kommentatoren haben dieses Vorgehen mit Franklin D. Roosevelts Ölsanktionen gegen das kaiserliche Japan gleichgesetzt, von denen einige Historiker glauben, dass sie zu Tokios Angriff auf Pearl Harbor am 7. Dezember 1941 geführt haben. Der Angriff wiederum führte am nächsten Tag zum formellen Eintritt der Vereinigten Staaten in den Zweiten Weltkrieg. Selbst wenn man nicht so weit gehen will: Die konservative und nicht unbedingt China-freundliche *Financial Times* veröffentlichte einen Text ihres in Washington ansässigen Kolumnisten Edward Luce, der warnte, Biden habe «einen ausgewachsenen Wirtschaftskrieg gegen China begonnen – und die USA fast dazu verpflichtet, seinen Aufstieg zu stoppen», ohne dass die meisten Amerikaner die Konsequenzen verstanden hätten.[4]

Am wichtigsten ist, dass Bidens umfassendes Chip-Verbot den Zusicherungen widerspricht, die US-Außenminister Antony Blinken einige Monate zuvor in einer großen politischen Rede mit Blick auf China gegeben hatte: «Wir versuchen nicht, China in seiner Rolle als Großmacht zu blockieren oder China […] vom Wachstum seiner Wirtschaft oder der Förderung der Interessen seiner Bevölkerung abzuhalten.»[5] Wie sonst sollen die Chinesen die Chip-Beschränkungen Bidens interpretieren, außer als Versuch, den Aufstieg Chinas zu stoppen?

Auf chinesischer Seite herrschte Wut, aber auch Zuversicht, dass China die von den Vereinigten Staaten errichteten Barrieren überwinden wird. «Nichts wird Chinas Kampf um die Fortschritte in der Chip-Technologie und der Technologieentwicklung aufhalten […], obwohl der Kampf mühsam sein und lange dauern wird», so das Sprachrohr der Partei, die *Global Times*.[6]

Zweifellos bedeutet dies, dass China sich heimlich darum bemühen wird, die ihm verweigerte Halbleiter-Technologie illegal zu erwerben. Dem amerikanischen Autor dieses Buches wurde von Technologieexperten der Regierung während einer Reise nach Peking vor der Pandemie, als die Aussicht auf eine «Entkopplung» bereits offensichtlich war, gesagt, dass es Fraktionen im Regime gebe, die solche US-Maßnahmen begrüßten, weil sie die Bereiche ans Licht brächten, in denen die chinesische Wirtschaft schwach und zu abhängig vom Westen sei.

Noch ein oder zwei Jahre vor den Regulierungen Bidens hatte die chinesische Regierung eine Kampagne gestartet, um ihre nationale Chip-Industrie anzukurbeln. Die *Financial Times* berichtete im Mai 2021, dass «jeder US-Marktführer in der Computerchip-Industrie jetzt einen chinesischen Doppelgänger hat, der positioniert wird, um seinen Platz als Anbieter einzunehmen.»[7] Ein Problem für die Regierung ist, dass chinesische Unternehmen die US-Chip-Technologie bevorzugen.[8] Biden hat ihr in dieser Hinsicht einen Gefallen getan.

Die Bedeutung dieser Episode geht über die technologischen Aspekte hinaus und bringt große geopolitische Implikationen mit sich. Kurz gesagt, diese Maßnahme bestätigt Chinas lang gehegten Verdacht, dass die Zeit kommen könnte, in der die Vereinigten Staaten versuchen, Chinas Aufstieg zu stoppen. Für die Chinesen gab es bereits vor dem Chip-Verbot Indizien dafür, aber wie viele andere – zum Beispiel die Europäer – wussten sie nicht, ob Trumps Bemühungen, Huawei, einen der chinesischen Technologie-Champions, aus dem Geschäft zu drängen, ein «Einzelfall» oder der Hinweis auf einen neuen Trend waren. Mit Bidens Wahl hoffte Peking, dass die chinesisch-amerikanischen Spannungen nachlassen würden. Schließlich kannte Biden China und Xi von zahlreichen Besuchen und Treffen, als er Vizepräsident unter Obama und Xi sein chinesischer Amtskollege gewesen war. Aber Biden verwandelte sich schnell in eine Enttäuschung und nahm den gleichen verächtlichen Ton an, den Trump verwendete, als er über China sprach. Er nannte Xi, einen Mann, den der neue Präsident einst gelobt hatte, einen «Schurken».[9]

Pekings Rhetorik ist nicht weniger provokant. Für Chinas Außenminister Qin Gang sind «Konfrontation und Konflikt» zwischen den beiden Nationen unvermeidlich, «wenn die Vereinigten Staaten nicht auf die Bremse treten und weiterhin den falschen Weg einschlagen».[10] Die Vereinigten Staaten sehen ihrerseits China als gefährlichen Geisterfahrer. Die jahrzehntelange militärische Aufrüstung Chinas, einschließlich des raschen Wachstums seines Atomwaffenarsenals, beunruhigt die US-Sicherheitsstrategen. Während Fähigkeiten nicht mit Absichten verwechselt werden sollten, trägt Chinas Verhalten im Südchinesischen Meer und gegenüber amerikanischen Verbündeten und Freunden in der Region nicht dazu bei, die Befürchtungen der US-Strategieplaner zu zerstreuen: China hat seine Militärübungen vor der Küste Taiwans verstärkt, die zunehmend wie Proben für eine Invasion aussehen. Diese Schritte verstärken die düstere Einschätzung der strategischen Absichten Chinas durch die Vereinigten Staaten. US-Sicherheitsbeamte glauben, dass Xi Jinping sich darauf vorbereitet, Gewalt anzuwenden, um die «Wiedervereinigung» des chinesischen Festlandes und Taiwans als Kernstück seines Vermächtnisses zu sichern.

Taiwan steht im Mittelpunkt der chinesisch-amerikanischen Rivalität – nicht nur geografisch, sondern auch wegen seiner hochmodernen Chip-Technologien, von denen angenommen wird, dass sie in Zukunft über die wirtschaftliche und militärische Überlegenheit entscheiden werden. Bidens Nationaler Sicherheitsberater Jake Sullivan hat die «Neuheit» der Halbleiter-Restriktionen hervorgehoben, obwohl er den Inhalt der von ihm gesendeten Botschaft nicht vollständig zu verstehen scheint. Früher, sagte er, hätten die Vereinigten Staaten «relative» Vorteile mit einem «gleitenden» Ansatz beibehalten, der «nur einen Vorsprung von ein paar Generationen» erforderte. Aber angesichts des sich verändernden strategischen Umfelds und der «grundlegenden Natur bestimmter Technologien, wie fortschrittlicher Logik- und Speicherchips», erklärte Sullivan, müssen die Vereinigten Staaten «einen so großen Vorsprung wie möglich behalten».[11]

Kann es in den chinesischen Köpfen noch irgendeinen Zweifel daran geben, dass die Vereinigten Staaten es auf China abgesehen haben? Xi und die chinesische Führung bereiten sich schon seit einiger Zeit darauf vor. Noch reagieren sie zurückhaltend, indem sie bei der

WTO Klage einreichen, und sehen davon ab, den Zugang zu ihren wertvollen «Seltenen Erden» zu versperren, die für die Produktion von Waschmaschinen bis hin zu Kampfjets benötigt werden. Xi erkannte früh den Kursschwenk der Vereinigten Staaten und sprach Berichten zufolge schon bei einer Sitzung des Politbüros im Jahr 2020 über den «langwierigen Krieg» mit den Vereinigten Staaten.[12] Neben dem Ausbau des Militärs haben er und seine Regierung ihre Anstrengungen für den technologischen Fortschritt und die Weiterentwicklung verdoppelt und ein autarkeres China aufgebaut, das weniger anfällig für amerikanische Einmischung ist. Natürlich hat das ehrgeizige Programm «Made in China 2025» seinerseits Schockwellen ausgelöst, die die Aufmerksamkeit der USA und Europas auf sich zogen und die Angst der USA, übertroffen zu werden, verstärkt. Mit dieser industriepolitischen Strategie formulierte Chinas Führung das selbstbewusste Ziel, in zehn wertschöpfungsintensiven Industriesektoren die Weltmarktvorherrschaft zu erreichen – auch um internationale Standards und das zukünftige Wirtschaftssystem zu bestimmen.[13]

Eine beunruhigende Dynamik ist im Gange. Je stärker China erscheint, desto mehr versuchen die Vereinigten Staaten, es klein zu halten – und umgekehrt. Umfragen zeigen, dass die Öffentlichkeit in beiden Ländern zunehmend feindselig und nationalistisch ist.[14] In den Vereinigten Staaten sind die liberalen Medien genauso anti-chinesisch wie die konservativen. Im Kongress geht es nicht darum, ob die Spannungen mit China außer Kontrolle geraten sind, sondern darum, wie die Vereinigten Staaten China verprügeln können. Peking und Washington haben sich in einen immer hitziger werdenden Kampf verwickelt, aus dem zu befreien sich schwierig gestalten wird, selbst wenn es Abkühlphasen gibt, in denen China, die Vereinigten Staaten oder beide versuchen, die Temperatur etwas zu senken, etwa beim Xi-Biden-Gipfel im November 2022 oder beim Besuch des US-Außenministers Anthony Blinken in China im Juni 2023. Wie bei der englisch-deutschen Rivalität vor dem Ersten Weltkrieg fehlt es an Bremsmechanismen, aber nicht an Beschleunigern. Ein chinesisch-amerikanischer Krieg mag nicht unvermeidlich sein, aber niemand kann behaupten, er wäre nicht in Sicht.

Ob und wie solche wachsenden bilateralen Spannungen zu einem Dritten Weltkrieg eskalieren können, wird später im zweiten Szenario erörtert, aber hier stellt sich die Frage, wie und warum dies zu einer neuen Bipolarität, einem Kalten Krieg, geführt hat. Während sowohl Biden als auch Xi sagen, dass sie keinen Kalten Krieg wollen, hat die gegenseitige Bitterkeit der beiden größten Mächte eine größere Spaltung begünstigt. Es ist zu einem weiteren Kalten Krieg gekommen – aber mit einer für Washington unerwarteten Wendung: Viele Länder werden weder den Vereinigten Staaten noch China folgen.

Der Weg des Westens in den Kalten Krieg

Warum hat der Westen einen Kalten Krieg mit China begonnen? Vor allem gibt es besorgniserregende Anzeichen dafür, dass sich die Vereinigten Staaten unaufhaltsam von der Aufrechterhaltung einer wirklich globalen liberalen Ordnung entfernt haben und nicht nur China und Russland, sondern den größten Teil des Globalen Südens, der nicht den «demokratischen Normen» entspricht, von ihr abschneiden. Die Entkopplung von China ist ein Aspekt davon, aber die Strömung verläuft tiefer. Während die Vereinigten Staaten in den 1990er Jahren im Allgemeinen der größte Befürworter der Globalisierung waren, unterstützt ein großer Teil der US-Öffentlichkeit die Ansicht von Trump, dass die Vereinigten Staaten auf die Schippe genommen wurden und nun schlechter dran seien, weil der «Rest» mehr profitiert habe. Der «Rest», dessen Lebensstandard stieg und der eine Mittelschicht hervorbrachte, schnitt proportional besser ab, aber die Medianeinkommen der USA und des Westens bleiben unerreichbar, und es ist aufgrund der alternden Bevölkerung und der verbleibenden gähnenden Kluft unklar, ob China oder eine andere Volkswirtschaft (mit Ausnahme der Golfstaaten) in den nächsten Jahrzehnten jemals diesen stagnierenden westlichen Lebensstandard erreichen wird.

Die große Kluft zwischen den Lebensstandards wird von der westlichen Öffentlichkeit nicht wirklich verstanden, nur die Tatsache, dass sich die US-amerikanische und die westliche Mittelschicht als Verlierer des Globalisierungsspiels fühlen und andere, insbesondere

China, so wahrgenommen werden, als hätten sie gut bezahlte Arbeitsplätze in der Produktion gestohlen, die das Fundament einer komfortablen Existenz der Mittelschicht im industrialisierten Westen waren.

Aber die Fakten erzählen eine andere Geschichte: Ökonomen schätzen, dass nur 2 von 150 Millionen verlorenen Arbeitsplätzen in den Vereinigten Staaten zwischen 2000 und 2015 auf ein Outsourcing nach China zurückzuführen sind. Die Vereinigten Staaten haben seit 1982 Arbeitsplätze im verarbeitenden Gewerbe verloren, bevor China eine wirtschaftliche Bedrohung darstellte. Technologische Innovation und Automatisierung sind die wirklichen Bedrohungen, die die Nachfrage nach möglichst vielen Arbeitskräften beseitigen. Andernorts ist es genauso. Die Beschäftigung im verarbeitenden Gewerbe ist in allen Volkswirtschaften mit hohem Einkommen stark zurückgegangen,[15] auch in Japan und Deutschland, den wichtigsten Produktionszentren. Chinas Anteil an den Arbeitsplätzen im verarbeitenden Gewerbe erreichte 2012 einen Höchststand von 30 Prozent und ist seitdem rückläufig.[16]

In den Vereinigten Staaten hatte der Verlust solch solider Arbeitsplätze in der «Mittelschicht» erhebliche politische und psychologische Auswirkungen. Die verlorenen Arbeitsplätze im verarbeitenden Gewerbe konzentrierten sich stark auf politische Vorreiter- oder Trendsetter-Staaten wie Ohio, Michigan und Pennsylvania, die für beide Parteien entscheidend sind, um eine Präsidentschaftswahl zu gewinnen. Als sich neue Industriezweige entwickelten, hatten die ehemaligen Arbeitsplätze im verarbeitenden Gewerbe andernorts nicht mehr die gleiche Bedeutung, aber in diesen politisch relevanten «Swing-States» gab es eine hohe Konzentration von Arbeitsplatzverlusten im früheren «Manufacturing Belt» (Industriegürtel) der fortan als «Rust Belt» (Rostgürtel) bezeichnet wurde.

Die Automobilindustrie der Vereinigten Staaten etablierte sich in Michigan, stützte sich jedoch auf Stahl und industrielle Vorprodukte, die in Ohio und Pennsylvania hergestellt wurden. Für Standorte mit einem großen Hauptarbeitgeber, der sich entschied, seine Fabrik nach Mexiko oder China zu schicken, bedeutete dies den Tod – für zu viele sogar buchstäblich. «Offshoring entkernte Dayton», eine ehemals stolze Stadt der Erfinder, «wo die Gebrüder Wright geboren wurden und das erste Flugzeug bauten, wo der Selbststarter für das Automobil erfunden wurde, wo die erste Registrierkasse gebaut wurde.» Dayton «hielt Mitte des 20. Jahrhunderts mehr Patente als die meisten Länder [und] behielt seine Arbeitsplätze in der Automobilindustrie länger als die meisten Gemeinden, bis Delphi, eine Tochtergesellschaft von General Motors, bankrottging und dann seine Aktivitäten nach Mexiko und China verlegte.»[17]

Ein jüngerer Daytonier erzählt von der Zeit während seines Studiums, als sein Vater noch in einer Fabrik arbeitete: «Ich arbeitete in einem an der selben Straße oberhalb gelegenen Lagerhaus und packte große Geräte für den Überseeversand ein. Ich erinnere mich, dass der Geschäftsführer zurückkam, nachdem er Vorbereitungen getroffen hatte, um die Produktionslinien vom Werk meines Vaters nach Indien zu verschiffen. Ich habe im wahrsten Sinne des Wortes den Job meines Vaters verpackt und nach Übersee geschickt.»[18] Dayton verlor allein durch die Schließung dieses einen Werkes 15 000 Arbeitsplätze, aber auch die Pizzerien, Restaurants und Bars, die den lokalen Arbeitern und Nachbarschaften dienten, wurden geschlossen. Geschäfte und Dienstleistungen verkümmerten. Auch wenn die «Rust Belt»-Gebiete wieder aufleben, bleibt die erschreckende Erinnerung an Arbeiterfamilien, die plötzlich sehen, wie ihnen und zukünftigen Generationen ihr amerikanischer Traum entgleitet.

Die globale Finanzkrise von 2007/2008, die die Daytonier als «The Great Recession» bezeichneten, führte sogar zu noch mehr verlassenen Fabriken und Häusern: Sie reduzierte viele Einheimische auf die demütigende Arbeit, «sich durch den Dreck zu graben, wo ehemalige Gebäude standen, auf der Jagd nach Altmetall, um es an Recycler zu verkaufen».[19] Während Dayton keine Autos mehr exportierte, verkaufte die ehemalige Industriestadt recyceltes Altmetall ins Ausland. Es hat sich zu einem der größten Exportgüter der Vereinigten Staaten entwickelt.

Aber viele Amerikaner fanden nicht einmal in diesem neuen «Exportmarkt» Arbeit. Ihr Arbeitslosenstatus beraubte die meisten auch ihrer Krankenversicherung, was für viele die Einnahme von Schmerzmitteln bedeutete, was wiederum den Weg zum Drogenmissbrauch erleichterte. Immer mehr Amerikaner haben sich aus dem wirtschaftlichen, sozialen und politischen Leben zurückgezogen. Diejenigen, die glauben, dass sie ihr Schicksal nicht durch ihre Stimme oder ihren Protest ändern können, wählen den inneren Rückzug aus der Gemeinschaft, in drastischen Fällen durch Kriminalität, Drogen oder Selbstmord. Diese benachteiligten Gebiete waren auch diejenigen, die viele der Söhne und Töchter opferten, die in Amerikas ewigen Kriegen im Irak und in Afghanistan kämpften. Alles zu verlieren und für andere zu opfern, trieb viele in die Bitterkeit.

Angesichts dieser Erfahrung standen nicht nur die Einwohner Daytons und Ohios der Transpazifischen Partnerschaft skeptisch gegenüber. Schon vor 2008, als die Hoffnungen der entlassenen Arbeiter in den Städten und Gemeinden im gesamten Rostgürtel der Großen Seen enttäuscht wurden, war es für US-Präsidenten schwierig, die Zustimmung des Kongresses zu erhalten. Barack Obamas Pläne, die Vereinigten Staaten in den Mittelpunkt zweier großer Handelsblöcke zu stellen, die Europa und Asien umfassen, wären in den besten Zeiten eine schwierige Herausforderung gewesen. Das bis dahin größte Handelsabkommen, das Nordamerikanische Freihandelsabkommen (NAFTA), das eine Handelszone zwischen den USA, Mexiko und Kanada begründete, wurde zu einer Zeit (1994) verabschiedet, als der Wohlstand der USA mehrere Jahre nach dem Ende des Kalten Krieges seinen Höhepunkt erreicht hatte. Im Gegensatz dazu erholten sich die Vereinigten Staaten während der beiden Amtszeiten Obamas nur langsam von der Finanzkrise von 2007/2008.

Die Transpazifische Partnerschaft (TPP), das Handelsabkommen zwischen einem Dutzend Volkswirtschaften des pazifischen Raums (Australien, Brunei, Kanada, Chile, Japan, Malaysia, Mexiko, Neuseeland, Peru, Singapur, Vietnam und den Vereinigten Staaten), war sehr weit fortgeschritten und vollständig ausgehandelt worden, stieß jedoch auf ein Kalenderproblem. Die Präsidentschaftswahlen 2016 rückten näher und selbst in guten Zeiten werden Handelsabkommen von den US-Gesetzgebern gern verzögert oder torpediert. Die Atmosphäre politisierte sich zusehends mit einem Außenseiter, namentlich Donald Trump, der einen republikanischen Kandidaten nach dem anderen ausstach. Trump nutzte TPP, um Unterstützung im alten Rostgürtel und darüber hinaus zu gewinnen. Aber auch in der Demokratischen Partei war der linke Flügel dagegen, und der progressive Kandidat Bernie Sanders überzeugte die demokratische Präsidentschaftskandidatin Hilary Clinton, ihre Unterstützung für das Abkommen aufzugeben und die Partei zu vereinen.

Biden versprach, die gesamte Politik von Trump rückgängig zu machen, setzte aber stattdessen die handelsfeindliche Ausrichtung seines Vorgängers fort. In Anlehnung an seine eigene bescheidene Herkunft hat er geschworen, die hart arbeitende Mittelschicht zu verteidigen. Sein nationaler Sicherheitsstab muss jeden politischen Vorschlag, einschließlich der außenpolitischen, durch das Prisma ihrer Auswirkungen auf die Mittelschicht analysieren. Seine Regierung und er, einschließlich der Leiterin des Handelsamtes, haben auf diese Weise Vorbehalte gegenüber einem offeneren Handel entwickelt.

Instrumenteller Multilateralismus

Das Problem ist noch tiefer verwurzelt. Der alte Glaube an globale Institutionen, die die Vereinigten Staaten nach dem Ende des Zweiten Weltkriegs selbst geschaffen haben, geht seit einiger Zeit verloren. Die Biden-Administration scheint die WTO aufzugeben, obwohl die US-Handelsbeauftragte (USTR) Katherine Tai zunächst versprochen hatte, eine gemeinsame Arbeit an Reformen zu unterstützen. In einem USTR-Bericht von Februar 2022 teilte sie Trumps Kritik an der WTO, dass diese China wegen seiner Verstöße gegen seine Verpflichtung zur Eindämmung von Subventionen für staatliche Unternehmen nicht die Stirn böte und China seine Märkte nicht vollständig für ausländische Konkurrenz öffne, und sagte, die Vereinigten Staaten würden «inländische Handelsinstrumente einsetzen [...], um gleiche Wettbewerbsbedingungen mit China für US-amerikanische Arbeitnehmer und Unternehmen zu erreichen».[20] Mit anderen Worten: Die Biden-Regierung beabsichtigt nicht, mittels multilateraler Institutionen zu arbeiten, sondern einseitig gegen China vorzugehen, was sie mit dem Exportverbot von High-End-Chips getan hat.

Es ist nicht nur der globalisierte Handel, der an Popularität verloren hat, sondern das gesamte multilaterale System, das die Vereinigten Staaten nach dem Ende des Zweiten Weltkriegs aufgebaut haben. Die Vereinten Nationen haben vor Jahren die Unterstützung der US-Bevölkerung eingebüßt und erschienen den meisten Amerikanern als nutzlos, unfähig, Kriege zu stoppen. Stattdessen täte die UN alles dafür, Anliegen wie die der Palästinenser zu unterstützen, die von vielen Amerikanern vor allem als Verantwortliche für den Terrorismus gegen einen US-Verbündeten, Israel, angesehen werden.

Unter Biden wurde zwar ein Teil von Trumps «America First»-Agenda entschärft, zum Beispiel der von Trump geplante Austritt der USA aus der Weltgesundheitsorganisation, den Biden rückgängig machte. Aber China bleibt das «größte potenzielle Hindernis für Bidens kooperative multilaterale Vision», wie ein führender US-Experte für Multilateralismus warnte. Für Stewart Patrick wird das «wiederkehrende Dilemma» der Vereinigten Staaten darin bestehen, die «nötige Zusammenarbeit mit China in Sachen Klimawandel, nuklearer Proliferation, Pandemien und bei anderen globalen Bedrohungen mit Bidens Förderung der westlichen Solidarität in Einklang zu bringen».[21] Multilateralismus ist gegenwärtig für Washington nur so lange akzeptabel, wie er die Interessen der USA und sekundär der westlichen Alliierten begünstigt.

Die Amerikaner sind sehr misstrauisch gegenüber ihrer eigenen Regierung und ihrer Fähigkeit, Probleme zu lösen; es ist deshalb auch nachvollziehbar, dass der anfängliche Idealismus mit Blick auf die Vereinten Nationen, den Internationalen Währungsfonds (IWF), die Weltbank und all die anderen Institutionen in der öffentlichen Meinung verblasst ist. Aber nicht nur Biden und die Öffentlichkeit, sondern auch die außenpolitische Elite, die Trump verachtete, hat sich auf subtilere Weise gegen Multilateralismus und Globalisierung gewandt. Zwar unterstützen nur wenige offen Trumps Antiglobalismus, aus Angst, als fremdenfeindliche «America-Firster» angesehen zu werden. Aber es ist schwierig geworden, mehr als nur eine Handvoll Wissenschaftler in Washingtons riesigem Think-Tank-Netzwerk zu finden, die nachdrücklich für die Vorteile einer Bündelung der Souveränität und der Stärkung multilateraler Institutionen argumentieren. China ist nach den Vereinigten Staaten nur der zweitgrößte Beitragszahler der Vereinten Nationen, aber im Gegensatz zu Washington zahlt es seine Mitgliedsbeiträge pünktlich. Immer wieder blockiert der amerikanische Kongress in Washington die Überweisung von Geldern an die Vereinten Nationen in New York.

In diesem Zusammenhang ist die Entkopplung für viele in der außenpolitischen Elite und den Medien zu einem akzeptablen Konzept geworden, um das Problem der Vereinigten Staaten mit China zu lösen. Die Kolumnistin der *Financial Times*, Rana Foroohar, die das sogenannte «Friend-Shoring» befürwortet, schrieb bereits 2019: «Als ich zum ersten Mal schrieb, dass die Eliten die absehbare Deglobalisierung verkennen, wurde die Idee einer wirtschaftlichen Entkopplung der USA und Chinas hauptsächlich in exzentrischer Gesellschaft diskutiert. Jetzt ist es zum Mainstream geworden, befürwortet von vermeintlich ideologisch gegensätzlich eingestellten Politikern wie der demokratischen Präsidentschaftskandidatin Elizabeth Warren und dem republikanischen Senator Marco Rubio.»[22] Allerdings nehmen – wie Branko Milanović, ehemals leitender Ökonom in der Forschungsabteilung der Weltbank,[23] betont hat – die Befürworter des «Friend-Shoring» die Tatsache zu leicht, dass China die größte Handelsmacht der Welt (seine gesamten Exporte und Importe beliefen sich 2021 auf 4,2 Billionen Dollar), führender Handelspartner der US-Verbündeten und -Partner in Europa und Asien und ein wichtiger Kapitalexporteur ist.[24]

Ungeachtet dieser Tatsachen gibt es jetzt einen parteiübergreifenden Konsens darüber, hart gegen China vorzugehen. Aber es gibt eine Ausnahme von der Regel: Max Baucus hat sowohl Republikaner als auch Demokraten dafür kritisiert, dass sie das Verhältnis der USA zu China belastet haben, um zu Hause politisch zu punkten.[25] Allerdings ist Baucus ein *ehemaliger* Vorsitzender des Finanzausschusses des US-Senats und ein *Ex*-US-Botschafter in China, der sich keine Sorgen um seine Wiederwahl oder Ernennung mehr machen muss.

Die Wirtschaft ist die einzige Gruppe innerhalb der US-Elite, die sich entschieden gegen eine Entkopplung ausspricht, sich aber – mit Ausnahme der Handelskammern der USA[26] und der EU,[27] die die steigenden Kosten von Zöllen und anderen Handelsbeschränkungen wissenschaftlich untersucht haben – nicht öffentlich zu Wort meldet.

Vor allem amerikanische Wirtschaftsführer beschweren sich nur hinter vorgehaltener Hand über die Entkopplung und wollen nicht als «Panda-Huggers» gesehen werden, um nicht die Missbilligung der amerikanischen Legislative oder Regierung zu provozieren. Auch die Verbündeten Amerikas stehen zwischen Baum und Borke.

Amerikas Verbündete in der Zwickmühle

Die wichtigsten Verbündeten der Vereinigten Staaten, die EU-Länder, sind vom internationalen Handel und der regelbasierten Ordnung abhängig. Seit dem Jahr 2000 haben sie die tiefgreifendste wirtschaftliche Integration weltweit erreicht, einschließlich der Freizügigkeit der Arbeitnehmer. Während Trump stolz darauf war, «ein Zoll-Mann» zu sein,[28] hat die EU Handelsabkommen mit Japan, Südkorea, dem Verband Südostasiatischer Nationen (ASEAN) und dem Gemeinsamen Markt des Südens (MERCOSUR) in Südamerika geschlossen. Sie hat sogar ein Handelsabkommen mit China unterzeichnet, obwohl dieses hinsichtlich der Ratifizierung vor großen Herausforderungen steht.[29]

Der wichtigste asiatische Verbündete der Vereinigten Staaten, Japan, rettete die Transpazifische Partnerschaft (TPP), nachdem Trump die Vereinigten Staaten herausgezogen hatte, auch, indem Tokio TPP in ein Comprehensive and Progressive Agreement for Trans-Pacific Partnership (CPTPP) umbenannte. Mit elf teilnehmenden Staaten ist CPTPP, gemessen am BIP, eine der größten regionalen Handelszonen der Welt, die mit China, Taiwan, Großbritannien (das im März 2023 eine Beitrittsvereinbarung getroffen hat) und einer langen Liste anderer Länder viele weitere Interessenten hat. Der mittlerweile ermordete Shinzo Abe erhielt seinen Traum von TPP am Leben, weil er hoffte, dass die Vereinigten Staaten in Zukunft beitreten würden. Er setzte sich stark dafür ein, Biden dazu zu bringen, allerdings ohne Erfolg.

In der Zwischenzeit ist China der Anfang 2022 ins Leben gerufenen Regional Comprehensive Economic Partnership beigetreten, die 15 asiatisch-pazifische Länder umfasst (viele von ihnen sind CPTPP-

Mitglieder), die etwa 30 Prozent des weltweiten Bruttoinlandsprodukts und der Weltbevölkerung abdecken. Mit der geplanten Abschaffung der Zölle auf mehr als 90 Prozent der innerhalb des Blocks gehandelten Waren werden China, Japan und Südkorea – die größten Volkswirtschaften Asiens – voraussichtlich die großen Gewinner sein.[30]

Die Vereinigten Staaten könnten diese Trends wahrscheinlich umkehren, indem sie ein Handelsabkommen mit dem Verband Südostasiatischer Nationen (ASEAN) aushandeln, das ein Gegengewicht zur ASEAN-China-Freihandelszone von 2020 darstellt. Dafür müsste jedoch US-Präsident Biden und sein Nachfolger den Kongress und die amerikanische Öffentlichkeit davon überzeugen, dass Handelsabkommen generell mehr Gewinner als Verlierer hervorbringen. Selbst im Fall von Taiwan, wo es eine starke parteiübergreifende Unterstützung für die Verteidigung Taiwans gegen China gibt, hat sich die Biden-Regierung vor einem Freihandelsabkommen gescheut, nicht wegen des starken chinesischen Widerstands, sondern wegen der Sorge, das Abkommen durch den Kongress zu bekommen.[31]

Die einzige große Veränderung unter Biden war die Aufhebung von Trumps Stahl- und Aluminiumzöllen von 25 Prozent auf Importe von der EU und anderen Handelspartnern, die US-Verbraucher und Unternehmen mehr als 900 000 Dollar pro Jahr für jeden Arbeitsplatz gekostet haben, der durch Trumps Zölle gerettet oder geschaffen wurde, so die Berechnungen des Peterson Institute for International Economics.[32] Dieser Schritt steht im Gegensatz zur Regierungsentscheidung, Trumps Handelszölle auf chinesische Importe nicht aufzuheben, was Kritikern zufolge den US-Verbrauchern und -Unternehmen mehr schadet als China und den Inflationsschub in den USA verstärkt. Tatsächlich führen Zölle (und Sanktionen) zu einer gewissen Entkopplung, die die Verbraucher benachteiligt, weil sie den China-Handel auf höherpreisige Produzenten umlenkt.

Auffälliger ist die zunehmende Hinwendung zum Protektionismus. Die US-Regierung hat den obligatorischen Anteil von US-Produkten an allem, was die föderale Regierung kauft, erhöht. Laut des «Buy American»-Programms müssen mindestens 60 Prozent des Wertes der von der Regierung beschafften Komponenten in den Vereinigten Staaten hergestellt werden, und dieser Prozentsatz wird bis 2024 auf 65 Prozent und bis 2029 auf 75 Prozent steigen.[33]

Noch ungeheuerlicher in den Augen der europäischen und asiatischen Verbündeten waren die angekündigten Subventionen für in Nordamerika hergestellte Elektrofahrzeuge, die Teil von Bidens sogenanntem «Inflation Reduction Act (IRA)» sind. Biden bewirbt die Maßnahme als die bedeutendste Gesetzgebung zum Klimawandel in der Geschichte der USA. Aber nur Personenkraftwagen, die in Nordamerika montiert werden, qualifizieren sich für den 7500-Dollar-Steueranreiz für Elektrofahrzeuge.[34]

Die EU kritisierte, dass das Gesetz «eindeutig diskriminierende Anforderungen zugunsten einheimischer Produktion enthält, die gegen die WTO-Regeln verstoßen», und drohte, dass die Benachteiligten bei der WTO eine formelle Anklage gegen die Vereinigten Staaten erheben würden, sollte es keine Ausnahme für in der EU hergestellte Elektrofahrzeuge geben. Die EU-Kommission warnte davor, dass «das Gesetz, wenn es in seiner jetzigen Form umgesetzt wird, nicht nur riskiert, den USA und ihren engsten Handelspartnern wirtschaftlichen Schaden zuzufügen, weil es zu Ineffizienzen und Marktverzerrungen führt, sondern auch eine Abwärtsspirale mit einem schädlichen globalen Subventionswettlauf bei Schlüsseltechnologien und Inputs für den grünen Wandel auslösen kann».[35]

Ein WTO-Verfahren der EU gegen Washington dürfte problematisch werden. Die Klärung könnte Jahre dauern: Das Streitbeilegungsverfahren der WTO ist wegen Trumps Weigerung, Berufungsrichter zu ernennen, ins Stocken geraten, und die Biden-Administration hat bisher nicht viel Eifer gezeigt, diese Blockade zu lösen.

Elend ist gern in Gesellschaft. Es ist auch unwahrscheinlich, dass die japanischen und südkoreanischen Produzenten von Elektrofahrzeugen für die amerikanischen Subventionen in Frage kommen. Und das, obwohl diese wie ihre europäischen Kollegen Fabriken in den USA gebaut haben, um die Gunst der US-Gesetzgeber zu erhalten, deren Wähler von der erhöhten Beschäftigung in den Honda- oder Hyundai-Fabriken profitieren.[36] Ende März 2023 unterbreitete Biden seinen Verbündeten «ein Friedensangebot»,[37] das es den Autoherstellern erleichtert, Zugang zu Subventionen zu erhalten, selbst wenn diese kritische Batteriemineralien (wenn auch keine anderen Komponenten) von außerhalb der Handelszonen des US-Mexiko-Kanada-Abkommens (USMCA) beziehen. Es ist indes unwahrscheinlich, dass dies die Besorgnis darüber verringern wird, dass die USA ihren Verbündeten grüne Technologien und deren Produktion entziehen.

Es ist ironisch oder vielleicht nur ein Lapsus, dass die Biden-Administration zur gleichen Zeit, als sie asiatische und europäische Verbündete bei den Subventionen für Elektrofahrzeuge ausschloss, eine Handelsphilosophie rund um das «Friend-Shoring» formulierte, ein Konzept, das von der kanadischen Außenministerin Chrystia Freeland geprägt wurde,[38] aber auch von Bidens USTR-Chefin Katherine Tai und Finanzministerin Janet Yellen unterstützt wird: «Die Lieferketten durch ‹Friend-Shoring› auf eine große Zahl vertrauenswürdiger Länder zu konzentrieren und so unseren Marktzugang weiterhin auf sichere Weise auszuweiten, wird die Risiken für unsere Wirtschaft sowie für unsere vertrauenswürdigen Handelspartner verringern.»[39] Wie Yellen in der Fragerunde nach ihrer Rede vor dem Atlantic Council präzisierte, würden solche Vereinbarungen den Vereinigten Staaten ermöglichen, die Beziehungen zu einer Gruppe von Ländern zu vertiefen, die «eine Reihe von Normen und Werten darüber teilen, wie sie in der Weltwirtschaft agieren sollen».[40]

Vor die Wahl zwischen der Pax Americana und den Geschäftsmöglichkeiten in China gestellt, entscheiden sich viele Partner der Vereinigten Staaten – und jetzt sogar Saudi-Arabien – stattdessen für «beide Optionen»: «Im Großen und Ganzen sind es weder die Vereinigten Staaten noch China, die sie als am bedrohlichsten ansehen, sondern die Konkurrenz zwischen ihnen», sagte Michael Singh, ehemaliger Direktor für Nahost-Angelegenheiten beim amerikanischen Nationalen Sicherheitsrat (NSC), und lenkte so die Aufmerksamkeit auf die «neue globale Realität», mit der Washington rechnen müsse.[41]

Washingtons oder Pekings Konsens?

Früher wurde wirtschaftliche Rückständigkeit mit Diktatur und Autoritarismus assoziiert. China hat all das verändert. «Einige der höchsten Pro-Kopf-Einkommen der Welt befinden sich in Ländern, die von Autoritären regiert werden, insbesondere am Golf. Die Existenz mehrerer wirtschaftlich erfolgreicher autoritärer Staaten untergräbt das Argument, dass Demokratie für die wirtschaftliche Modernisierung von entscheidender Bedeutung ist.»[42] Namhafte Wissenschaftler wie Daron Acemoglu haben argumentiert, dass «Oligarchien der wirtschaftlichen Modernisierung förderlicher sind als eine vollständige Demokratie – zumindest auf ‹mittlere Sicht› –, weil sie dazu neigen, ein Umfeld zu schaffen, das Unternehmer mit niedrigen Steuern begünstigt. Erst später schaffen Oligarchien Probleme, indem sie Markteintrittsbarrieren errichten, um die derzeitigen etablierten Wirtschaftsunternehmen zu schützen.»[43]

Der andere Teil der Attraktivität Chinas sind sein Handel und seine Investitionen. «Vor dem Jahr 2000 waren die USA an der Spitze des Welthandels»,[44] wobei über 80 Prozent der Länder mehr Handel mit ihnen trieben als mit China. Bis 2018 ist diese Zahl stark gesunken, auf nur noch 30 Prozent, weil China mittlerweile in 128 von 190 Ländern die Spitzenposition eingenommen hat.[45] Waren die Vereinigten Staaten ehedem der wichtigste Handelspartner für mehr Länder als jede andere Wirtschaftsmacht, wurden sie nun von China verdrängt.

Seitdem hat China seinen Einfluss ausgeweitet, vor allem durch Handel und Investitionen. Der amerikanische Co-Autor dieses Buchs arbeitete 2021 mit einem Team der University of Denver zusammen, um zu verfolgen, wie expansiv Chinas Einfluss geworden war. «Historisch gesehen war der wirtschaftliche Handel – einschließlich der Verkäufe von Militärgütern – ein Instrument für Großmächte, um Einflussnetzwerke zu errichten. Die Beziehungen, die mit Handel und Investitionen beginnen, haben oft dazu beigetragen, starke politische und kulturelle Beziehungen aufzubauen.»[46] Obwohl Chinas Einfluss in Europa gewachsen ist, weil sein Markt für Deutschland, Skandinavien und andere Länder für deren Exporte immer wichtiger wurde, blieben die transatlantischen Sicherheitsbeziehungen zu den Vereinigten Staaten von größter Bedeutung – und wurden sogar noch stärker, weil sich die Vereinigten Staaten und Europa zusammenschlossen, um Russlands Invasion in der Ukraine entgegenzutreten.

Außerhalb des Westens hat China jedoch die früheren Rollen der Vereinigten Staaten und Europas übernommen. Selbst im Nahen Osten versucht China, größeres wirtschaftliches und diplomatisches Gewicht zu erlangen. Im März 2023 vermittelte Peking sogar eine Annäherung zwischen den Erzfeinden Saudi-Arabien und Iran.[47] Beobachter in Washington waren überrascht von den Schritten eines ihrer engsten Verbündeten und befürchteten, dass Riad in Pekings Lager überlaufen könnte. Saudi-Arabien ist ein wichtiger Partner der USA seit Präsident Franklin Delano Roosevelt am Valentinstag 1945 den saudischen König Abd al-Aziz Ibn Saud auf dem amerikanischen Kreuzer USS Quincy traf und eine der wichtigsten geopolitischen Allianzen nach dem Zweiten Weltkrieg begründete.

Gemäß dem «Sicherheit gegen Öl»-Deal schützt Washington seitdem das Königreich, während Riad seinerseits mehr oder weniger dafür sorgt, dass der Ölpreis nicht zu stark steigt. Auch wenn es den USA heute gelingt, den Anteil der Ölimporte – und das ist die Achillesferse der US-Wirtschaft und des Transportsektors – durch die Förderung eigener Ressourcen und Energieeinsparungen deutlich zu reduzieren, ist in diesem Zusammenhang ein zweiter Aspekt zu beachten: Die Ölpreise werden international durch ein Oligopol namens Organisation der erdölexportierenden Länder (OPEC) und teilweise auch durch Unruhen und Förderengpässe in anderen Weltregionen beeinflusst, wie zuletzt mit dem Ukraine-Krieg und den Sanktionen gegen Russland deutlich wurde. Saudi-Arabien wird auf absehbare Zeit der einzige «Swing-Producer» bleiben, der über ausreichende Kapazitäten verfügt, das Öl billig, sehr schnell und bei Bedarf in großen Mengen zu fördern, um die Preise in eine niedrigere Spanne zu drücken, die für westliche und asiatische Volkswirtschaften tolerierbar ist.

Das erklärt auch, warum US-Präsident Biden im Juli 2022 einen Canossa-Gang nach Riad unternehmen musste, um Saudi-Arabiens Kronprinz Mohammed Bin Salman um Zusammenarbeit zu bitten –

den Mann, den er eigentlich vor der Weltöffentlichkeit als Schlächter geißeln wollte, weil saudische Beamte den in den USA lebenden Journalisten Jamal Khashoggi im saudischen Konsulat in Istanbul getötet hatten. Doch Bidens Bitten war vergeblich: Saudi-Arabien weigerte sich, seine Produktion zu erhöhen. Im Gegenteil, Anfang Oktober 2022 beschloss die von Saudi-Arabien geführte OPEC (plus Russland), das künftige Angebot um zwei Millionen Barrel Öl pro Tag zu reduzieren – eine erhebliche Menge, die die Preise an den amerikanischen Tankstellen und damit die Chancen der Republikaner an der Wahlurne in die Höhe trieb.

Mittelfristig wird die Inflation, die durch eine Kombination von Faktoren, darunter relativ hohe Energie- und Lebensmittelpreise, angeheizt wird, die US-Notenbank dazu zwingen, ihre Gelddruckmaschine zu verlangsamen und die Zinsen weiter anzuheben, was bestenfalls eine Rezession oder schlimmstenfalls eine Finanzkrise auslösen könnte. Saudi-Arabien hat also den Hebel in der Hand, Putins Kriegsregime indirekt zu unterstützen und könnte sogar Einfluss darauf nehmen, dass ein gegenüber Autokraten freundlich eingestellter Machthaber wie Trump wieder ins Weiße Haus befördert wird.

Der Iran könnte ein alternativer «Swing-Producer» sein, aber nur, wenn die von den USA erzwungenen westlichen Sanktionen das Regime nicht daran hindern würden, seine enormen Öl- und Gasressourcen offen zu verkaufen. Der kurzsichtige einseitige Ausstieg von US-Präsident Trump aus dem Atomabkommen mit dem Iran, dem Joint Comprehensive Plan of Action (JCPOA), im Mai 2018 und die entsprechende Hebelwirkung von (Sekundär-)Sanktionen werden Peking weiterhin in die Hände spielen. China profitiert davon, dass westliche Unternehmen, vor allem in Europa und Japan, Abkommen mit dem Iran gekündigt haben, um nicht gegen die von den USA erzwungenen Sanktionen zu verstoßen. China ist nach wie vor besonders an einer Diversifizierung der Energieversorger und Versorgungswege interessiert, da seine wirtschaftliche Entwicklung und militärische Aufrüstung von Energieimporten abhängen.

Chinas «Vordringen» in Afrika hat auch dort zu einem Rückgang des westlichen Einflusses geführt. Außerdem überwiegt der chinesische Einfluss den der USA in weiten Teilen Südostasiens und hat

auch in den ehemaligen Sowjetstaaten zugenommen, womit die Vorreiterrolle der USA in Südamerika, Westeuropa und Ostasien untergraben wird. Bereits 2020 übertraf Chinas Einfluss jenen der Vereinigten Staaten in 61 Ländern.[48] Gründe dafür sind der wachsende
Handel, Entwicklungshilfen und die zunehmenden Investitionen,
was dazu führt, dass immer mehr Länder stärker von China als von
den Vereinigten Staaten abhängig sind.

Veränderte Bedrohungswahrnehmung

Ohne Chinas wirtschaftliche Dynamik in den vergangenen drei Jahrzehnten hätten die Entwicklungsländer und der Westen einen niedrigeren Lebensstandard. Trotz des Mangels an positiven Nachrichten
über China in den westlichen Medien führte sein schnelles Wachstum dazu, dass China seit dem Jahr 2000 zu einem der wichtigsten
Treiber für das Wachstum des globalen BIP wurde und dabei sogar
die Vereinigten Staaten übertraf. Aus diesem Grund wird China von
einer immer größer werdenden Zahl von Amerikanern sowohl in der
Elite als auch in der Öffentlichkeit als Bedrohung wahrgenommen.
Für viele Chinesen ist China trotz seiner Errungenschaften jedoch
immer noch ein armes Land, was es ihnen nicht gerade erleichtert
nachzuvollziehen, warum sich die Vereinigten Staaten solche Sorgen
machen.

Bis 2010 waren die US-Eliten nicht sonderlich ängstlich. Einer der
beiden Autoren dieses Buches erinnert sich daran, dass er bereits 2005
hochrangige US-Politiker über die Möglichkeit informierte, dass
China nicht lange in einem von den USA dominierten globalen System verbleiben möchte: China sei eine alte Zivilisation, die glaube,
dass sie eine führende Weltmacht sein sollte, die keine Regeln von anderen akzeptieren müsste, sondern ihre eigenen machen könnte.
Schließlich war es vor dem Aufkommen der Industriellen Revolution
eine größere Wirtschaftsmacht als der Westen gewesen. Peking ziele
darauf ab, diese Position wiederzuerlangen und insbesondere seinen
Teil der Welt, den ostasiatischen, zu dominieren. Die politischen
Entscheidungsträger, die informiert wurden, hielten diese Vorhersage

jedoch für empörend und unsinnig. Sie setzten Chinas Aufstieg mit anderen asiatischen Mächten gleich, die ihnen in den Sinn kamen: dem Aufstieg Japans im Jahr 1951, dem südkoreanischen im Jahr 1977 und dem Aufstieg Taiwans im Jahr 1975. Entsprechend groß war die Verwirrung bei diesen hochrangigen politischen Entscheidungsträgern, als ein «egghead»-Intellektueller aus der Geheimdienstgemeinschaft ihnen erzählte, Chinas Aufstieg sei insbesondere mit Blick auf seine Größe und Geschichte grundlegend anders zu beurteilen. Als eines der bevölkerungsreichsten Länder weltweit will China einen Platz in der ersten Reihe, wie viel es den Vereinigten Staaten auch schulden mag. (Indien wird sich kaum davon unterscheiden.)

Die Vereinigten Staaten und der Westen kamen mit der Finanzkrise 2007/2008 ins Straucheln. Chinas wirtschaftliches Gewicht war damals ein Geschenk des Himmels, um dem Westen und der Weltwirtschaft zu helfen, aus ihrem Trott auszubrechen. China blähte sich auf und zog so andere hoch. Für die Chinesen war die Finanzkrise ein Beweis für den Niedergang der USA und des Westens. Zu diesem Zeitpunkt wurde Deng Xiaopings Ratschlag, «sein Licht unter den Scheffel zu stellen», von einer neuen Generation nationalistischer chinesischer Führer aufgegeben, und seit 2010 ist China aggressiver gegenüber seinen Nachbarn und den Vereinigten Staaten geworden.

Washington begann, China als ebenbürtigen Konkurrenten anzusehen. Allzu lange ignorierten die amerikanischen Politiker die offensichtliche Tatsache, dass die Globalisierung – die sie in den 1990er Jahren gepredigt hatten – nicht nur den Vereinigten Staaten und dem Westen Auftrieb gegeben hatte. Es wurde deutlich – was viele Politiker immer wieder leugneten –, dass die Welt multipolar geworden war.

In den letzten Jahren war Washington auch immer wieder überrascht (und schockiert) von Chinas Innovationsfortschritten. Einer von Trumps Nationalen Sicherheitsberatern, General Herbert Raymond (H. R.) McMaster, beschwerte sich bei einem Treffen im Weißen Haus unter anderem bei dem amerikanischen Autor dieses Buches, dass die Geheimdienste unfähig gewesen seien, die technologischen Fortschritte Chinas zu erkennen und davor zu warnen. Der amerikanische Autor bestritt den Vorwurf und sagte höflich, dass die politischen Entscheidungsträger mehr darauf hätten achten sollen, was die Geheimdienste und andere gesagt hatten.

Bei großen strategischen Fragen orientieren sich Politiker selten an Experten. Allzu lange waren amerikanische Politiker und Gesetzgeber davon ausgegangen, dass die Chinesen nur «Kopierer» und keine Innovatoren seien. McMaster glaubte (und tut es auch heute noch) wie viele andere, dass all die chinesischen Fortschritte auf Diebstahl zurückzuführen seien. Bei diesem Treffen betonten Professoren der Carnegie Tech, einer der führenden Tech-Universitäten in den Vereinigten Staaten, wie fleißig die chinesischen Studierenden waren. Einer erwähnte, dass sie diejenigen seien, die «Feuer im Bauch» hätten, nicht seine anderen Studierenden.

Es ist nicht zu leugnen, dass auch Diebstahl zur wachsenden technologischen Stärke Chinas beitrug, aber deutlich ausschlaggebender waren Chinas steigende Ausgaben für Forschung und Entwicklung (F&E): Die Ausgaben für inländische Forschung und Entwicklung stiegen von etwa 9 Milliarden Dollar im Jahr 2000 auf 293 Milliarden Dollar im Jahr 2018 – die zweithöchsten Investitionen der Welt nach den Vereinigten Staaten und höher als die der Europäischen Union.[49] Die Anzahl der chinesischen Studierenden in den MINT-Fächern explodierte ebenfalls. Im Jahr 2018 verliehen chinesische Universitäten fast 49 500 Promotionen in den Bereichen Mathematik, Informatik, Naturwissenschaften und Technik (MINT), deutlich mehr als die Vereinigten Staaten (42 000) und die Europäische Union (45 000).[50] China hat auch die größte Anzahl von Auslandsstudenten – über eine halbe Million pro Jahr –, wobei die meisten in englischsprachige Länder gehen, um Naturwissenschaften zu studieren.

China hat im Technologiebereich auch noch andere Vorteile. Ohne die im Westen geltenden Datenschutzbeschränkungen sind Datensätze in China leichter für die Nutzbarmachung und Auswertung durch Tech-Unternehmer verfügbar. Dies ist besonders wichtig für die Entwicklung von künstlicher Intelligenz (KI), bei der Algorithmen mit riesigen Datenmengen getestet und verfeinert werden müssen. Chinas 855 Millionen digitale Verbraucher gehören laut McKinsey zu den eifrigsten Nutzern von Mobiltelefonen und sozialen Medien weltweit.[51] China ist im Bereich des mobilen Bezahlens führend und forcierte die KI-Entwicklung und den Ausbau einer nationalen digitalen Yuan-Währung.

Der Durchbruch der Firma Huawei in der 5G-Kommunikationstechnologie war der Weckruf für die Trump-Administration. Die US-Industrie hatte nichts, um damit zu konkurrieren, also versuchten die Vereinigten Staaten, andere Länder daran zu hindern, Huawei-Technologien zu kaufen. Die Vereinigten Staaten warnten ihre Verbündeten und Partnerländer vor den Sicherheitsproblemen, die auftreten würden, sollten sie Huawei-Technologie kaufen und installieren, um Chinas technologischen Fortschritt zu begrenzen.

Wenn irgendetwas darauf hindeutet, dass sich die Vereinigten Staaten zu einer «Status quo»-Macht entwickelt haben, weg von ihrer bisherigen progressiven Haltung, anderen zu helfen, dann diese Tatsache. Nach den gelungenen Versuchen der USA, anderen Staaten direkt nach dem Zweiten Weltkrieg aus ihren Krisen zu helfen, etwa mit dem Marshallplan, um das vom Krieg zerrüttete Europa wiederaufzubauen, und den Bestrebungen nach dem Kalten Krieg, die Globalisierung voranzutreiben, um die Lebensstandards insgesamt anzuheben – «to see all boats rise» –, geht es in der heutigen Wagenburgmentalität vielmehr darum, sich vor allen Konkurrenten zu schützen.

In Washington geht man davon aus, dass China trotz massiver Investitionen in den nächsten fünf bis zehn Jahren nicht die Kapazitäten für eine unabhängige Halbleiter-Fertigung erlangen wird, weil die USA den Export von High-End-Halbleitern mit US-Bestandteilen verboten haben: «Chinesische Unternehmen sind aufgrund des begrenzten Zugangs zu Halbleiter-Fertigungsanlagen [Semiconductor Manufacturing Equipment, SME] und Software nicht in der Lage, mit führenden Unternehmen zu konkurrieren, und ihr allgemeiner Mangel an Branchenkenntnissen behindert die Entwicklung einer autarken Lieferkette.»[52]

Solche Vorhersagen haben sich schon früher als falsch herausgestellt. Man denke an die Überraschung der USA zurück, als die Sowjetunion nur wenige Jahre,[53] nachdem die Vereinigten Staaten Atomwaffen eingesetzt hatten, um den Zweiten Weltkrieg mit Japan zu beenden, selbst Atomwaffen entwickelte. Die meisten US-Wissenschaftler dachten, es würde Jahre dauern, bis die Sowjetunion aufholen würde, aber am 3. September 1949, nur etwas mehr als vier Jahre nach dem Abwurf der US-Atombomben auf Hiroshima und Nagasaki, wurde seismische Aktivität auf dem Gebiet der Sowjetunion entdeckt, das unverkennbare Ergebnis eines unterirdischen Atomtests.[54] US-Präsident Truman glaubte dies zunächst nicht und ordnete eine zweite Überprüfung der Daten an. Nach der Bestätigung und aus Angst, dass diese Erkenntnisse an die Medien durchgestochen werden könnten, informierte er die US-Öffentlichkeit in einer kurzen Erklärung.[55]

Vielleicht aufschlussreicher als das sowjetische Beispiel ist Chinas Entwicklung einer thermonuklearen Bombe, die stärker ist als die von Hiroshima. Mao entschied sich für das chinesische Atomwaffenprogramm während der ersten Krise in der Taiwanstraße (1954–1955), als vonseiten der USA nukleare Drohungen geäußert wurden und sich die Sowjetunion weigerte, im Namen Chinas ihrerseits mit nuklearen Drohungen zu kontern. China hatte gedacht, die UdSSR würde ihnen eine Muster-Atombombe und die technischen Informationen geben, die für ihre Herstellung in China benötigt wurden. 1959 wurde klar, dass dies nicht passieren würde. Die Sowjets hatten den Chinesen geholfen, eine Kernreaktion herbeizuführen und eine Gasdiffusionsanlage zu bauen. Sie gingen aber davon aus, dass die Chinesen zum Bau der Bombe allein nicht in der Lage wären, und teilten ihnen mit, sie müssten die sowjetische Führung in einer gemeinsamen fernöstlichen Kommandostruktur akzeptieren, um ihrerseits die erforderliche Beratung zu erhalten. Die Chinesen weigerten sich jedoch, was dazu führte, dass das sowjetische technische Personal 1960 aus China abgezogen wurde.

Bis 1964 hatten die Chinesen herausgefunden, wie man eine primitive Atombombe baut, die sie im selben Jahr zündeten. Mao drängte auf die Rückkehr chinesischer Wissenschaftler aus den Vereinigten Staaten und Europa. China könnte auch von der Arbeit der amerikanischen Physikerin Joan Hinton profitiert haben, die in Los Alamos, dem US-amerikanischen Standort für die Entwicklung von Atomwaffen, gearbeitet hatte und nach China übergelaufen war.[56]

Obwohl Präsident Johnson sie als «primitive Atombombe» bezeichnete, «die das Gefühl der Unsicherheit des chinesischen Volkes nur verstärken kann»,[57] zeigen mittlerweile freigegebene US-Dokumente, «wie ratlos die US-Geheimdienste darüber waren, wie Peking das legal angereicherte Uran erworben hatte». 1967 zündeten die Chinesen ihre erste Wasserstoffbombe.[58]

Heute sind Reichtum, Macht und technologisches Know-how noch stärker verstreut als zu der Zeit, als China versuchte, die USA und die Sowjetunion auf dem Gebiet der Atomwaffenentwicklung einzuholen. Dass die Vereinigten Staaten glauben, sie könnten ihre technologische Überlegenheit aufrechterhalten, ist eine große Illusion.

Schon damals war Spionage ein maßgeblicher Faktor bei den sowjetischen und chinesischen nuklearen Durchbrüchen. Wie können wir also angesichts der familiären und anderen Verbindungen sowie der geografischen Nähe zu Taiwan, das über die weltweit größte und fortschrittlichste Chip-Produktion verfügt, sicher sein, dass China trotz des US-Verbots nicht die benötigte Hilfe erhält?

Dadurch, dass das Wettrennen um Chips zum Kernstück des sino-amerikanischen Konflikts geworden ist, wird Taiwan stärker in den Fokus gerückt, das selbst in weniger umkämpften Zeiten ein heikles Thema war. Im Gegensatz zu den Wirtschaftssanktionen ist Taiwan ein Reizthema, bei dem Peking keine Kompromisse eingehen kann. Trump brachte den Prozess ins Rollen, als die Vereinigten Staaten Taiwan als Teil der «westlichen» Domäne beanspruchten. Biden forcierte es und lud den taiwanesischen Vertreter, der kein Botschafter ist, dazu ein, an seiner Amtseinführung teilzunehmen und wies ihm dabei sogar einen Ehrenplatz zu. Wenn die Vereinigten Staaten einen umfassenden Krieg mit China wollen, gibt es kein besseres Thema als Taiwan, um einen solchen zu beginnen.

America First – Europe Second?

Wie positioniert sich Europa in dieser Lage? Schließlich strebte Europa im Kalten Krieg gegen die Sowjetunion noch nach dem Schulterschluss mit den Vereinigten Staaten. Leider (zumindest für uns Autoren) sieht Europa keinen Mittelweg und wird dazu gebracht, sich mit den Vereinigten Staaten gegen China zu verbünden, was für Peking nur allzu vorhersehbar erscheint. Ein chinesischer Diplomat, der in Europa eingesetzt worden war, sagte dem amerikanischen Co-Autor dieses Buches vor einigen Jahren, dass Europa sich immer Zeit gelassen habe, sich aber zuletzt immer dem Willen der Vereinigten Staaten gebeugt habe und ihnen in Bezug auf China gefolgt sei.

Damals war noch das Investitionsabkommen zwischen der EU und China – um dessen erfolgreichen Abschluss sich Xi besonders bemüht hatte – am Vorabend von Bidens Amtseinführung und trotz der Einwände der USA unterzeichnet worden. Dann kam die Kooperation zwischen Europa und China jedoch zum Erliegen. Die EU verhängte Sanktionen gegen vier chinesische Beamte, die mit dem Völkermord an den Uiguren in Verbindung stehen. China reagierte übermäßig hart und verhängte seinerseits Sanktionen gegen vier EU-Einrichtungen und EU-Beamte, darunter fünf europäische Parlamentarier. Diese chinesischen Gegensanktionen haben den Prozess der Ratifizierung des Investitionsabkommens eingefroren, das damit weiterhin in der Schwebe verbleibt, da das Europäische Parlament alle Verträge ratifizieren muss. Ein Problem könnte Chinas Glaube sein, dass sich Europa unweigerlich auf die Vereinigten Staaten zubewegt und ebenso feindselig wird.

Die EU tritt im Technologiebereich in die Fußstapfen der USA und verbietet insbesondere jegliche chinesische Übernahme von in Europa ansässigen Hightech-Unternehmen. Die EU-Verordnung zur Überprüfung ausländischer Direktinvestitionen, die 2020 in Kraft getreten ist, hat die Überprüfung ausländischer Direktinvestitionen (ADI) drastisch ausgeweitet und den Informationsaustausch verstärkt. Einzelne Mitgliedstaaten wie Frankreich, Deutschland, die Niederlande und die Tschechische Republik haben in den letzten

Jahren entweder neue Überprüfungssysteme eingeführt oder bestehende verschärft. In dieser Hinsicht beugten sich die Niederlande (zusammen mit Japan) dem Druck der USA, «die Exporte fortschrittlicher Chip-Fertigungsanlagen nach China einzuschränken».[59] Die Vereinigten Staaten, Japan und die Niederlande dominieren auf dem Gebiet der Herstellung hochwertiger Halbleiter, und «die erfolgreichen Bemühungen der Biden-Regierung, Japan und die Niederlande mit ihren Exportbeschränkungen für den Chip-Sektor nach China an Bord zu holen», werden weithin als Sieg für die US-Diplomatie angesehen.[60]

Die Vereinigten Staaten gelten immer noch als das Land mit den strengsten Überprüfungsverfahren, insbesondere für chinesische Direktinvestitionen, allerdings hat Washington Europa in seine Richtung gezogen, obwohl europäische Unternehmen dadurch Geschäftsabschlüsse und Arbeitsplätze im In- und Ausland verloren haben. Für viele einzelne europäische Unternehmen bietet China einen ebenso interessanten Exportmarkt wie die Vereinigten Staaten. Doch China als Wirtschaftspartner zu haben, wird angesichts möglicher US-Sekundärsanktionen gegen Europäer, die Geschäfte mit China machen, und möglicher chinesischer Vergeltungsmaßnahmen allmählich als Belastung angesehen. Dass Handel nicht automatisch zu Frieden führt, ja sogar als Waffe eingesetzt werden kann, besorgt viele Europäer.

Für diejenigen, die sich für eine Verringerung der wirtschaftlichen Beziehungen zu China einsetzen – ein Anliegen, das mit der Pandemie begann, als es den westlichen Ländern schwerfiel, ihre medizinische Versorgung zu sichern, ohne sich auf chinesische Hersteller zu verlassen –, stärkt die Abhängigkeit von China nur deren Machthaber Xi. Lautstark wird gefordert, dass Europa seinen Handel von China weg diversifizieren sollte, was allerdings leichter gesagt ist als getan. Die jüngsten Zahlen für 2022 zeigen, dass der bilaterale Handel der Vereinigten Staaten mit China auf einem Rekordhoch liegt, was zum Teil auf ein historisches Inflationsniveau zurückzuführen ist.[61] Zwischen Januar 2021 und Dezember 2022 stiegen auch die EU-Warenimporte aus China um 39 Prozent.[62] Auch nach Ausbruch des Krieges in der Ukraine haben sich die europäischen Unternehmen nicht zurückgezogen. «Wenn Ihre Definition von Entkopplung darin besteht, dass ausländische Unternehmen China entweder ganz verlassen oder zumindest ihre Präsenz deutlich verringern und Investitionen aus China heraus diversifizieren, dann geschieht das sicherlich nicht», sagte Jacob Gunter, Senior Analyst am Mercator Institute for China Studies (MERICS) in Berlin. «Was wir in den meisten Branchen im Allgemeinen sehen, ist eher das Gegenteil.»[63]

In einer im Mai 2022 von der EU-Handelskammer in China veröffentlichten Umfrage gaben nur sieben Prozent der befragten Unternehmensleitungen an, dass der Russland-Ukraine-Krieg sie dazu veranlasst habe, eine Verlagerung von Investitionen aus China in Betracht zu ziehen, während zehn Prozent sogar behaupteten, dass die Invasion China als Investitionsziel attraktiver gemacht habe. Was europäische Unternehmen zu tun scheinen, um sich gegen US- oder EU-Sanktionen zu schützen, ist «die Trennung ihrer China-Aktivitäten von ihren globalen Aktivitäten».[64]

Bereits 2021 veröffentlichte die US-Handelskammer einen Bericht zum Decoupling, der auch eine Einschätzung der Kosten, insbesondere für die Vereinigten Staaten, liefert. Wenn die derzeitigen US-Zölle in Höhe von 25 Prozent, die unter Trump eingeführt wurden, «auf den gesamten bilateralen Handel ausgeweitet würden, müssten die USA bis 2025 auf ein jährliches BIP von 190 Milliarden US-Dollar verzichten. […] Wenn die Entkopplung im Bezug auf Investitionen zum Verkauf der Hälfte der US-Anteile an ausländischen Direktinvestitionen (FDI) in China führte, würden US-Investoren 25 Milliarden US-Dollar pro Jahr an Kapitalgewinnen verlieren, und Modelle deuten auf einmalige BIP-Verluste von bis zu 500 Milliarden US-Dollar hin. Reduzierte ausländische Direktinvestitionen aus China in die USA würden die Kosten erhöhen und – indem sie stattdessen in andere Länder fließen – wahrscheinlich den US-Konkurrenten zugutekommen.»[65]

Was die Befürworter des Kalten Krieges, ob in den Vereinigten Staaten oder in Europa, nicht verstehen, ist, dass ein neuer Kalter Krieg nicht dem letzten ähneln wird, weil China eine globale Wirtschaftsmacht ist, wie es die Sowjetunion nie war. Für den Westen würde ein Kalter Krieg eine wirtschaftliche Katastrophe darstellen.

Für die Entwicklungsländer wäre er allerdings noch verheerender und würde auf längere Sicht alle Errungenschaften der letzten drei Jahrzehnte zunichtemachen.

Die Ambivalenz des Globalen Südens

Wie seine maßvolle Reaktion auf die russische Invasion in der Ukraine zeigt, will der Globale Süden nicht in einem weiteren Kalten Krieg mitspielen. Selbst während des alten Kalten Krieges wollten viele Entwicklungsländer nicht Partei ergreifen. Diejenigen, die mitten im amerikanisch-sowjetischen Wettbewerb gefangen waren, wurden von den beiden Protagonisten, die um sie kämpften, verwüstet. Der Wille, sich aus jeder bipolaren Rivalität herauszuhalten, ist stärker geworden, wie die Weigerung der meisten Entwicklungsländer zeigt, Russland zu sanktionieren. Bei den Abstimmungen in den Vereinten Nationen, die die Vereinigten Staaten und ihre Verbündeten organisierten, um das russische Vorgehen zu verurteilen, «stimmte eine Mehrheit des Globalen Südens und der Regierungen, die Nationen mit fast der Hälfte der Weltbevölkerung vertreten, nicht mit Washingtons Position überein, als sie einer öffentlichen Abstimmung unterzogen wurde».[66]

Meinungsumfragen zeigen, dass die Gesellschaften im Globalen Süden zwar durchaus Russland für den Krieg verantwortlich machen, sie allerdings keinerlei Vertrauen in die Hilfe der westlichen Mächte hätten, sollten sie sich offener auf die Seite der Vereinigten Staaten und Europas stellen. Derzeit sieht es ganz danach aus, als bestünde die Gefahr, dass die westliche Hilfe für viele arme Länder aufgrund der zunehmenden Unterstützung für die Ukraine abnimmt. «Die Hilfe der Vereinten Nationen für die Ukraine ist für dieses Jahr zu mehr als 80 Prozent finanziert. Im Vergleich dazu ist der UN-Reaktionsplan für Afghanistan zu rund 38 Prozent finanziert, der für Jemen zu rund 27 Prozent und der für den Sudan zu rund 20 Prozent.» Wie der UN-Bericht über die Finanzierung nachhaltiger Entwicklung 2022 betont, «darf zusätzliche Unterstützung für die Ukraine und Flüchtlinge nicht auf Kosten der grenzüberschreitenden ODA-Ströme (öffentliche Entwicklungshilfe) in andere bedürftige Länder gehen».[67] Auch humanitäre Nichtregierungsorganisationen (NGOs) befürchten, dass der anhaltende Krieg in der Ukraine die Entwicklungsbudgets belasten wird. Trotz Amerikas Erhöhungen für andere Hilfeempfänger haben Dänemark und Schweden – zwei der wenigen Länder, die mehr als 0,7 Prozent ihres BIP für Entwicklungshilfe bereitstellen (der von den Vereinten Nationen empfohlene Anteil) – beide ihre Hilfe für andere Staaten aufgrund ihrer Hilfeleistungen für ukrainische Flüchtlinge gekürzt.[68]

Das größere Problem ist die Haushaltskrise vieler westlicher Staaten in den kommenden Jahren, aufgrund ihrer potenziell erhöhten Militärausgaben. Vor dem russischen Krieg gegen die Ukraine pendelten sich die weltweiten Militärausgaben zwischen zwei und drei Prozent des weltweiten BIP ein. Mit zunehmendem Durchschnittsalter werden die westlichen Gesellschaften zudem mit steigenden Kosten für Renten und Gesundheitsversorgung konfrontiert sein, was zu einer erweiterten Schuldenlast beiträgt, deren Finanzierung mit steigenden Zinsen deutlich teurer wird. Viele Ökonomen glauben, dass die Ära des «billigen Geldes» vorbei ist und die Zinssätze – selbst wenn die Inflation sinkt – nie wieder solche Tiefpunkte erreichen werden, wie sie es seit der Finanzkrise 2007/2008 getan haben.[69]

Von nun an müssten wir dem Globalen Süden noch mehr Aufmerksamkeit schenken, dessen Errungenschaften der letzten drei Jahrzehnte seit der Pandemie und dem russischen Überfall auf die Ukraine zunichte gemacht werden. Eine chinesisch-amerikanische Entkopplung würde die Entwicklungsländer noch mehr verwüsten und die Chancen auf eine Demokratisierung zunichtemachen. Wenn wir es ernst meinen mit der Förderung der Demokratie, dann müssen wir die Globalisierung am Laufen halten, auch wenn sie stärker reguliert und ihren Verlierern mehr geholfen werden müsste.

In einem Bericht vom 11. Oktober 2022 schätzte das UN-Entwicklungsprogramm, dass 54 Länder, die mehr als die Hälfte der ärmsten Menschen der Welt ausmachen, einen sofortigen Schuldenerlass benötigen, um eine noch extremere Armut zu vermeiden und ihnen eine Chance zu geben, die Auswirkungen des Klimawandels abzumildern.[70] Mindestens 107 Entwicklungsländer, in denen 1,7 Milliarden Menschen leben, sind laut UN-Generalsekretär António Guterres

derzeit von mindestens einer von drei Krisen bedroht: Nahrungsmit-
tel-, Energie- und/oder Finanzkrisen.[71]

Nehmen wir zum Beispiel Ghana, das einst als Vorbild für den
Rest Afrikas und die Entwicklungsländer galt. Die *Financial Times*
bezeichnete die Präsidentschaftswahlen 2020 als die «langweiligsten»
Wahlen in Afrika. Das war als Kompliment gemeint: Es gab «wenig
Gewalt [und] keine eklatante Wahlfälschung».[72] Es war auch ein auffälliger Kontrast zu den US-Präsidentschaftswahlen, in deren Nach-
spiel der Sieg Bidens von den meisten Republikanern bestritten
wurde, was einen Angriff auf den Kongress auslöste. Ghana verfügte
über gute wirtschaftliche Fundamentaldaten, zum Beispiel die am
besten ausgebildeten Arbeitskräfte in ganz Afrika, und exportierte
seit Ende 2010 die Rohstoffe Kakao und Gold – in beiden Fällen als
zweitgrößter Exporteur der Welt – und Öl.

Was ist schief gelaufen? Es gab den Einbruch der Rohstoffpreise
von 2014 bis 2017 und den Beginn der Verlangsamung von Chinas
Wachstum. Im Jahr 2017 wurden kostspielige Reformbemühungen
eingeleitet, um den insolventen und korrupten Finanzsektor zu be-
reinigen und den Energiesektor umzustrukturieren.[73] Das Haushalts-
defizit schoss in die Höhe. Ghana handelte einen IWF-Deal aus, aber
dann brach COVID-19 aus und die Gesundheits- und Sozialleistungen stiegen sprunghaft an. Versprechen westlicher Impfstoffe und finanzieller Unterstützung wurden nie eingelöst.

Die böswilligen Kräfte, über die sich Präsident Akufo-Addo im
Jahr 2020 beschwerte, haben nicht nachgelassen, obwohl die Bedrohung durch COVID-19 zurückgegangen ist. Mitte 2022 lag die Verschuldung Ghanas bei untragbaren 80 Prozent des BIP, und die
Schuldenzahlungen machten fast 60 Prozent der Staatseinnahmen
aus.[74] Die Unzufriedenheit über die steigende Inflation, die den
Lebensstandard der Ghanaer schmälert, wächst. Die Regierung ist
wieder in Gesprächen mit dem IWF.

Ghana ist damit nicht allein. Seit 2020 sind Sambia, Tschad, Mali
und Äthiopien entweder zahlungsunfähig oder befinden sich in Gesprächen über eine Umschuldung. Tansania, Mosambik und Benin
haben Soforthilfen vom IWF erhalten.[75] Nigeria, das bevölkerungs-
reichste Land Afrikas, befindet sich ebenfalls in einer Notlage. Die

Gesamtverschuldung ist so stark gestiegen, dass der Schuldentilgungsdienst Mitte 2022 «mehr verschlang als die Einnahmen der nigerianischen Regierung».[76] Die Weltbank warnt davor, dass Nigerias Schulden noch im selben Jahr so hoch werden könnten, dass die Tilgungskosten 169 Prozent der Staatseinnahmen ausmachen könnten.[77]

Während der Westen dem Globalen Süden gegenüber unaufmerksam und nachlässig war, hat China diese Lücke im Guten wie im Schlechten gefüllt. China ist nicht nur der größte Händler der Welt, sondern auch der weltweit größte offizielle Gläubiger und übertrifft die Kreditbücher des IWF, der Weltbank und aller anderen 22 Regierungen des Pariser Clubs zusammen. Das Kieler Institut für Weltwirtschaft (IfW) schätzt, dass die Schulden gegenüber China in den letzten Jahren von weniger als einem Prozent des BIP der Schuldnerländer im Jahr 2005 auf mehr als 15 Prozent im Jahr 2017 gestiegen sind.[78]

Das soll nicht heißen, dass sich der Globale Süden von den USA und Europa abschotten will. Angesichts der Pandemie und der steigenden Lebensmittel- und Energiekosten durch den Krieg gegen die Ukraine stehen diese Länder aber vor einer schwierigen Zukunft und brauchen jede Hilfe, die sie bekommen können. Die Globalisierung war für sie weitgehend positiv. Während die westlichen Mittelschichten stagnierende Einkommen verzeichneten, verringerte sich die Kluft in der Wirtschaftskraft zwischen Industrie- und Entwicklungsländern. Daher werden sich die Blockfreien, wie sie früher genannt wurden, in einem zweiten Kalten Krieg, der eine Deglobalisierung bedeuten würde, wahrscheinlich noch ambivalenter verhalten, da viele auch für ihr wirtschaftliches Wohlergehen von China abhängig sind, nicht nur mit Blick auf den Handel, sondern auch bei Investitionen und Krediten.

Chinas defensive Aggressivität

Bisher wurde argumentiert, dass die USA und der Westen einer multilateralen Welt derzeit den Stecker ziehen und einen Kalten Krieg beginnen. Wie sehr sollte China dafür verantwortlich gemacht werden? Sicherlich hat China auch gezeigt, dass ihm der Merkantilismus nicht fremd ist, es ist aggressiver geworden, insbesondere gegenüber Taiwan, und entschlossen, seine Streitkräfte aufzubauen. Die Volksbefreiungsarmee (PLA) ist dem US-Militär auf dem Gebiet der Hyperschallraketen, die die meisten Verteidigungssysteme überwinden können, voraus.[79] Außerdem weiß sie, wie man Angriffsdrohnen einsetzt, um die gegnerischen Kommunikationsnetze zu deaktivieren, was besonders gefährlich ist, sollten die Vereinigten Staaten und China die nuklearen Kommando- und Kontrollnetzwerke des jeweils anderen außer Gefecht setzen. Zahlenmäßig verfügt sie über mehr Marineschiffe als die U.S. Navy und sie stellte 2022 einen dritten Flugzeugträger in Dienst, der erste seiner Art, der von China entworfen und gebaut wurde. Sie hat rund 2 Millionen Militärdienstleistende gegenüber den 1,4 Millionen der Vereinigten Staaten.

Allerdings hat China – was am wichtigsten ist – nicht die nötige Übung der USA, einen Krieg zu führen. «Gegenwärtig gibt es nicht viele Kommandeure in der Volksbefreiungsarmee, die den gemeinsamen Kampf wirklich beherrschen», schrieb ein Offizier des Zhengzhou Joint Logistics Support Center Anfang des Jahres in einem Kommentar in der *PLA Daily*, der Zeitung des Militärs. «Wenn sich diese Situation nicht ändert, wird es sehr gefährlich, sobald es einen Krieg gibt.»[80]

Der wohl größte Vorteil, den China hat, ist die Geografie. Sollte ein chinesisch-amerikanischer Konflikt ausbrechen, wäre es besser in der Lage, seine Streitkräfte zu versorgen, obwohl es China derzeit an amphibischen Kapazitäten fehlt. Nichtsdestotrotz ist es Chinas geografischer Vorteil, über den sich die US-Kommandeure am meisten den Kopf zerbrechen.

Nicht zu vernachlässigen ist auch die Zahl chinesischer Atomwaffen, die sich nach Annahmen des Pentagons bis 2030 fast verdreifachen wird. Das unabhängige Stockholm International Peace Research Institute (SIPRI) schätzte im Jahr 2022, dass China über 350 Atomsprengköpfe verfügt; das US-Verteidigungsministerium glaubt, dass China bis 2030 auf etwa 1000 aufstocken könnte. Doch selbst die 1000 Atomsprengköpfe, die sich absehbar in Chinas Arsenal befinden, wären nur ein Bruchteil der Vorräte Russlands oder der Vereinigten Staaten. Laut SIPRI hat Russland 5977 Atomsprengköpfe gegenüber den 5428 der Vereinigten Staaten.[81]

Ein größeres Militär kann entweder für offensive oder defensive Zwecke genutzt werden. Abgesehen von Taiwan, das als fehlgeleitete Provinz betrachtet wird, hat China trotz der teilweise angeschlagenen übertriebenen Rhetorik über eine chinesische Übernahme der Weltherrschaft keine territorialen Ambitionen. Aus der persönlichen Erfahrung heraus lässt sich feststellen, dass chinesische Gesprächspartner die US-Kriege mit Verachtung gestraft haben und mit einem Lächeln sagten, dass «der Nahe Osten der Friedhof der Imperien» sei, was auf eine eher zurückhaltende Einstellung hindeutet, wenn es darum geht, die eigene Komfortzone zu verlassen.

Die chinesische Elite glaubt jedoch, dass sie als Großmacht ein legitimes Recht dazu hat, in ihrer Region dominant zu sein, einschließlich der Ausweitung ihrer Kontrolle über einen großen Meeresstreifen, weit über alle international anerkannten Grenzen und Rechte hinaus. Die von seinen Nachbarn umstrittene «Neun-Strich-Linie», die China auf seine Karten setzt, umfasst etwa 90 Prozent der drei Millionen Quadratkilometer des Südchinesischen Meeres. Für Peking spiegelt die «Neun-Strich-Linie» Chinas Souveränität und Fähigkeit wider, die Kontrolle über seine Ressourcen auszuüben.

Im Jahr 2016 reichten die Philippinen ein Verfahren gegen China ein, in dem sie illegale Fischerei und andere illegale Eingriffe in ihre souveräne Meereszone geltend machten. Der Ständige Schiedshof von Den Haag entschied gegen Chinas «Neun-Strich-Linie» und kam auch zu dem Schluss, «dass Pekings Aktivitäten innerhalb der zweihundert Seemeilen großen Ausschließlichen Wirtschaftszone (AWZ) der Philippinen, wie illegale Fischerei und ökologisch ruinöser künstlicher Inselbau, die Souveränitätsrechte Manilas verletzen».[82] China hat das Urteil nie akzeptiert und verletzt weiterhin die Souveränität seines Nachbarn. Zur Wahrheit gehört allerdings auch, dass die Vereinigten Staaten, die das Seerechtsübereinkommen der Vereinten Nationen (UNCLOS) nie ratifiziert haben, die Philippinen aufgefordert hatten, den Fall anzustrengen, und ein amerikanischer Anwalt die philippinische Regierung in diesem Fall beriet.[83]

Wenn die USA China wegen seiner Missachtung des Völkerrechts geißeln, gibt es ein Element des «kettle calling the pot black», ein amerikanisches Sprichwort, das grob übersetzt eine Situation meint, in der «jemand einen anderen eines Vergehens beschuldigt, das der Ankläger teilt». Im Deutschen würde man sagen: «Ein Esel schimpft den anderen Langohr». Die Vereinigten Staaten werben mit ihrer Aufopferung für eine regelbasierte internationale Ordnung, während sie einige ihrer eigenen Regeln brechen. Die völkerrechtswidrige Invasion der Vereinigten Staaten im Irak ist vielleicht das offensichtlichste Beispiel. Die Botschaft, die China einer solchen amerikanischen Kritik entnimmt, ist dann die Respektlosigkeit gegenüber China als Großmacht.

Eine gefährliche Welt der relativen Machtverschiebung

Dies alles zeigte sich bei dem berüchtigten Treffen im März 2021 in Anchorage, Alaska, zwischen US-Außenminister Antony Blinken, dem Direktor des Nationalen Sicherheitsrates (NSC), Jake Sullivan, und dem damaligen chinesischen Außenminister Yang Jiechi, der fließend Englisch spricht. Im öffentlichen Teil dieses Treffens begann die US-Seite das Gespräch mit ihrem Hinweis auf die regelbasierte Ordnung und Chinas Missachtung dieser Ordnung: «Jede dieser Aktionen bedroht die regelbasierte Ordnung, die die globale Stabilität aufrechterhält», sagte Blinken über Chinas Aktionen in Xinjiang, Hongkong und Taiwan sowie über Cyberangriffe auf die Vereinigten Staaten und wirtschaftlichen Zwang gegen US-Verbündete. «Deshalb handelt es sich dabei nicht ausschließlich um interne Angelegenheiten, und deshalb fühlen wir uns verpflichtet, diese Themen heute hier anzusprechen.» Der Nationale Sicherheitsberater Sullivan verschärfte die Kritik und sagte, China habe einen «Angriff auf die Grundwerte» unternommen. «Wir suchen keinen Konflikt, aber wir begrüßen einen harten Wettbewerb», sagte er.[84]

Der chinesische Außenminister Yang reagierte daraufhin verärgert und forderte die Vereinigten Staaten auf, damit aufzuhören, ihre eigene Version von Demokratie zu einer Zeit anzupreisen, in der sie selbst von schwerer innenpolitischer Unzufriedenheit erschüttert werden. Er warf den Vereinigten Staaten auch vor, sich nicht mit ihren eigenen Menschenrechtsproblemen zu befassen, und kritisierte die «Herablassung» von Blinken, Sullivan und anderen US-Beamten. «Wir glauben, dass es für die Vereinigten Staaten wichtig ist, ihr eigenes Image zu verändern und aufzuhören, ihre eigene Demokratie im Rest der Welt voranzutreiben», sagte Yang. «Viele Menschen in den Vereinigten Staaten haben tatsächlich wenig Vertrauen in die Demokratie der Vereinigten Staaten», daher «wird China keine ungerechtfertigten Anschuldigungen von US-Seite akzeptieren», fuhr der chinesische Außenminister fort und fügte hinzu, dass die jüngsten Entwicklungen die Beziehungen «in eine Zeit beispielloser Schwierigkeiten» gestürzt hätten, die «den Interessen unserer beiden Völker geschadet hat». Aber er warnte: «Es gibt keine Möglichkeit, China zu erwürgen.»[85]

Dem Pressebericht zufolge schien Blinken über den Inhalt und die Länge dieser Aussagen verärgert zu sein, die mehr als 15 Minuten (im öffentlichen Teil des Treffens) in Anspruch nahmen. Er sagte, seine Eindrücke von Gesprächen mit führenden Politikern der Welt und von seiner gerade abgeschlossenen Reise nach Japan und Südkorea unterschieden sich völlig von der chinesischen Position. «Ich höre eine tiefe Genugtuung darüber, dass die Vereinigten Staaten zurück sind, dass wir uns wieder engagieren», erwiderte Blinken. «Ich höre auch tiefe Besorgnis über einige der Maßnahmen, die Ihre Regierung ergreift.»[86]

Um die Feindseligkeit zu unterstreichen, kritisierte das Außenministerium die chinesische Delegation wegen ihres Verstoßes gegen ein vereinbartes Zeitlimit von zwei Minuten für Eröffnungserklärungen und deutete an, dass sie «anscheinend mit der Absicht angekommen ist, sich auf öffentliche Theatralik und Dramatik statt auf Substanz zu konzentrieren». «Amerikas Ansatz in unserem Umgang mit Peking wird von großem Selbstbewusstsein begleitet – und wir handeln aus einer Position der Stärke heraus –, auch wenn wir die Demut haben, zu wissen, dass wir ein Land sind, das ewig danach strebt, eine perfektere Union zu werden», heißt es in der Erklärung.[87]

Nur einen Tag vor dem Treffen hatte Blinken neue Sanktionen wegen des Vorgehens Pekings gegen Demokratiebefürworter in

Hongkong angekündigt. Als Reaktion darauf verschärfte China seine Rhetorik gegen die Einmischung der USA in innenpolitische Angelegenheiten und beschwerte sich darüber. «Ist dies eine Entscheidung der Vereinigten Staaten, um sich im Umgang mit China einen Vorteil zu verschaffen?», fragte Staatsrat Wang Yi. «Sicherlich ist dies falsch kalkuliert und spiegelt nur die Verwundbarkeit und Schwäche innerhalb der Vereinigten Staaten wider, und es wird Chinas Position nicht erschüttern oder diese Probleme lösen.» Einer der Sätze, die Yang äußerte – «So geht man nicht mit Chinesen um» –, ging in Chinas sozialen Netzwerken sofort viral. «Innerhalb weniger Tage verkauften sich T-Shirts, Stofftaschen und Handyhüllen, die mit Yangs Retorte bedruckt waren, in Online-Shops.»[88]

In der Politikwissenschaft gibt es eine Theorie namens «Power Cycle», mithilfe derer versucht wird, die sich verändernde Dynamik zwischen den Großmächten und ihre Auswirkungen auf das gesamte internationale System zu verstehen. Die Theorie beginnt damit, zu zeigen, wie einzelne Staaten «einen Zyklus relativer Macht durchlaufen, in dem sie aufsteigen, reifen und dann absteigen, ein Zyklus, der den Kontext für die außenpolitische Rolle des Staates festlegt». Nach dieser Theorie «sind die außenpolitischen Erwartungen eines Staates an Veränderungen in seinem Machtzyklus gebunden, aber Macht und Rolle geraten aus dem Gleichgewicht, weil sich Akteure und System nicht ohne weiteres an Veränderungen der relativen Macht anpassen». Wenn sich die Macht eines Staates in einer aufsteigenden Kurve befindet, «übersteigt der Machtzuwachs tendenziell seine bestehende Rolle als internationale Macht». Auch andere Mächte seien «zögerlich, die Rolle dem aufsteigenden Akteur zu überlassen», und «der aufstrebende Staat könnte es vorziehen, die Einlösung und Verantwortung der Rolle aufzuschieben». Auf der anderen Seite «besteht die Tendenz, dass die Rolle die Macht übersteigt, was zu einer Überforderung führt».[89]

Innerhalb jener Staaten, die gerade ihren Höhepunkt überschritten haben und quasi über den Abgrund auf eine Rutsche nach unten schauen, gibt es eine besondere Sensibilität. Diese erhöhte Sensibilität beinhaltet die Forderung nach Respekt seitens anderer. Als der amerikanische Co-Autor die langfristige Einschätzung zu globalen

Trends (*Global Trends 2030*) für die zweite Amtszeit von US-Präsident Obama verfasste, ging er davon aus, dass sich sowohl China als auch die Vereinigten Staaten in den 2020er Jahren in der gleichen Position befinden könnten. Chinas spektakuläres Wachstum hat sich eher dem normalen Wachstum einer fortgeschrittenen Volkswirtschaft angenähert, während das relative wirtschaftliche Gewicht der Vereinigten Staaten ebenfalls abgesunken ist.[90]

Zwei verwundete Riesen

In gewisser Weise sind China und die Vereinigten Staaten zwei verwundete Riesen. Die chinesische Führung ist zunehmend darüber besorgt, Chinas Medianeinkommen niemals auf einen westlichen Lebensstandard bringen und das «Jahrhundert der Demütigung» vollständig rückgängig machen zu können. Für die Vereinigten Staaten – mit Ausnahme einer privilegierten Minderheit – verblasst der amerikanische Traum stark. Mit jeder Generation nähren sich stärkere Zweifel, ob sie jemals in der Lage sein werden, den Erfolg ihrer Vorfahren zu erreichen. Der geschilderte Anchorage-Dialog klingt wie ein Gespräch zwischen zwei Seiten, die sich aus unterschiedlichen Gründen schwach fühlen. Die gastgebende US-Seite machte sich daran, Yang zu demütigen, und die Chinesen zeigten daraufhin ihrerseits Respektlosigkeit.

Die Chinesen erwarten noch weiteren Ärger von den Vereinigten Staaten, und deshalb tragen sie dazu bei, einen Kalten Krieg anzuheizen. China verhält sich trotz der neuen Aggressivität defensiv. Die Situation hat sich zu einem Machtkampf ohne Sieger entwickelt. Die «Seidenstraßen»-Initiative und die einzelnen Regionalorganisationen wie die Shanghaier Organisation für Zusammenarbeit (SCO) führen ebenso auseinander wie die G7 und eine expansive NATO. Die Ansage «Made in China 2025» beinhaltet eine verringerte Abhängigkeit von US-amerikanischen und westlichen Produkten und Dienstleistungen, spaltet also weiter, ist aber zugleich auch eine defensive Maßnahme gegenüber den zunehmenden wirtschaftlichen Strangulationen der USA auf dem Gebiet der Hochtechnologie. Andere Länder sind wirtschaftlich von China abhängig und erhöhen so seinen Einfluss in der Welt.

China ist verwundbarer als die Vereinigten Staaten – dessen ist sich Peking sehr bewusst. Es verbraucht mehr Nahrungsmittel als es produziert. China ist abhängig von Öl und anderen Exporten aus dem Golf und hat sich – zusammen mit dem Rest Asiens – zum größten Markt des Golfs entwickelt. Der verstärkte Fokus auf die Sicherung des Südchinesischen Meeres ist zum Teil auf die Tatsache zurückzuführen, dass die meisten dieser lebenswichtigen Güter – Nahrungsmittel und Energie – über den Seeweg ins Land gelangen. Chinas enge Bindung zu Moskau lässt sich zum Teil mit der Energie erklären, die Russland ihm auf dem Landweg schicken kann. Eine Blockade der chinesischen Lieferungen durch die Straße von Malakka durch die Vereinigten Staaten und ihre Verbündeten ist einer der schlimmsten Albträume Pekings. An diesem Punkt nähren Chinas Aktionen wie der Ausbau einer «blue-water navy» – das sind hochseetaugliche Marine-Einheiten, die über die Küstenverteidigung hinaus auch eine globale Machtentfaltung zur See ermöglichen sollen – die wachsenden Befürchtungen der USA und setzen eine negative Rückkopplungsschleife in Gang, wobei jede Aktion von amerikanischer Seite eine eskalierende chinesische Gegenreaktion provoziert und umgekehrt.

Ein inländisches Nebenprodukt des abwärts gerichteten «Power Cycle», in dem die Vereinigten Staaten und China gefangen sind, ist ein zunehmender Nationalismus, den wir auf beiden Seiten beobachten können, was es beiden wiederum erschwert, Zugeständnisse zu machen, ohne das Gesicht zu verlieren.

Glücklicherweise sind wir in Bezug auf China nicht ganz an einem starren Punkt angelangt, wie es die westliche Presse manchmal darstellt. Xi änderte seinen Kurs in Bezug auf die harten COVID-19-Lockdowns, und Minxin Pei, ein ansonsten scharfer Kritiker der Kommunistischen Partei Chinas, der an einer amerikanischen Universität lehrt, hält es nicht für unmöglich, dass Xi den Eingriff des Staates in den Privatsektor rückgängig machen wird. «Herr Xi präsentierte in seinem ersten Jahr an der Macht einen ehrgeizigen Plan für die Vertiefung der Wirtschaftsreformen, der die Marktkräfte und nicht den Staat aufforderte, die Entwicklung voranzutreiben. Als sich seine Rhetorik und Politik im Laufe der Jahre nach links bewegten, wurde nur sehr wenig von dieser Reformagenda umgesetzt, aber es ist nie zu spät, und sie wird jetzt gebraucht.»[91] Seit dem Ende des COVID-19-Lockdowns Anfang 2023 mehren sich die Hinweise, dass Xi begonnen hat, sich für einen geschwächten Einfluss der Partei auf die Wirtschaft auszusprechen,[92] auch wenn dieses Vorhaben bisher noch in keiner Weise umgesetzt wurde.

Xi will einen Krieg vermeiden, der Chinas Aufstieg gefährden würde. Das ist der Grund, warum die meisten ernsthaften westlichen China-Experten glauben, dass er in absehbarer Zeit nicht in Taiwan einmarschieren wird, aus Furcht, dass daraus ein viel größerer Konflikt mit den Vereinigten Staaten entstehen könnte, für den China nicht bereit ist.

Auf der anderen Seite haben viele US-Strategen leider das Gefühl, dass es jetzt oder nie heißt, wenn die Vereinigten Staaten die oberste Pazifikmacht bleiben wollen, und drängen auf ein aggressiveres Vorgehen der USA. Wer sein ganzes Leben in Amerika verbracht hat, kann sich nur schwer vorstellen, wie die US-Entscheidungsträger aus ihrem zunehmenden Antagonismus gegen China wieder herauskommen sollen.

Im Moment haben die Vereinigten Staaten jedoch alle Hände voll zu tun, die Ukraine gegen Russland zu unterstützen. Obwohl Biden sich der Maßnahmen, die die Vereinigten Staaten ergreifen, um einen Kalten Krieg zu fördern, nicht bewusst zu sein scheint, will er keinen Krieg mit China. Er hofft nur, dass Xi einen Rückzieher macht. Vorerst wird China ein Ausweichmanöver starten, um einen Krieg zu vermeiden, aber wie lange noch?

Auch vor dem Ersten Weltkrieg wollte niemand einen Krieg. Aber er geschah trotzdem.

— — —

Kapitel 2

DAS HÄSSLICHE SZENARIO –
EIN DRITTER WELTKRIEG

«Zu viele Beobachter haben eine der wichtigsten Lehren aus dem Ersten Weltkrieg aus den Augen verloren», warnt Stephen Roach, ehemaliger Vorsitzender von Morgan Stanley Asia und Autor von *Accidental Conflict: America, China, and the Clash of False Narratives.*[1] «Der Erste Weltkrieg wurde durch die Ermordung des österreichischen Erzherzogs Franz Ferdinand im Juni 1914 ausgelöst. Dies geschah vor dem Hintergrund eines seit langem schwelenden Konflikts zwischen den europäischen Großmächten. Dieses Wechselspiel zwischen Konflikteskalation und politischem Funken hat heute einen besonderen Widerhall. Angesichts des Krieges, der in der Ukraine tobt, und einer Mentalität des Kalten Krieges, die die Vereinigten Staaten und China erfasst, sind die historischen Parallelen nicht zu übersehen. Die Welt brodelt vor Konflikten und Ressentiments. Es fehlt nur noch ein auslösendes Ereignis. Angesichts der Spannungen in Taiwan, im Südchinesischen Meer und in der Ukraine gibt es viele mögliche Funken, über die man sich Sorgen machen muss. […] Drei Großmächte – Amerika, China und Russland – scheinen alle von einem tiefen Gefühl der historischen Amnesie befallen zu sein. Sie schlafwandeln kollektiv auf einem Weg der Konflikteskalation und tragen Treibstoff mit hoher Oktanzahl mit sich, der sich nur allzu leicht entzünden könnte. Genau wie 1914.»[2]

Elbridge (Bridge) Colby ist einer der freimütigsten Vertreter der Ansicht, dass die Vereinigten Staaten China bekämpfen und besiegen müssen, wenn sie die Nummer eins bleiben wollen. Colby war von 2017 bis 2018 Stellvertretender Verteidigungsminister für Strategie und Streitkräfteentwicklung und laut seiner Biografie der leitende Beamte bei der Entwicklung und Einführung der strategischen

Planungsleitlinien des Ministeriums, der Nationalen Verteidigungsstrategie (NDS) 2018. Die NDS verlagerte den Fokus des Verteidigungsministeriums auf die Herausforderungen für die militärische Überlegenheit der USA und die Interessen Chinas. In den letzten Monaten hat Colby die Biden-Administration dafür kritisiert, dass sie sich zu sehr auf die Ukraine konzentriert und Kriegsmaterial aus dem pazifischen Raum abzieht, das sie nach Europa verlagert.

In einem Workshop in Europa im Jahr 2022 betonte Colby, dass die Vereinigten Staaten es mit China aufnehmen müssten, weil sich die Wirtschaftsmacht nach Asien verlagere, und um die Nummer eins zu bleiben, müssten die Vereinigten Staaten dort die Oberhand haben. Die Logik ähnelte den von Risiko-Spielern, die in einem Brettspielwettbewerb gegeneinander wetteifern. China verliert Taiwan. Die Vereinigten Staaten gewinnen Asien zurück. Wie sollte ein Krieg gegen China die wirtschaftliche Vorherrschaft der USA in Asien sichern? Warum sollte irgendjemand denken, dass selbst wenn die Vereinigten Staaten einen Krieg um Taiwan gegen China gewinnen, es damit aufhören würde?

Obwohl Colby in seinen Veröffentlichungen davon ausgeht, dass Europa sich den Vereinigten Staaten in einem militärischen Kampf gegen China nicht anschließen würde, war er in diesem Workshop hoffnungsvoller, getragen von den Einschätzungen europäischer Verteidigungsanalysten, die glaubten, dass Europa sich nach der Bekämpfung Russlands mit den Vereinigten Staaten gegen China verbünden sollte. Argumente wie die von Colby und anderen Strategen für einen China-Krieg, die viel Aufmerksamkeit und Publicity in den Medien erregen, sollten mit einer Gesundheitswarnung versehen werden. Kriege sind unberechenbar. Und früher waren diejenigen mit militärischer Erfahrung die ersten, die zur Vorsicht rieten. Emotionen, Schock und Empörung über Putins Krieg und Chinas rhetorische Unterstützung dafür spielen verständlicherweise eine Rolle bei der neu entdeckten Bereitschaft, sich die Idee eines Konflikts zu eigen zu machen, aber wir sollten unsere Schritte vorsichtig kalkulieren. Wir spielen mit dem Leben von Menschen, darunter viele Ungeborene, die die Konsequenzen einer unklugen Politik tragen müssen.

Kriegstrommeln und Konfliktfallen

Elbridge Colby ist ein Vordenker, ein weiser, aber unerkannter Seher, der von Chinas langfristigen Absichten zu wissen glaubt. Auf ähnliche Weise positionierte sich Winston Churchill in den 1930er Jahren und warnte vor Adolf Hitler und Nazi-Deutschland. Die Robustheit, mit der Colby sich für die Notwendigkeit eines Krieges mit China einsetzt, rückt ihn in eine besondere Kategorie, aber es gibt andere, die ihn einzuholen scheinen. Die US-Regierung lehnt jeden größeren Konflikt mit China oder Russland ab. US-Präsident Biden hat nachdrücklich betont: «Ein direkter Konflikt zwischen der NATO und Russland ist der Dritte Weltkrieg», «etwas, das wir verhindern müssen». Er betonte: «Die Idee, dass wir Offensivausrüstung schicken und Flugzeuge, Panzer und Züge mit amerikanischen Piloten und amerikanischen Besatzungen einfliegen lassen werden – verstehen Sie das, und machen Sie sich nichts vor, egal was Sie alle sagen, das nennt man den Dritten Weltkrieg, okay?» Auf dem G20-Gipfel in Jakarta im November 2022 waren sich Biden und Xi völlig einig, dass «ein Atomkrieg niemals geführt werden sollte» und nicht gewonnen werden könne. In einem gemeinsamen Seitenhieb auf Putin unterstrichen die beiden Staats- und Regierungschefs «ihre Ablehnung des Einsatzes oder der Androhung des Einsatzes von Atomwaffen in der Ukraine».[3]

Biden hat sein Versprechen gehalten, keine US-Truppen zur Unterstützung der Ukraine zu entsenden, obwohl die Vereinigten Staaten der größte Waffenlieferant für die Ukraine sind. In Bezug auf China hat er allerdings mehrfach Alarm geschlagen und behauptet, die Vereinigten Staaten hätten die Pflicht, Taiwan zu verteidigen, und gelobt, im Falle einer chinesischen Invasion Truppen zu entsenden.[4] Die Vereinigten Staaten haben keine rechtliche Verpflichtung, Taiwan zu verteidigen. Das Shanghai-Kommuniqué und andere bilaterale «Ein-China»-Abkommen, die unter den Regierungen Nixon und Carter mit den Chinesen ausgehandelt wurden, rufen Peking nur dazu auf, bewaffnete Konflikte zu vermeiden, und Washington nur dazu, allein das chinesische Festland anzuerkennen. Das Weiße Haus hat jedes Mal, wenn Biden über die Verteidigung Taiwans gesprochen hat, darauf bestanden, dass es keine Änderung der «Ein-China»-Politik gebe, obwohl hier ein offensichtlicher Widerspruch vorliegt. Wenn man offen über die Verteidigung Taiwans gegen China spricht, erkennt man die Souveränität Taiwans ausdrücklich an, ja bekräftigt sie sogar.

Ein amtierender US-Präsident hat also offen einen Krieg mit einem nuklearen China ins Auge gefasst, während Russland in einer Art mittelalterlichen Logik kein würdiger Feind mehr ist, mit dem die Vereinigten Staaten Krieg führen können? Die erstaunliche Tatsache ist, dass die Reaktion darauf in Washingtons außenpolitischen Kreisen so wohlwollend ist. Statt sich darüber zu empören, scheint jeder Think Tank ein Kriegsspiel zu veranstalten, das diese Möglichkeiten durchgeht. Die Kriegsspiele innerhalb und außerhalb der Regierung sollten allerdings eine Abschreckung für tatsächliche Konflikte sein, da die Vereinigten Staaten nicht unversehrt davonkommen würden. Luftwaffengeneral Mark D. Kelly sagte, dass Chinas Streitkräfte «darauf ausgelegt sind, in den ersten 30 Stunden des Kampfes mehr Opfer zu verursachen, als wir in den letzten 30 Jahren im Nahen Osten erlitten haben».[5]

In einem Washingtoner Think Tank, dem Center for Strategic and International Studies (CSIS), verloren die Vereinigten Staaten bei dem Kriegsspiel schnell «zwei Flugzeugträger, die jeweils mindestens 5000 Menschen an Bord haben, zusätzlich Hunderte von Flugzeugen».[6] Einer der Teilnehmer sagte, dass, egal wie sehr diese Kriegsspiele auch variierten, «was sich fast nie ändert, ist, dass es ein blutiges Schlamassel ist und beide Seiten schreckliche Verluste erleiden».[7] In der Version eines anderen Think Tanks endete ein Kriegsspiel aus dem Jahr 2022 damit, dass China in der Nähe von Hawaii eine Atombombe zündete. «Ehe sie sich versahen», hätten sowohl Washington als auch Peking «wichtige rote Linien überschritten, aber keiner war bereit, nachzugeben»,[8] folgerten die Organisatoren. Selbst wenn es nicht auf die nukleare Ebene eskalieren würde, könnte ein solcher Konflikt leicht zu einem langwierigen Krieg werden, in dem jede Seite noch tödlichere Cyberangriffe einsetzen würde, um die kritische Infrastruktur, einschließlich der Stromnetze und Kommunikationssysteme, zu stören. Ein weiteres Jahrhundert, das die Fehler des letzten Jahrhunderts in einer Zeit der planetarischen Klimakrise wiederholt, könnte die Menschheit in eine viel ärmere Zukunft führen.

Es gibt ein Gefühl der wachsenden Unvermeidbarkeit eines Konflikts mit China. So wie der Spanische Bürgerkrieg als Generalprobe für den Zweiten Weltkrieg galt, wird der Ukraine-Krieg zunehmend als Aufwärmphase für eine viel größere Auseinandersetzung gesehen. Die Konflikte haben schon vor dem russischen Überfall auf die Ukraine zugenommen. Bei den meisten handelt es sich um innerstaatliche Kriege oder Bürgerkriege, die sich zunehmend in internationalisierte Konflikte wie in Syrien, Libyen, Irak oder Afghanistan verwandelt haben, in die die Großmächte Russland, die Vereinigten Staaten und die NATO verwickelt wurden.[9] Die bereits bestehende Fragilität von Staaten ist in der Regel eine gewichtige Komponente, die das Risiko interner und internationalisierter Konflikte erhöht. Durch die Beteiligung externer Akteure werden die Konflikte langwieriger, intensiver und komplexer,[10] mit einer viel höheren Anzahl an zivilen Opfern. Akademische Experten sprechen von «Konfliktfallen»:[11] Kriege schaffen wirtschaftliche und politische Fragilität, was die Wahrscheinlichkeit erhöht, dass ein Land in bewaffnete Konfrontationen zurückfällt. Die Wahrscheinlichkeit eines erneuten Auftretens ist höher, wenn der Konflikt nicht mit einem klaren militärischen Sieg oder einer politischen Lösung endet, die die zugrundeliegenden Missstände angeht, die ursprünglich zu Gewalt geführt haben. Da sich die Konfliktparteien vervielfachen und die Aussichten auf eine kooperative Lösung bereits vor dem russischen Krieg gegen die Ukraine verschwunden sind, wird die Gefahr von sich selbst fortsetzenden Konflikten immer besorgniserregender.

Der Ukraine-Krieg passt teilweise in dieses größere Muster. Während Russland den Konflikt grundlos provoziert hat, hat er nun den Charakter eines internationalisierten Konflikts, in dem die Vereinigten Staaten mit ihren NATO-Verbündeten der Ukraine sowohl mit militärischen Waffen als auch mit umfangreicher finanzieller Unterstützung helfen. Gleichzeitig haben die Vereinigten Staaten und die NATO ein beispielloses Ausmaß an strengen Sanktionen gegen Russland verhängt, mit dem Ziel, seine Wirtschaft zu ruinieren und es zur Beendigung des Krieges zu zwingen.

Sanktionen haben eine gemischte Erfolgsbilanz, insbesondere wenn andere Länder sie nicht einhalten. Die Arabische Liga hatte 66 Jahre lang Sanktionen gegen Israel verhängt, während die Vereinigten Staaten seit fast 60 Jahren Sanktionen gegen Nordkorea und seit etwa 55 Jahren gegen Kuba aufrechterhalten. Keine von ihnen taugte dazu, einen Regimewechsel herbeizuführen, obwohl der wirtschaftliche Schaden im Fall der beiden letzteren groß war. Nachdem sich die P5-Mächte + 1 – die fünf Ständigen Mitglieder des UN-Sicherheitsrats (China, Frankreich, Russland, Großbritannien und die Vereinigten Staaten) sowie Deutschland – darauf geeinigt hatten, den größten Teil seiner Ölexporte zu unterbinden, war der Iran gezwungen, dem Gemeinsamen Umfassenden Aktionsplan (JCPOA) zuzustimmen, der seine Bemühungen um die Entwicklung einer Atombombe stoppen sollte. Doch es wird nun davon ausgegangen, dass der Iran kurz davor steht, spaltbares Material für eine Bombe zu produzieren, nachdem die Trump-Administration beschlossen hatte, sich einseitig aus dem Abkommen zurückzuziehen, was auch die Tür für China öffnete, iranisches Öl zu kaufen, und für Russland, Drohnen und andere Waffen für seinen Krieg in der Ukraine zu erwerben.

Die Vereinigten Staaten, die mehr als jedes andere Land Sanktionen verhängen, ziehen eine gemischte Bilanz in Bezug auf ihre Wirksamkeit.[12] Ein US-Kommentator hat gewitzelt, dass «die US-Sanktionen gegen Russland niemals verschwinden», obwohl sie Moskaus Verhalten nicht ändern.[13] Die Sanktionen der USA und ihrer Verbündeten gegen Russland gehen auf das Jahr 1919 zurück, nach Beginn der Russischen Revolution, sie wurden aber später aufgehoben. Nach dem Zweiten Weltkrieg, in dem die Vereinigten Staaten und die Sowjetunion Verbündete im Kampf gegen Nazi-Deutschland waren, «begannen die Vereinigten Staaten eine Kampagne von Wirtschaftssanktionen gegen die Sowjetunion, die mehr als fünfzig Jahre dauern sollte».[14]

Als Teil dieses wirtschaftlichen Zwangs verhängte Präsident Gerald Ford 1974 Handelsbeschränkungen gegen die Sowjetunion und andere kommunistische Länder in einer Maßnahme, die als Jackson-

Vanik-Änderung des Handelsgesetzes bekannt ist. «Die Botschaft an Moskau war: Wenn Staaten grundlegende Menschenrechte verweigern – in diesem Fall das Recht bestimmter Menschen, insbesondere Juden, aus der Sowjetunion auszuwandern –, können sie keine normalen Geschäfte mit den Vereinigten Staaten machen.»[15] Fast vierzig Jahre später, zwei Jahrzehnte nach der Auflösung der Sowjetunion, hob US-Präsident Barack Obama diese Änderung auf und gewährte Russland volle Handelsbeziehungen. Im selben Jahr verabschiedeten die Vereinigten Staaten allerdings den Magnitsky Act, der neue Sanktionen verhängte und russischen Menschenrechtsverletzern die Einreise in die Vereinigten Staaten verwehrte. Eine wissenschaftliche Studie über die Wirksamkeit von Wirtschaftssanktionen kommt zu dem Schluss, dass «es den Vereinigten Staaten zwar gelungen ist, den Sowjets einige Waffen und Schlüsseltechnologien zu verweigern, der Zusammenbruch jedoch eher auf interne Ineffizienzen als auf US-Wirtschaftssanktionen zurückzuführen ist».[16]

Kein Wunder, dass Putin von der Sanktionsdrohung der Biden-Administration nicht allzu überrascht oder abgeschreckt war und damit prahlte, dass «die neuen Sanktionen und Beschränkungen gegen uns in jedem Fall erfolgt wären».[17] Aus Putins Sicht war Russlands Krieg gegen die Ukraine nur ein Vorwand dafür. Im Falle eines Friedensabkommens wird der Westen die schwierige Entscheidung zu treffen haben, wie er diese Sanktionen lockern kann. Zumal die Biden-Administration schon früh (April 2021) zugegeben hat, dass eines ihrer Ziele darin besteht, Russland zu schwächen,[18] eine Ansicht, die in der Washingtoner Elite weithin geteilt wird.[19] Ein geschwächtes Russland würde eine geringere Bedrohung für seine Nachbarn darstellen und, auch wenn es nicht offen gesagt wird, kein starker Verbündeter Chinas sein.

China hat Russland im Kampf gegen die Ukraine nicht wirklich unterstützt, aber das spielt keine Rolle. Während die Verteidigungsstrategie des Pentagon 2022 auf fast schon rituelle Weise besagt, dass «Konflikte weder unvermeidlich noch wünschenswert sind», liegt der Schwerpunkt auf Pekings «Dominanz in den Schlüsselregionen» und seinem «wachsenden Militär, um Nachbarn zu nötigen und zu bedrohen».[20] Bidens Nationale Sicherheitsstrategie verfolgt den gleichen

Ansatz, indem sie der Hoffnung, «eine Welt zu vermeiden, in der der Wettbewerb zu einer Welt starrer Blöcke eskaliert», die Notwendigkeit gegenüberstellt, «die stärkstmögliche Koalition von Nationen aufzubauen, um unseren kollektiven Einfluss zu stärken, das globale strategische Umfeld zu gestalten und [...] unser Militär zu modernisieren und zu stärken, damit es für die Ära des strategischen Wettbewerbs mit den Großmächten gerüstet ist». Das Dokument erkennt an, dass «Teile der Welt» sich mit der Aussicht auf eine weitere große Konfrontation zwischen Großmächten, die entlang ideologischer und geopolitischer Linien gespalten sind, unwohl fühlen, die Botschaft ist aber letztlich, dass die Vereinigten Staaten gute Absichten verfolgen und keine andere Wahl haben: «Wir suchen keinen Konflikt oder einen neuen Kalten Krieg.»[21] Wie ein Kollege schrieb: «Der Aufbau von Koalitionen und die Mobilisierung der vereinten Streitkräfte der ‹freien Welt› gegen ein chinesisch-russisches Bündnis spiegelt sicherlich das strategische Denken der Ära des Kalten Krieges wider, ob wir den Vergleich mögen oder nicht.»[22]

Europa: Vasall oder Partner?

Europa wird sich entscheiden müssen, ob es die Spielfigur der USA sein will oder sich dafür einsetzt, eine weitere Kollision zwischen zwei Großmächten zu verhindern. Nur Frankreich und das Vereinigte Königreich hatten bisher eine indopazifische Präsenz, die jedoch eher symbolischer Natur ist.[23] Aber ein größerer Anreiz – eher eine Einschränkung – ist ihre technologische Abhängigkeit von den Vereinigten Staaten. Da sich die Vereinigten Staaten von China abkoppeln, insbesondere im Hightech-Bereich, wird es für Europa unmöglich sein, mit China zu verhandeln, ohne mit US-Sekundärsanktionen konfrontiert zu werden. Europa hat keine eigenen Big-Tech-Unternehmen und ist auf dem Gebiet des Cloud Computing und anderer Spitzentechnologien maßgeblich von US-Konzernen abhängig.

China wird seine technischen Anstrengungen nicht aufgeben und könnte im Laufe der Zeit die aktuellen US-Strafsanktionen gegen

High-End-Halbleiter umgehen und seine eigenen innovativen Versionen davon produzieren. Technologie wird nicht länger einheitlich sein. Die Zersplitterung, die dem Internet vorhergesagt wurde, wird auch auf andere Technologien zutreffen. Die Chinesen sind in Bezug auf Biotechnologie und ihre Anwendung in der Produktion sowie im Gesundheitswesen weiter fortgeschritten als die Vereinigten Staaten. Wie ein europäischer Analyst gewarnt hat, wird Europa sich entscheiden müssen: «Ein offener Markt zu sein, kann nicht länger eine geopolitische Strategie als solche sein, und die Wirtschaft kann nicht länger das einzig mögliche Bindeglied zwischen den EU-Mitgliedstaaten sein. Europa wird sich endlich bewusst, dass die Weltwirtschaft ein Transmissionsriemen der Konfrontation und Aggression ist. Tatsache bleibt, dass, selbst wenn das Bewusstsein mittlerweile vorhanden ist, die verfügbaren Werkzeuge im Moment noch ziemlich schwach sind.»[24]

Déjà-vu: Krieg und Frieden

Wenn Ihnen das bekannt vorkommt: Es gibt einige unheimliche Parallelen zwischen heute und den Jahren vor dem Ersten Weltkrieg, über die schon einige Historiker geschrieben haben. Unter anderem Margaret Macmillan, die zum 100. Jahrestag seines Ausbruchs das Buch *The War That Ended Peace* veröffentlichte und diese Ähnlichkeiten in einem separaten Artikel nochmals betonte. Die 70 Jahre seit 1945, in denen die Vereinigten Staaten, Russland, Europa und China einen direkten Konflikt miteinander vermeiden konnten, haben den Beigeschmack jener «außergewöhnlichen Periode des allgemeinen Friedens seit 1815, als die Napoleonischen Kriege endeten», ungeachtet der zahlreichen «kleinen oder zumindest begrenzten Kriege», die in dieser Epoche geführt wurden. Diese Friedensperiode, die durch «das Wachstum des Völkerrechts, die Haager Abrüstungskonferenzen von 1899 und 1907 und die zunehmende Anwendung von Schiedsverfahren zwischen Nationen (von den 300 Schiedsverfahren zwischen 1794 bis 1914 fanden mehr als die Hälfte nach 1890 statt) gekennzeichnet war», wiegte die Europäer in dem beruhigenden

Glauben, «dass sie die Grausamkeit hinter sich gelassen hatten».[25] Laut der Historikerin Margaret Macmillan habe dieser «lange Frieden» die «Illusion» verstärkt, dass es keine größeren Kriege mehr geben würde, ebenso wie die «Vorstellung, dass die gegenseitige Abhängigkeit der Länder der Welt so groß war, dass sie es sich nie wieder leisten konnten, in den Krieg zu ziehen.»[26]

Ein wesentlicher Faktor für die Konfrontation waren Gefühle des Umbruchs und des Verlustes in der Heimat. Vor 1914 «sahen die Landbesitzerklassen [in Europa] ihren Wohlstand durch billige Agrarimporte aus dem Ausland und ihre Dominanz über einen Großteil der Gesellschaft durch eine aufstrebende Mittelschicht und eine neue städtische Plutokratie untergraben. Infolgedessen strömten viele Menschen der alten Oberschichten zu konservativen, sogar reaktionären politischen Bewegungen. In den Städten übten rechtsradikale Bewegungen auch auf Handwerker und kleine Ladenbesitzer, deren Dienste nicht mehr benötigt wurden, eine gewisse Anziehung aus. Der Antisemitismus blühte, Juden wurden zum Sündenbock für den Vormarsch des Kapitalismus und der modernen Welt gemacht.»[27]

In der heutigen Welt bieten rechtsradikale und populistische Bewegungen in den Vereinigten Staaten und Europa «Ventile für die Frustration und die Ängste, die viele empfinden, wenn sich die Welt um sie herum verändert und die Arbeitsplätze und die Sicherheit, auf die sie sich verlassen hatten, verschwinden. Bestimmte Einwanderer – wie Muslime – werden in einigen Gemeinden als Feinde gesehen.»[28]

Wie bereits erwähnt, hallt die englisch-deutsche Rivalität bis 1914 in dem zunehmenden chinesisch-amerikanischen Wettbewerb als Echo wider. Als Deutschland in die traditionellen britischen Märkte eindrang und mit um Kolonien und Macht wetteiferte, fühlten sich die Briten bedroht. Bereits 1896 zeichnete ein britisches Bestseller-Pamphlet mit dem Titel «Made in Germany» ein unheilvolles Bild: «Ein gigantischer Handelsstaat erhebt sich, um unseren Wohlstand zu bedrohen und mit uns um den Handel in der Welt zu kämpfen. Viele Deutsche vertraten umgekehrte Ansichten. Deutschland, sagten sie, hätte seinen Platz an der Sonne verdient – und ein Imperium, in dem die Sonne niemals untergehen würde –, aber Großbritannien

und die britische Marine standen ihm im Weg.»[29] Ersetzen Sie Großbritannien durch die Vereinigten Staaten, Deutschland durch China
und setzen Sie «Verbündete» anstelle von «Kolonien», und diese Sätze
würden beschreiben, was in der heutigen Welt passiert.

Dann die beunruhigende Warnung: «Kühlere Köpfe auf beiden
Seiten hofften, das immer teurer werdende Seerennen zu beenden,
aber in jedem Land drängte die öffentliche Meinung, damals ein
neuer und unberechenbarer Faktor bei der Politikgestaltung, eher in
Richtung Feindseligkeit als in Richtung Freundschaft. Selbst die
Blutsbande zwischen dem deutschen und dem britischen Königs-
haus, von denen man hätte erwarten können, dass sie diese gegenseitigen Antipathien lindern würden, bewirkten genau das Gegenteil.»[30]
An die Stelle der deutschen und britischen Königshäuser treten «mul-
tinationale Konzerne», die weiterhin in den beiden großen Märkten
der Vereinigten Staaten und Chinas Geschäfte machen wollen. Was
Macmillan hier beschreiben könnte, ist die wachsende Mentalität des
Kalten Krieges, die jegliche Diskussionen über Zusammenarbeit oder
gemeinsame Interessen unmöglich macht.

Der Schwanz wedelt mit dem Hund

Vor allem die Ukraine, aber zunehmend auch Taiwan werden als Teil
des Westens behandelt. Macmillan stellte das gleiche Phänomen für
die Zeit vor dem Ersten Weltkrieg fest, als die Mächte ihre Klientel-
staaten hatten. Wir verwenden solche abwertenden Begriffe nicht,
aber die Dynamik ist die gleiche: Patronatsnationen zögern, ihre
Klienten im Stich zu lassen, egal in welche Gefahren sie selbst geführt
werden, denn das birgt das Risiko, die größere Macht schwach und
unentschlossen erscheinen zu lassen. Vor 1914 sprachen die Großmächte von ihrer Ehre. Heute (Margaret Macmillan schrieb dies im
Jahr 2013) verweist US-Außenminister John Kerry auf die Glaubwürdigkeit oder das Prestige Amerikas. Es läuft auf das Gleiche hinaus.
Zu sagen, wie es die Biden-Administration wiederholt getan hat,
dass man keinen weiteren Kalten Krieg will, ist nicht dasselbe wie
Maßnahmen zu ergreifen, um einen solchen zu verhindern. Die Ge-

schichte zeigt, wie das Sprichwort besagt, dass «der Weg zur Hölle mit guten Absichten gepflastert ist».

Es besteht kein Zweifel daran, dass sich US-Präsident Biden und andere Mitglieder sowohl der Republikanischen als auch der Demokratischen Partei mit Taiwan in eine Falle manövrieren. Wegen all ihrer Versprechen, Taiwan zu verteidigen, wird es schwer werden, sich davon zu distanzieren, sollte eine taiwanesische Regierung die Einhaltung dieser fordern und China militärisch zurückschlagen. Die schlimmsten Fallen sind die, die wir uns selbst stellen.

Taiwan stellt eine existenzielle Legitimationsfrage für die Chinesen und Xi dar, und er und alle anderen Staatsoberhäupter vor ihm sehen sich der Wiedervereinigung mit Taiwan verpflichtet. Allerdings haben sie derzeit noch viele andere Probleme zu lösen. Viele amerikanische China-Experten halten einen Angriff nicht für unmittelbar bevorstehend.[31] Xi hat alle Hände voll zu tun mit einer schwächelnden Wirtschaft und dem Ausstieg aus den harten COVID-19-Lockdowns in den chinesischen Großstädten, die Wut und heftige Proteste der Mittelschicht auslösten. Die Lockerungen verliefen nicht reibungslos. Schätzungen gehen davon aus, dass in den ersten zwei Monaten nach den Lockdowns (Mitte Dezember 2022 bis Mitte Februar 2023) zwischen einer und 1,5 Millionen Chinesen starben und 90 Prozent der Bevölkerung in etwas mehr als dem ersten Monat nach dem Lockdown infiziert waren, berichtete die *New York Times*.[32] Die Legitimität der Kommunistischen Partei beruht auf ihrem Versprechen, Wohlstand zu schaffen und die Chinesen bis zum 100. Jahrestag ihrer Herrschaft im Jahr 2049 auf einen westlichen Lebensstandard zu heben. Aber könnte Xi versucht sein, die öffentliche Aufmerksamkeit von Chinas innenpolitischen Problemen abzulenken, indem er eine Invasion befiehlt, wie Putin es gegen die Ukraine getan hat?

Wie würde ein Krieg um Taiwan aussehen? Im Westen geht man allgemein davon aus, dass er mit einer Invasion über den Seeweg beginnen würde, einer Art chinesischem D-Day mit Taiwan und nicht der französischen Küste der Normandie als Ziel. Die Chinesen wollen zweifellos auf ein solches Szenario vorbereitet sein, wenn sie keine andere Option sehen. Allerdings hat China nur begrenzte amphibische Transportkapazitäten, wie ein erfahrener amerikanischer China-

Beobachter betont. Stattdessen «hat Peking viele nicht-kinetische Mittel, um Taiwan zu nötigen, und kann solche Methoden anwenden, um zu gewinnen ohne zu kämpfen, wie der konfuzianische Philosoph Sun Tzu riet.[33] Ein militärischer Angriff könnte stattfinden, aber es ist unwahrscheinlich, dass dies vor den letzten Jahren dieses Jahrzehnts geschieht.»[34]

Im Geiste von Sun Tzu hat China den Kampf um die Rückeroberung Taiwans bereits mit nicht-kinetischen Mitteln begonnen, indem es beispielsweise wirtschaftlichen Druck ausübt, um Taiwan zu isolieren.[35] So stufte China seine Beziehungen zu Litauen wegen der Eröffnung einer taiwanesischen Botschaft in Vilnius herab und hinderte litauische Waren und andere europäische Exporte mit maßgeblich litauischem Inhalt daran, nach China zu gelangen. Diese Maßnahmen führten dazu, dass die litauischen Exporte seit Dezember 2021 um 80 Prozent einbrachen.[36] Die EU strebt derzeit ein Urteil gegen China in der WTO an.

Andere «Grauzonen»-Maßnahmen könnten laut einer wissenschaftlichen Studie «die Auflösung des bestehenden Handels zwischen China und Taiwan, verstärkte Propaganda, die darauf abzielt, Taiwans Widerstand gegen die Wiedervereinigung durch wirtschaftliche Versprechungen zu verringern, und erneute Bemühungen, Taiwans Top-Talente in strategischen Lieferketten wie der Herstellung von Prozessor-Chips abzuwerben, umfassen».[37]

Zugleich nutzt China verstärkt Militäraktionen der psychologischen Kriegsführung gegen Taiwan, oft unterstützt von den staatlich geförderten Medien. Chinas Eindringen in die taiwanesische Luftverteidigungs-Identifikationszone (ADIZ) stieg von etwa 20 Flügen im Jahr 2019 auf fast 900 im Jahr 2021.[38] Zum Zeitpunkt des Besuchs der damaligen Sprecherin des Repräsentantenhauses, Nancy Pelosi, in Taiwan im Jahr 2022 schaltete Peking einen Gang höher und demonstrierte, wie die Volksbefreiungsarmee (PLA) ihre vereinten Kräfte einsetzen könnte, um die vorgelagerte Insel mit zahlreichen Luft- und Seeübungen zu blockieren. Tatsächlich landeten fünf chinesische Raketen in der Ausschließlichen Wirtschaftszone Japans. Biden hatte versucht, Pelosi von der Reise abzubringen, aus Angst, die Spannungen zwischen den USA und Peking zu verschärfen.[39] Für China wurde die Pelosi-Reise zu einem Propaganda-Coup, den Peking nutzte, um die Vereinigten Staaten für die Entfachung der Krise verantwortlich zu machen.[40]

Pekings Grauzonentaktik und militärische Provokationen hatten bisher gemischten Erfolg. Obwohl das Vorgehen gegen Litauen dazu beigetragen hat, dass das Vertrauen der europäischen Regierungen gegenüber China gesunken ist, haben seit 2016 sieben weitere Länder aufgrund des chinesischen Drucks die diplomatischen Beziehungen zu Taiwan abgebrochen. Eine Mehrheit der taiwanesischen Bevölkerung unterstützte bei den letzten beiden Präsidentschaftswahlen die Demokratische Fortschrittspartei (DPP), die die Unabhängigkeit befürwortet. Aktuelle Meinungsumfragen in Taiwan[41] zeigen jedoch, dass die meisten Befragten den Status quo befürworten, wobei sich in den letzten Jahren immer mehr Befragte für die kombinierte Option «Beibehaltung des Status quo, Hinwendung zur Unabhängigkeit» aussprechen, was für Peking besorgniserregend sein muss. Nur kleine Minderheiten der Bevölkerung befürworten die sofortige Unabhängigkeit oder Vereinigung.[42]

Die Präsidentin der DPP, Tsai-Ing-Wen, gewann die Wahlen 2020 mit einem etwas größeren Vorsprung als 2016. Keine chinesische Desinformationskampagne konnte die abschreckende Wirkung des Zusammenbruchs der Demokratie in Hongkong 2019/2020 auslöschen. Die Auflösung von Hongkongs angeblich garantiertem «Ein-China-Zwei-Systeme»-Rahmen, der zum Zeitpunkt der britischen Übergabe vereinbart wurde, wird als Warnung davor gewertet, was in Taiwan passieren könnte. Dennoch erlitt die DPP bei den Kommunalwahlen Ende 2022 eine vernichtende Niederlage,[43] was Zweifel an ihren Aussichten bei den nächsten Präsidentschaftswahlen 2024 aufkommen lässt. Bei den Wahlen 2022 ging es um lokale Themen, daher ist nicht klar, ob sich die Stimmung für die Unabhängigkeit ändert. Nach Ansicht einiger Analysten «hat die Opposition [die Kuomintang (KMT)] noch einen Berg zu erklimmen, wenn sie ihren Erfolg bei den Kommunalwahlen in die Präsidentschaftswahlen 2024 umsetzen will. Sie muss nicht nur die Bedenken zerstreuen, dass sie den Chinesen zu nahe steht, sondern auch Machtkämpfe um die Auswahl ihres Kandidaten verhindern.»[44]

Sollte die DPP die nächsten Präsidentschaftswahlen 2024 verlieren, ist es denkbar, dass die zunehmenden Spannungen zwischen China und Taiwan sowie Peking und Washington nachlassen könnten, wenn auch nur vorübergehend. Die Oppositionspartei Kuomintang (KMT) befürwortet längst nicht mehr so überzeugend die «Ein-China»-Politik, aber es ist unwahrscheinlich, dass sie Begeisterungsstürme für die Unabhängigkeit entfachen wird. Das würde Peking eine Atempause verschaffen, um seine aggressive Taktik zurückzufahren und zu versuchen, eine Entspannung mit Taipeh herbeizuführen, um die Angst vor einer militärischen Invasion durch das Festland zu zerstreuen.

Ein neuer Amtsinhaber im Weißen Haus – ob ein wiedergewählter Biden oder ein Republikaner – könnte sich zu einer milderen Gangart entschließen, obwohl China unabhängig vom Ausgang der US-Präsidentschaftswahlen im Jahr 2024 der Schlüsselfaktor für die US-Außenpolitik bleiben wird. Eine Entspannung zwischen Peking und Taipeh könnte bedeuten, dass die amerikanische Taiwan-Politik, die möglicherweise einen größeren Konflikt zwischen China und den USA auslösen könnte, nicht im Vordergrund stehen würde.

Kein anderes Thema, einschließlich des Südchinesischen Meeres, bei dem China sich einem Haager Gerichtsurteil über seine Seegrenzen widersetzt hat, hat das Potenzial, einen größeren Flächenbrand zu entfachen. Einem taiwanesischen Wissenschaftler zufolge «versuchte die [Kommunistische Partei Chinas] während der Zeit des strategischen Wettbewerbs zwischen den USA und der VR China während des Kalten Krieges, die Unabhängigkeit Taiwans zu verhindern, aber die Verhinderung der Unabhängigkeit Taiwans war für Peking wohl weniger wichtig als die Umsetzung der maoistischen Ideologie auf dem Festland.»[45] Aber jetzt, mit dem Aufstieg des Nationalismus auf dem chinesischen Festland und Xis zunehmender Betonung der Sicherheit und nicht nur der wirtschaftlichen Entwicklung, ist Taiwan zu einer roten Linie geworden. Für die Partei und den größten Teil der chinesischen Öffentlichkeit ist die Wiedervereinigung mit Taiwan der letzte Schritt, um das «Jahrhundert der Demütigung» rückgängig zu machen, was für jeden chinesischen Entscheidungsträger zur existenziellen Pflicht geworden ist.

Taiwan hat wohl auch für die Vereinigten Staaten an Bedeutung gewonnen, obwohl schon Dwight D. Eisenhower drohte, Atomwaffen gegen China einzusetzen, um eine Invasion zu verhindern,[46] und Bill Clinton Marineeinheiten mobilisierte, um einem bedrohlichen China entgegenzuwirken, das Raketen in der Nähe von Taiwan abgefeuert hatte.[47] In den früheren Fällen war China noch nicht die imposante Wirtschaftsmacht gewesen, die es heute ist, und es hatte auch noch nicht mit dem Aufbau einer hochseetauglichen Marine begonnen. Für die Vereinigten Staaten ist Taiwan heute noch mehr als die Ukraine ein «Symbol für das Engagement der Vereinigten Staaten für die Verteidigung der regelbasierten internationalen Ordnung und ihrer anderen demokratischen Verbündeten».[48] Viele amerikanische Politiker und Experten vergleichen Taiwan mit Berlin während des Kalten Krieges. Berlin schien der gefährlichste Ort der Welt zu sein, der Ort, an dem sich der Showdown zwischen Kommunismus und Kapitalismus unweigerlich abspielen würde.[49]

In einem Krieg zwischen den Vereinigten Staaten/Taiwan und China, würden laut einem Kriegsspiel, das Mitte 2022 der Washingtoner Think Tank Center for Strategic and International Studies (CSIS) ausgetragen hat, alle Seiten – die Vereinigten Staaten, Taiwan und China – einen hohen Preis zahlen, allerdings wäre China nicht in der Lage, die gesamte Insel zu erobern und zu unterwerfen.[50] In dieser Simulation kamen die chinesischen Streitkräfte im südlichen Drittel der Insel zum Stillstand, nachdem ihre amphibische Flotte und ihre Vorräte durch unerbittliche Raketen- und U-Boot-Angriffe der USA und Japans dezimiert worden waren. Die «Landschlacht auf Taiwan würde sich wahrscheinlich in einen brutalen, groß angelegten Kampf verwandeln, ein Kampf, wie ihn seit Jahrzehnten keine Nation mehr gesehen hat», und laut Mark Cancian «wäre es ein ganz anderer Kampf, wenn man nah an den Gegner herankommen muss und die Zermürbung weiter zunimmt.» Cancian, ein ehemaliger Marineoffizier sowie Co-Designer und Schiedsrichter des Spiels, kam zu dem Schluss: «Irgendwann werden wir uns gegenseitig mit Steinen bewerfen.»[51]

Die potenziellen Kämpfe wären nur die eine Seite. Die Teilnehmer des CSIS-Kriegsspiels warnten zu Recht, dass «ein Konflikt um Tai-

wan schnell zu Konsequenzen führen kann, die weit über das hinausgehen, was Peking und Washington beabsichtigen». Das Kriegsspiel
zeigte, wie «schnell ein Konflikt eskalieren kann», wobei sowohl
China als auch die Vereinigten Staaten «rote Linien überschreiten».[52]
Dies würde gegenseitige wirtschaftliche Maßnahmen bedeuten – die
in den meisten Wargames nicht vorgesehen sind. Sofern die chinesische Seite nicht kapituliert und sich zurückzieht, würde jeder anhaltende Landkrieg mit ziemlicher Sicherheit von dem begleitet werden,
was wir als Antwort auf den russischen Angriff auf die Ukraine gesehen haben, nämlich dem Einsatz wirtschaftlicher Vergeltungsmaßnahmen durch die Vereinigten Staaten und ihre europäischen und
asiatischen Verbündeten sowie durch China gegen die Unterstützer
der USA und Taiwans.

Gerard DiPippo, Economics Senior Fellow in der Denkfabrik
CSIS, in der das Kriegsspiel organisiert wurde, sagte, dass «vernünf-
tige [wirtschaftliche] Schadensschätzungen von schlecht bis katastrophal reichen», weil viel auf dem Spiel steht: «China ist auch das
weltweit führende Produktionszentrum, Taiwan ist der führende Pro-
duzent von fortschrittlichen Halbleitern.[53] Darüber hinaus würde
die globale Schifffahrt stark gestört. Auf chinesische Häfen entfielen
im Jahr 2020 rund 40 Prozent des Schiffsvolumens unter den 100
größten Häfen der Welt.[54] Im Jahr 2022 passierten fast die Hälfte der
weltweiten Containerflotten und 88 Prozent der größten Schiffe die
Taiwanstraße.[55] Taiwan ist auch ein wichtiger Knotenpunkt,[56] der
Unterseekabel[57] aus China mit dem Rest der Welt verbindet.»[58]

China hat neben einer Frontalinvasion noch andere Möglichkeiten.
Eine Blockade könnte enorme wirtschaftliche Auswirkungen haben.
In dem Bemühen, internationale Unterstützung für die Abschreckung Chinas zu gewinnen, veröffentlichte das US-Außenministe-
rium eine Prognose, die von einem US-Forschungsunternehmen, der
Rhodium Group, in Auftrag gegeben wurde und die schätzt, dass
eine chinesische Blockade Taiwans jährliche wirtschaftliche Verluste
in Höhe von 2,5 Billionen Dollar verursachen würde.[59] Im Vergleich
dazu sind die Beeinträchtigungen durch die russische Invasion in der
Ukraine gering.

Andere Planspiele zu einem möglichen Krieg zwischen den USA

und China haben gezeigt, dass China gewinnen würde.[60] In einem streng geheimen Kriegsspiel der US-Luftwaffe, das laut durchgesickerten Berichten während der Pandemie stattfand, wurde der Konflikt «mehr als ein Jahrzehnt in der Zukunft angesiedelt, der mit einem chinesischen Angriff mit biologischen Waffen begann, der durch US-Stützpunkte und Kriegsschiffe in der indopazifischen Region fegte. Dann wurde eine große chinesische Militärübung als Deckmantel für den Einsatz einer massiven Invasionstruppe genutzt. Die Simulation gipfelte in chinesischen Raketenangriffen, die auf US-Stützpunkte und Kriegsschiffe in der Region niedergingen, und einem blitzartigen Luft- und Amphibienangriff auf die Insel Taiwan.[61]

Der Generalleutnant der Luftwaffe, S. Clinton Hinote, Stellvertretender Stabschef für Strategie, Integration und Anforderungen, der das Wargaming beaufsichtigte, sagte, dass sich bis vor kurzem nicht nur «der Trend in unseren Kriegsspielen abbildete, dass wir verloren, sondern dass wir auch schneller verloren». Erst jetzt, so Hinote, habe sich die Lage gebessert, da die US-Streitkräfte «eine defensivere und verstreute Aufstellung einnehmen, die weniger auf große, verwundbare Stützpunkte, Häfen und Flugzeugträger angewiesen ist», allerdings müssten noch mehr solcher Änderungen vorgenommen werden.[62]

Es ist jedoch wichtig, nicht davon auszugehen, dass ein Konflikt um Taiwan dort enden wird. Michael O'Hanlon von der Brookings Institution, ein hoch angesehener, überparteilicher Militärexperte, warnt: «Weder Peking noch Washington würden eine Niederlage in einem begrenzten Engagement akzeptieren. Stattdessen würde sich der Konflikt wahrscheinlich horizontal auf andere Regionen und vertikal ausdehnen, vielleicht sogar bis hin zur Androhung von Atomwaffen – oder deren tatsächlichem Einsatz. Er könnte buchstäblich die schlimmste Katastrophe in der Geschichte der Kriegsführung werden.»[63]

Ein Dritter Weltkrieg

Ein Konflikt um Taiwan kann zwar als konventioneller Krieg beginnen, wird aber wahrscheinlich kein solcher bleiben. Das Terrain selbst würde eine Eskalation begünstigen. Chinas Nutzung von Stützpunkten auf dem Festland würde sie zu Zielen für US-Angriffe machen. Im Gegenzug könnte China US-Inseln und Stützpunkte im asiatisch-pazifischen Raum angreifen. In einem lang geführten Krieg könnte Japan zum Ziel chinesischer Raketen- und Bombenangriffe werden. Der Druck auf beide, die Situation zu eskalieren und Atomwaffen einzusetzen, wäre groß.

Weder Washington noch Peking könnten verlieren, ohne einen schweren Schlag zu erleiden. Es gäbe kaum einen gesichtswahrenden Ausweg aus dem Konflikt. Für jedes chinesische Staatsoberhaupt würde eine Niederlage seinen Sturz bedeuten und die gesamte Kommunistische Partei in Frage stellen. Ein Nachfolger würde den Kampf wahrscheinlich fortsetzen, wenn er mit einem nationalistischen öffentlichen Aufschrei nach Vergeltung konfrontiert wäre. Kein chinesisches Oberhaupt könnte es ertragen, dass die Vereinigten Staaten auf dem pazifischen Kriegsschauplatz wieder völlig dominant wären. Für die Vereinigten Staaten würde eine Niederlage ihren Niedergang als Weltmacht bedeuten und ihre Glaubwürdigkeit als Beschützer ihrer Verbündeten in Asien oder anderswo zerstören.

Ein chinesisch-amerikanischer Krieg wäre im wahrsten Sinne des Wortes der Beginn des Dritten Weltkriegs. Er hätte wenig Ähnlichkeit mit den kleinen Kriegen, die die Vereinigten Staaten in den vergangenen Jahrzehnten geführt haben. Die Biden-Administration ist im Ukraine-Krieg zurückhaltend und schickt Kiew keine Langstreckenwaffen, mit denen das russische Kernland angegriffen werden kann. Gleichzeitig spiegeln Bidens Äußerungen – ob beiläufig oder nicht – über die Entsendung von Truppen zur Verteidigung Taiwans ein mangelndes Verständnis dafür wider, was den Vereinigten Staaten bevorstünde, wenn sie sich auf eine direkte militärische Konfrontation um Taiwan einlassen würden.

US-Präsident Biden hat einen wertvollen Trumpf aus der Hand gegeben, als er die «strategische Ambiguität», die traditionelle Vorgehensweise der USA, über Bord warf. Obwohl diese US-Strategie der Zweideutigkeit, die auf dem Taiwan Relations Act (TRA) basiert, als veraltet kritisiert wurde, hat sie in den letzten 50 Jahren Stabilität ermöglicht. Laut dem TRA sind die Vereinigten Staaten verpflichtet, Taiwan bei der Selbstverteidigung zu helfen, aber es gibt keine vertragliche Verpflichtung, im Falle eines chinesischen Angriffs selbst militärisch zu intervenieren. Viele Kritiker missverstehen, dass die US-Politik versucht, eine einseitige Änderung des Status quo durch China oder Taiwan zu verhindern. Angesichts von Bidens mehrfachen Interventionsdrohungen muss die Volksbefreiungsarmee bei ihrer Planung davon ausgehen, dass ein Angriff unabhängig von der erklärten US-Politik eine US-Intervention bedeuten würde. Die Abkehr von der Zweideutigkeit hat also möglicherweise keine großen Auswirkungen auf Peking, außer dass sie seine militärische Planung verstärkt. Die Befürchtung ist jedoch, dass eine Zusage der USA, zu intervenieren und zu verteidigen, diejenigen in Taiwan stärken wird, die eine Unabhängigkeitserklärung befürworten, was weitere feindlichere Maßnahmen auslösen würde, einschließlich einer Invasion, um einer Aktion der Vereinigten Staaten zuvorzukommen.[64]

Niemand sollte Militäraktionen als unvermeidlich ansehen. Keine Entwicklung ist vorherbestimmt. Die Politik gibt den Ausschlag. Auch liberale westliche Nationen sollten einen Krieg mit China nicht als Lösung sehen. Vielmehr würde der Krieg ein Scheitern widerspiegeln, ein katastrophales und tragisches Versagen. Deshalb sollte er vermieden werden, es sei denn, es besteht eine dringende Notwendigkeit, beispielsweise eine Invasion durch einen Feind. Die Amerikaner müssen versuchen, das Schlimmste zu verhindern, auch wenn sie sich auf das Schlimmste vorbereiten.

Ist ein Zusammenstoß also unvermeidlich? Einige China-Experten, wie der ehemalige australische Premierminister Kevin Rudd, der damals den führenden Think Tank der Vereinigten Staaten für China und asiatische Angelegenheiten, die Asia Society, leitete, waren früher optimistischer, dass ein chinesisch-amerikanischer Konflikt vermieden werden kann. In einem Artikel in der Fachzeitschrift *Foreign Affairs* von Mitte 2022 zitierte Rudd US-Außenminister Blinken mit den Worten, dass ein «intensiver Wettbewerb» zwar unvermeidlich sei, dieser «Wettbewerb jedoch nicht zu Konflikten führen muss». Rudd zitierte die Warnung von US-Präsident Biden, dass «der einzige Konflikt, der schlimmer ist als ein beabsichtigter, ein unbeabsichtigter ist». Biden hat auch bekräftigt, dass «wir diese Beziehung verantwortungsvoll handhaben werden, um dies zu verhindern». Die Biden-Administration hat davon gesprochen, «sozusagen Leitplanken für die Beziehung zu setzen, damit unsere Konkurrenz nicht in Fehleinschätzungen oder Konfrontationen ausartet».[65]

Erst kürzlich, kurz vor seinem Amtsantritt als australischer Botschafter in Washington im März 2023, warnte Kevin Rudd vor den zunehmenden Spannungen zwischen den Vereinigten Staaten und China und sagte, die angespannten Beziehungen drohten zu eskalieren. Australien – als «Verbündeter» der USA und «strategischer Partner» Chinas – solle sich für die Verbesserung der Beziehungen zwischen den Supermächten einsetzen, forderte Rudd in einem Interview mit dem amerikanischen Fernsehsender *ABC*.[66]

Interessanterweise hatte Rudd bereits in seinem Artikel in *Foreign Affairs* die Kubakrise als Präzedenzfall dafür angeführt, wie eine Verbesserung der Beziehungen zwischen den Vereinigten Staaten und China eine Kollision vermeiden könnte. Die Vereinigten Staaten und die UdSSR standen kurz vor einem Atomkrieg – nach jüngsten Enthüllungen sogar näher als bisher bekannt –, versuchten jedoch, einen künftigen Konflikt durch eine direkte Telefonverbindung zwischen dem Weißen Haus und dem Kreml zu verhindern, und später unter den US-Präsidenten Richard Nixon und Gerald Ford durch die Unterstützung der deutschen Ostpolitik, die sich zum Helsinki-Friedensprozess entwickelte.

Auch auf dem G20-Gipfel Ende 2022 hat die Diplomatie funktioniert. Biden und Xi traten beide einen Schritt zurück. Nichtsdestotrotz gibt es nach wie vor Herausforderungen für den «gesteuerten Wettbewerb», der im politischen System der USA aufgrund der Gewaltenteilung schwieriger ist. Der Besuch der damaligen Sprecherin Nancy Pelosi in Taiwan hat uns daran erinnert, dass kein US-Präsident die Beziehungen vollständig managen kann. Es wird schwierig sein, das Aufflammen innenpolitischer Probleme zu verhindern, ganz zu schweigen von globalen Problemen wie einer weiteren Pandemie, die ihren Ursprung in China haben könnte.

Im Moment will, wie gesagt, keine Seite einen Krieg um Taiwan. China rüstet auf und wartet ab. Die Vereinigten Staaten sind zu sehr damit beschäftigt, der Ukraine im Kampf gegen Russland zu helfen. Ein Problem mit der Psychologie des Kalten Krieges ist jedoch, dass der Grat zwischen Wirtschaftssanktionen oder -beschränkungen und einem offenen Konflikt schmal ist. «Managing Competition» ist das Schlagwort in Washington, und Thomas Wright, einer von Bidens Beratern, hat das Konzept als «alle Maßnahmen außer dem Krieg» definiert, so der Titel seines Buches von 2017.[67] Aber genau das ist das Problem. Wo verläuft die Trennlinie zwischen einem kalten und einem heißen Krieg? Wenn Biden davon spricht, Taiwan notfalls mit Truppen zu verteidigen, signalisiert er Peking damit nicht, dass ein Krieg unvermeidlich ist? Wenn man ansieht, was der Westen getan hat, um die Ukraine zu unterstützen, kann man sich nicht vorstellen, dass die chinesische Führung nicht mit den Vorbereitungen beginnt. Was auch immer Biden darüber sagt, dass die Vereinigten Staaten keinen Kalten Krieg wollen, es ist klar, dass er sich weit in gefährliche Gewässer hinausgewagt hat.

— — —

Kapitel 3

DAS GUTE SZENARIO –
KATALYSATOREN FÜR EINE KOOPERATION

Im Jahr 2020 veröffentlichten zwei britische Ökonomen, Charles Goodhart und Manoj Pradhan, ein Buch mit dem Titel *The Great Demographic Reversal*.[1] Ihr Timing war nicht ganz optimal. Als die Welt auf dem Weg in die Pandemie war, gab es nur sehr wenige Hinweise auf eine Inflation, eine der wichtigsten Prognosen in der Studie. In den Jahren nach der Pandemie bewahrheitete sich ihre Vorhersage jedoch: «Was wird passieren, wenn der Lockdown aufgehoben wird und die Erholung einsetzt, nach einer Phase massiver fiskalischer und monetärer Expansion? Die Reaktion wird, wie nach vielen Kriegen, ein Inflationsschub sein der im Jahr 2021 höchstwahrscheinlich mehr als 5 Prozent oder sogar 10 Prozent betragen wird.»[2]

Die Demografie gehört zu den Themen, die sich sowohl die Medien als auch die politischen Entscheidungsträger für ihre Argumente «herauspicken». Eine demografische Tatsache wird herausgegriffen und als unbestreitbarer Beweis für die fragliche Behauptung verwendet. Russlands Bevölkerung schrumpft. Normalerweise lautet der nächste Satz: Russlands Macht ist auf dem Rückzug. Das ist alles wahr, aber bis vor kurzem lauteten die Prognosen in der Regel, dass die Bedeutung Russlands nachgelassen habe und es bald die globale Bühne verlassen werde. «Russland ist eine Regionalmacht, die einige ihrer unmittelbaren Nachbarn bedroht, nicht aus Stärke, sondern aus Schwäche», sagte Präsident Obama zur Zeit der Übernahme der Krim durch Russland. Laut Obama sei Russland nicht die größte Bedrohung für die nationale Sicherheit der USA und er mache sich mehr Sorgen über die Möglichkeit, dass eine Atomwaffe in Manhattan explodieren könnte.[3]

Demografie ist zwar wichtig, man sollte aber vorsichtig sein. Mehr noch als für die Geopolitik ist ihre Bedeutung für die Wirtschaft unbestreitbar. Der IWF begann seine Rezension des Buches von Goodhart und Pradhan mit der Aussage, dass «der bedeutende schwedische Ökonom Knut Wicksell (1851–1926) einmal argumentierte, dass Lehrbücher über Wirtschaftswissenschaften mit einem Kapitel über die Bevölkerung beginnen sollten». Schließlich kann man nicht über Arbeit oder Löhne sprechen, ohne etwas über den Anteil der Bevölkerung im Haupterwerbsalter (18–65 Jahre) oder die Erwerbsbeteiligung von Frauen zu wissen.[4]

Die beiden Autoren von *The Great Demographic Reversal* argumentieren, dass wir eine drei Jahrzehnte während Periode hinter uns haben, in der es reichlich Arbeitskräfte gab und die Löhne gedrückt wurden. China, Mexiko, Osteuropa und andere Schwellenländer konnten in den 1990er und frühen 2000er Jahren plötzlich billigere Arbeitskräfte zur Verfügung stellen. Der Anstieg der Bevölkerung im erwerbsfähigen Alter (15 bis 64 Jahre) übertraf allein in China den Anstieg in Europa und den USA von 1990 bis 2017 um über 400 Prozent.[5] Die Transportkosten sanken und die Geopolitik kam dem entgegen. Die US-Verbraucher waren auf der Suche nach billigen Waren, während China sein Licht unter den Scheffel stellte. Die Globalisierung lief auf Hochtouren und verringerte die Kluft im BIP zwischen den Industrieländern und den Entwicklungsländern, doch gering qualifizierte Arbeitskräfte, die sich im unteren Bereich der westlichen Mittelschicht befanden, mussten einen Rückschlag hinnehmen, und die Gesellschaft wurde höchst ungleich, was Populismus und Radikalismus schürte. «Der Anteil der Arbeit am Nationaleinkommen – die Höhe des Bruttoinlandsprodukts, das an die Arbeiter ausgezahlt wird, in Form von Löhnen und Sozialleistungen – ist in den USA und vielen anderen Industrieländern seit den 1980er Jahren zurückgegangen. Der Rückgang seit dem Jahr 2000 war besonders steil und führte zu stagnierenden Löhnen, wachsender Ungleichheit und einem Verlust der Kaufkraft der Verbraucher.»[6] All dies haben wir bereits beschrieben.

«Wenn dieser Sweet Spot sauer wird, werden sich die jahrzehntelangen Trends, die die Demografie hervorgebracht hat, dramatisch umkehren», so Goodhart und Pradhan.[7] In Anlehnung an diese demografische Umkehrung beginnt dieses Szenario damit, dass die riesigen Billigarbeitskräftepools in Asien mit steigendem Lohnniveau allmählich austrocknen und sich ihre Attraktivität für internationale Hersteller verringert, auch wenn die Region aufgrund der wachsenden Kaufkraft der Mittelschicht weiterhin Anziehungspunkt für internationale Investitionen bleibt. In den USA und in Europa gehen die Babyboomer in den Ruhestand. Die Arbeitgeber sind gezwungen, die Löhne zu erhöhen, um die Arbeitnehmer zu halten. Viele die im Dienstleistungssektor arbeiten, z. B. Kellner in Restaurants, können nun in anderen Bereichen besser bezahlte Jobs finden. Da der Anteil der Bevölkerung im erwerbsfähigen Alter in den alternden westlichen sowie chinesischen und ostasiatischen Gesellschaften abnimmt, versuchen die Arbeitgeber, die Abläufe so weit wie möglich zu automatisieren. Anfänglich befürchten viele Arbeitnehmer, dass ihre Arbeitsplätze verschwinden oder ausgelagert werden, wie es in den 1990er Jahren geschah. Aber die relative Knappheit der Bevölkerung im erwerbsfähigen Alter in Verbindung mit begrenzteren Möglichkeiten zur Auslagerung bedeutet, dass die Löhne steigen. Die Arbeitsplätze, die verschwinden, werden bald durch neue ersetzt, die höhere Qualifikationen erfordern. Die Waage hat sich zu Gunsten der Arbeitnehmer verschoben.

In diesem Szenario verstehen die Regierungen, dass sie im eigenen Land Kompetenzen aufbauen müssen, damit ihre Volkswirtschaften wettbewerbsfähig sind. Es wird zunehmend in Bildung investiert, nicht nur für junge Menschen, sondern auch in lebenslanges Lernen und Umschulungen. Der demografische Abschwung veranlasst die Regierungen der USA und Europas, dem nordischen Beispiel zu folgen und bessere Kindertagesstätten, mehr Elternzeit und finanzielle Unterstützung für wachsende Familien anzubieten. Diese Programme tragen dazu bei, die Erwerbsbeteiligung von Frauen in den Vereinigten Staaten und anderen Ländern, in denen viele Frauen ihre Beschäftigung aufgegeben haben, zu erhöhen. Die westlichen Regierungen müssen einen neuen, großzügigeren Gesellschaftsvertrag und ein stärkeres Sicherheitsnetz schaffen, um der durch neue Technologien verursachten sozialen Fragmentierung entgegenzuwirken.

Allerdings gibt es ein Problem: Viele westliche Länder sind bereits hoch verschuldet, und einige, wie die Vereinigten Staaten, stehen ohne höhere Einnahmen vor dem Bankrott ihrer Renten- und Krankenversicherungen. Da die Zinssätze nicht mehr im Keller sind, ist eine Kreditaufnahme teurer. Steuererhöhungen sind umstritten, so zum Beispiel in den USA. Das Wachstum wird sich verlangsamen: Goldman Sachs prognostiziert, dass Chinas jährliches Wirtschaftswachstum von 2024 bis 2029 bei rund 4 Prozent liegen und in den 2030er Jahren auf 2,5 Prozent sinken wird, weit entfernt von den durchschnittlichen 7,7 Prozent in den Jahren 2010 bis 2019. Das ist jedoch immer noch höher als die prognostizierte US-Rate von 1,9 Prozent für den Rest des Jahrzehnts.[8]

Trotz des langjährigen Widerstands gegen die Einwanderung beginnen die fortgeschrittenen Volkswirtschaften bereits, um die Talente der Welt zu konkurrieren. China bietet seit langem Anreize für die Rückkehr seiner Diaspora, insbesondere für diejenigen mit wissenschaftlichen oder technologischen Kompetenzen, könnte aber seine Anziehungskraft auf andere asiatische Gruppen auszuweiten versuchen. Westliche Länder neigen dazu, miteinander zu konkurrieren, indem sie zum Beispiel einen schnellen Weg zur Staatsbürgerschaft anbieten. Es wird einen intensiven Wettbewerb um die Ansiedlung neuer Unternehmen geben. Direkte Subventionen und Steuervergünstigungen für innovative Unternehmen, wie sie Bidens Inflation Reduction Act anstrebt, könnten überall zur Norm werden. Früher versiegten die Investitionen in Fabriken im eigenen Land, Arbeitsgemeinschaften verkümmerten und in den Vorstädten sowie im ländlichen Raum machte sich Verfall breit. All dies wird sich in diesem Szenario nicht umkehren. Es mag mehr Produktion im Inland geben, aber viele Fabriken werden von der weniger guten Sorte sein. Mit dem steigenden Altersdurchschnitt der Gesellschaft wird die Gesundheitsindustrie explodieren, aber auch das Potenzial für mehr Automatisierung und den Einsatz von Robotern und anderen Maschinen.

Wenn Xi Jinping in Bezug auf die wirtschaftlichen und regulatorischen Interventionen keine Kehrtwende vollzieht, könnte sich Chinas Wachstum bis Mitte der 2020er Jahre stark verlangsamen und das Vertrauen des Westens in sein demokratisches kapitalistisches System trotz der vielen offensichtlichen Herausforderungen stärken. Angesichts der wachsenden strukturellen Probleme Chinas glauben westliche Entscheidungsträger, dass sie Peking zu Marktreformen zwingen können, einschließlich der Privatisierung vieler staatlicher Unternehmen. Um die sozialen Spannungen einzudämmen, von denen die chinesische Führung befürchtet, dass sie angesichts der großen Zahl von Arbeitnehmern, die bei einer solchen Privatisierung wahrscheinlich entlassen werden, explodieren könnten, müsste China seine Reserven nutzen, um ein stärkeres soziales Sicherheitsnetz aufzubauen, einschließlich einer besseren Gesundheitsversorgung und höherer Renten. Dadurch würden chinesische Ersparnisse freigesetzt, die eine Konsumrevolution bewirken und die Wirtschaft ankurbeln könnten.

Die Globalisierung wird nicht abrupt enden wie im Szenario des heißen Krieges. Sie wird auch nicht künstlich beschnitten werden, wie im Szenario des Kalten Krieges, in dem es zu einer zunehmenden Entkopplung zwischen China und den USA kommen wird. Gleichwohl werden Investitionen im Inland attraktiver werden. China müsste exportieren, wenn seine Industrien eine Chance haben sollten, in der Wertschöpfungskette aufzusteigen. Mit dem Schritt in Richtung Privatisierung wäre es bereit, vielen US-Forderungen nach einer reformierten WTO nachzugeben. In diesem Szenario müsste Washington auch seine Zölle auf chinesische Waren abschaffen, eine Spannungsquelle zwischen China und den USA, womit die Gefahr einer aktiven Entkopplung gebannt wäre. Der Handel hätte für die meisten Länder weiterhin Priorität, und da die anti-chinesische Stimmung eingedämmt wäre, könnte man sich vorstellen, dass die WTO reformiert und gestärkt würde. Eine reformierte WTO könnte auch die Erneuerung anderer multilateraler globaler Institutionen fördern.

Wie Goodhart und Pradhan deutlich machten, wird die demografische Wende schrittweise erfolgen: Aufgrund seiner größeren Bevölkerung wird China das BIP der USA erst Mitte der 2030er Jahre übertreffen – also später als bisher prognostiziert.[9] Es ist gut möglich, dass die chinesisch-amerikanischen Spannungen nicht sofort verschwinden werden. Eine gehörige Portion Glück dürfte nötig sein, um die zunehmende Eskalationsgefahr einzudämmen, die in den beiden anderen Szenarien beschrieben wurde. Notwendig wäre eine neue taiwanesische Führung nach den Wahlen 2024, die nicht so sehr an der Unabhängigkeit Taiwans interessiert ist, kombiniert mit einer chinesischen Entschlossenheit, die Spannungen abzubauen und eine Lösung zu finden. Eine neue Generation von US-Politikern könnte mehr am Wiederaufbau Amerikas im Inland interessiert sein, und eine Eskalation des militärischen Engagements im Ausland wäre hinderlich für diese Pläne. In diesem Szenario finden die Europäer einen Weg, Teil eines westlichen Blocks zu sein und gleichzeitig eine unabhängige Außenpolitik zu betreiben. Und ein gestraftes Russland, das von neuen Verantwortlichen geführt wird, wäre mehr auf innenpolitische Reformen und weniger auf ausländische Abenteuer bedacht und daran interessiert, neben seinen engen Beziehungen zu China auch eine neue Beziehung zum Westen aufzubauen. Und schließlich würden der Westen, China und Russland stärker auf die Anliegen des Globalen Südens eingehen und größere Anstrengungen zur Bekämpfung des Klimawandels unternehmen.

Eine große Aufgabe, sagen Sie. Sicherlich. Und es kann unmöglich über Nacht geschehen. Aber es gibt sowohl im Inland als auch in der Außenpolitik einige schwache Signale dafür, dass ein kalter oder heißer Krieg nicht unser Schicksal sein muss.

Eine Chance für die Diplomatie

Es ist bemerkenswert, dass Xi Jinpings Reaktion auf Putins Angriffskrieg gegen die Ukraine zurückhaltender war, als angesichts des russisch-chinesischen Pakts der «unbegrenzten Freundschaft» vermutet wurde, den die beiden Staats- und Regierungschefs am Vorabend der Invasion in der Ukraine unterzeichnet hatten. Zunächst sagte Xi Jinping, dass die NATO schuld daran sei, da sie nicht auf Putins Beschwerden gehört habe. Ein Großteil der Entwicklungsländer glaubt ebenso, dass die NATO die Torpfosten verschoben und sich nach Osten ausgebreitet habe, obwohl, wie russische Eliten gerne behaupten, die USA zugesichert haben, dass sie die NATO nicht nach Osten ausdehnen würden. In der zweiten Hälfte des Jahres 2022, als sich Putins Krieg hinzog und höhere Lebensmittel- und Energiepreise auslöste, ruderten Xi und die Staatsoberhäupter des Globalen Südens wie Indiens Premierminister Narendra Modi zurück und beschwerten sich bei Putin, dass dies keine Zeit des Krieges, sondern eine Zeit des Friedens und der Entwicklung sein sollte.

Wladimir Putin und Xi Jinping stehen sich außerordentlich nahe. Sie haben sich seit 2012 mehr als 40 Mal getroffen und besprechen sich zwischen diesen Besuchen regelmäßig.[10] «Laut vier Personen, die über das Treffen im Februar informiert wurden», berichtete die *Financial Times* im Januar 2023, «wurde Xi von einer Invasion überrascht, vor der Putin ihn nicht im Voraus gewarnt hatte.»[11] Eine fehlende Warnung Putins könnte erklären, warum China Russland seit der Invasion trotz der Schwierigkeiten, die die westlichen Sanktionen gegen Russland hervorgebracht haben, nicht viel geholfen hat. Während die US-Regierung fünf chinesische Firmen beschuldigte, Russland militärisch zu helfen,[12] war das Ausmaß der direkten chinesischen Unterstützung jenseits der Rhetorik begrenzt, angesichts der engen Beziehungen zwischen Moskau und Peking.

Da Russland aus dem Krieg gegen die Ukraine so gut wie sicher als wirtschaftlich und diplomatisch geschwächte Macht hervorgehen wird, bewerten chinesische Beamte die Vorteile ihrer engen Beziehungen zu Moskau neu. «Chinesische Beamte haben sich insgeheim bemüht, Peking in der Ukraine-Frage von Moskau zu distanzieren», wie die *Financial Times* berichtete.[13]

Darüber hinaus hat Xi Jinping seinem Freund Putin von einem sich hinziehenden Krieg abgeraten. In seinen öffentlichen Äußerungen gegenüber Putin im Dezember 2022 bemerkte Xi Jinping, dass er bereit sei, «daran zu arbeiten, die internationale Gemeinschaft zusammenzubringen und eine konstruktive Rolle bei der friedlichen Lösung der Ukraine-Krise zu spielen», auch wenn «der Weg zu Friedensgesprächen nicht einfach sein wird». Die chinesische Führung versucht nicht nur, sich als potenzieller Friedensstifter zu positionieren, sondern signalisierte auch ihre Bereitschaft, beim Wiederaufbau der Ukraine nach dem Krieg zu helfen.[14]

Während es für westliche Regierungen ein Leichtes war, Chinas 12-Punkte-Friedensplan vom Februar 2023 als fadenscheinig und allzu freundlich gegenüber Moskau abzutun, ist es vielleicht bezeichnend, dass Selenskyj – der im April 2023 sein erstes Telefongespräch mit Chinas Staatschef Xi Jinping seit Beginn der russischen Invasion führte – entgegenkommender war und den Plan als «ein wichtiges Signal» wertete, weil es «so aussehe, als ob China sich an einer Friedensformel beteiligen werde». Selenskyj wurde zweifellos von Chinas Versprechen beeinflusst, der Ukraine beim Wiederaufbau nach dem Krieg zu helfen. Ein Kollege des amerikanischen Co-Autors, namentlich Robert Manning, argumentierte: «Es ist zwar verlockend, Chinas Schritt als hohle Proklamation abzutun, aber es ist nicht unbedeutend, dass Peking diese Prinzipien zu Protokoll gegeben hat», denn «es ist ungewöhnlich, dass China in einer internationalen Krise diplomatische Initiativen ergreift».[15]

Einen Keil zwischen Russland und China zu treiben, hat einen Präzedenzfall im Kalten Krieg, als die Sowjetunion und China aneinander gerieten und Peking einen sowjetischen Atomangriff befürchtete. Damals nutzte Henry Kissinger die Gelegenheit, um eine Öffnung der USA gegenüber dem kommunistischen China herbeizuführen. Es ist unwahrscheinlich, dass Russland und China heute so auseinandergerissen werden können wie damals, als die Vereinigten Staaten bessere Beziehungen zu beiden Ländern hatten als sie zueinander, worauf Kissingers Strategie beruhte.

In wirtschaftlicher Hinsicht wird Russland künftig von China und Asien abhängig sein, da es die Brücken zu Europa in Bezug auf seine Energieexporte abgebrochen hat. Die Hinterzimmerdiplomatie, auch Backchannel-Diplomatie genannt, ist immer ein Schlüsselfaktor bei der Suche nach Frieden. Öffentliche Gespräche sind notwendig, um einen Deal abzuschließen und zu formalisieren, aber die Lösungen zur Entwirrung vertrackter Probleme werden hinter den Kulissen erarbeitet, wo die Gespräche vertraulich sein können und schneller zum Endergebnis führen. China hat Einfluss auf Russland. Es könnte (und sollte) ein Ziel der USA sein, mit Xi in Kontakt zu treten, um diesen zu nutzen.

Das eigentliche Problem auf US-Seite ist der Widerwille, China als Großmacht zu legitimieren. Schaut man sich all die Dokumente an, die die US-Regierung veröffentlicht, und durchsucht sie nach offiziellen Erklärungen von Biden und seinem Team, stellt man fest, dass sie sehr wenig darüber aussagen, welche Rechte China als Großmacht hat. Bei aller Sorge darüber, wie es seinen Einfluss ausübt, sollten wir China seiner Bedeutung entsprechend auch legitime Interessen zugestehen, ob seine Regierung nun demokratisch oder autoritär ist. «Hier ist ein Gedankenexperiment», schrieb Ed Luce, einer der Washingtoner Korrespondenten der *Financial Times*, «wenn es Taiwan nicht gäbe, wären die USA und China dann immer noch im Streit? Meine Vermutung ist ja. Der Antagonismus zwischen Platzhirschen und aufstrebenden Mächten ist Teil der menschlichen Geschichte. Die Folgefrage ist, ob solche Spannungen anhalten würden, wenn China eine Demokratie und kein Einparteienstaat wäre. Das ist schwieriger zu sagen, aber es ist nicht offensichtlich, dass eine gewählte chinesische Regierung weniger verärgert über die von den USA geführte Weltordnung wäre. Es ist auch schwer vorstellbar, unter welchen Umständen Amerika bereitwillig das Rampenlicht teilen würde.»[16]

Die Tatsache, dass wir keine legitimen Interessen anerkennen können, spiegelt zum Teil die Ängste der Amerikaner vor sich selbst wider. Rush Doshi ist ein führender «Falke» im Weißen Haus, dessen Buch *The Long Game: China's Grand Strategy to Displace American Order*[17] die tiefsitzende Sorge um das Durchhaltevermögen der Vereinigten Staaten als wichtigster geopolitischer Akteur zusammenfasst. Solche Ängste – so unbegründet man sie auch finden mag –, die sich in Selbstzweifel an Amerika und der liberalen Ordnung äußern, erklären vieles. Es gibt Ähnlichkeiten mit der Art und Weise, wie die Vereinigten Staaten auf die Sowjetunion reagierten, die sie schon früh als «Bedrohung für unsere Lebensweise» bezeichneten und nur langsam erkannte man, dass die UdSSR Grenzen hatte. Sie hatte niemals die Fähigkeit, «den Kapitalismus zu begraben».[18]

Die chinesische «Bedrohung» für Amerika wird von vielen als alarmierender empfunden, weil sie in einer Zeit kommt, in der das amerikanische politische System von Trump erschüttert und stärker polarisiert worden ist. Unabhängig davon, ob China das US-BIP überholt, stellt es im Gegensatz zur Sowjetunion einen ernsthaften wirtschaftlichen Konkurrenten dar. Das Gefühl des Niedergangs ist für viele Angehörige der amerikanischen Mittelschicht, die ihren Lebensstandard stagnieren sehen, keine Illusion. In dieser Atmosphäre ist es leicht, China die Schuld für Amerikas Probleme zuzuschieben und an jeder Ecke der Welt eine chinesische Verschwörung zu sehen.

Zukünftige Generationen

Seit Donald Trumps Machtübernahme artikulieren die US-Politiker beider Parteien mit immer schärferen Worten die deutlich negativere Haltung ihrer Wähler gegenüber China. Laut einer Umfrage des Pew Research Center vom Juni und Juli 2020 haben 73 Prozent der US-Wählerinnen und Wähler eine schlechte Meinung von China, das sind 26 Prozentpunkte mehr als 2018. Unter den Amerikanern herrscht das weit verbreitete Gefühl, dass China für den Ausbruch und die Ausbreitung des COVID-19-Virus in den Vereinigten Staaten verantwortlich ist, das mehr amerikanische Leben gekostet hat als alle Kriege seit 1945 zusammen.[19]

Vor allem – aber nicht nur – die Republikaner (66 Prozent) fordern eine härtere Politik gegenüber China. Etwa vier von zehn Republikanern beschreiben China als Feind (38 Prozent) und nicht als Konkurrenten (53 Prozent) oder Partner (8 Prozent). Unter den Demokraten sagen nur 19 Prozent, dass China ein Feind sei, während 61 Prozent das Land als Konkurrenten und 19 Prozent als Partner sehen. Aber wenn es um die Ansichten zu den Wirtschaftsbeziehungen zu Peking geht, sind es eher die Demokraten als die Republikaner, die sie als ungünstig bezeichnen (73 gegenüber 63 Prozent).[20]

Es besteht Hoffnung, sollten die politischen Entscheidungsträger und ihre Öffentlichkeit erkennen, dass protektionistische Maßnahmen selbstzerstörerisch sind. Wenn China nicht als Sündenbock für den Verlust von Arbeitsplätzen durch die Automatisierung benutzt würde, könnten sich die Beziehungen zwischen den beiden Supermächten verbessern und ein friedliches Zusammenleben ermöglichen.

In Abwesenheit einer größeren Krise verändern sich die Ansichten der Öffentlichkeit zur Außenpolitik eher langsam, sie sind nicht monolithisch, und es gibt einen gewissen Spielraum, um sie von Konflikten abzulenken. Veröffentlichte Meinungsumfragen zur Perspektive der chinesischen Bevölkerung sind selten, aber die Analyse der verfügbaren Daten zeigt, dass die Chinesen unterschiedliche Meinungen haben, «die nicht unbedingt mit der offiziellen Politik und der staatlichen Propaganda übereinstimmen».[21] In der Taiwan-Frage zum Beispiel «zeigen zwei aktuelle Studien, dass entgegen der landläufigen Meinung nur eine knappe Mehrheit der Chinesen eine bewaffnete Vereinigung mit der Insel unterstützt. Noch überraschender ist, dass einige offen zugeben, dass sie damit einverstanden sind, dass das Festland und Taiwan getrennte Wege gehen.»[22] Befragte in Küstenstädten, in denen es mehr Handel über die Taiwanstraße gibt und sich taiwanesische Expats konzentrieren, unterstützten eine bewaffnete Intervention weniger eifrig als die Bewohner im Landesinneren. Höher Gebildete waren auch weniger geneigt, eine bewaffnete Intervention zu unterstützen. Solche Umfragen und andere Daten deuten darauf hin, dass «die öffentliche Meinung für die Gestaltung der Außenpolitik von Bedeutung sein kann, weil die Sorge der Regierung um politische Legitimität ihr einen Anreiz gibt, auf öffentliche Präferenzen in der Außenpolitik zu reagieren».[23]

In den Vereinigten Staaten beobachtet das Pew Research Center, in umfangreichen Studien, dass jüngere Generationen «eher als ältere Menschen den Multilateralismus dem Unilateralismus und den Einsatz von Diplomatie zur Friedensicherung vorziehen, anstatt sich auf militärische Stärke zu verlassen».[24] Eine neuere Befragung der Generation Z oder Zoomers (ungefähr zwischen 1990 und 2010 geboren) durch Washingtoner Think Tanks zeigt, dass «fast die Hälfte der Zoomer sagt, dass die US-Außenpolitik der Bekämpfung des Klimawandels Priorität einräumen sollte; während nur 12 Prozent sagen, dass sie sich auf die Bekämpfung der chinesischen Aggression konzentrieren sollte.»[25] Gleichzeitig «sagen acht von zehn Zoomern, dass die Förderung von Demokratie und Menschenrechten Priorität für die US-Außenpolitik haben sollte»,[26] eine Aussage, die die scharfen Angriffe Bidens auf Chinas Autoritarismus zu unterstützen scheint. Andere Umfragen zeigen jedoch, dass diese Unterstützung für Bidens Schwerpunktthema Demokratie begrenzt ist und keine militärischen Aktionen zugunsten eines Regimewechsels einschließt. In Bezug auf Taiwan zum Beispiel unterscheiden sich jüngere Generationen von älteren Amerikanern, wobei die meisten eine Entschärfung der Spannungen mit Taiwan bevorzugen.[27] Selbst wenn man alle Amerikaner einschließt, unabhängig von ihrer parteipolitischen Neigung, will eine Mehrheit der amerikanischen Öffentlichkeit – wie im Fall der Ukraine – keine Truppen entsenden.[28] Sowohl US-amerikanische als auch chinesische Umfragen zeigen, wie sehr die öffentliche Meinung in Bezug auf den wachsenden chinesisch-amerikanischen Konflikt gespalten ist und einen fruchtbaren Boden für einen Wandel des Narrativs bieten kann.

Altern und Militarismus passen nicht zusammen

Das Altern der Bevölkerung, das in den Vereinigten Staaten, Europa und China stattfindet, könnte nach Ansicht von Sozialwissenschaftlern, die auf historische Konflikte zurückblicken, auch «gut für den Frieden» sein: «Staaten mit der ältesten Bevölkerung sind die friedlichsten. Insbesondere sinkt die Wahrscheinlichkeit zwischenstaatlicher Konflikte stark (auf etwa ein Viertel bis ein Drittel unter den Spitzenwerten), sobald die Länder Folgendes erreichen: (1) ein Durchschnittsalter von über 30 Jahren, (2) eine Lebenserwartung von über 75 Jahren und (3) eine Geburtenrate von weniger als zwei Geburten pro Frau.»[29]

Die Vereinigten Staaten und China haben interessanterweise ein ähnliches demografisches Profil in Bezug auf den Mittelwert (Median) und die Lebenserwartung, aber nicht in Bezug auf die niedrige Geburtenrate. Der Mittelwert der Vereinigten Staaten liegt bei 38,1 Jahren und steigt mit einer annualisierten Rate von 0,2 Prozentpunkten, während China ein Median-Alter von 38,4 Jahren hat. Was die Lebenserwartung betrifft, so wird ein Amerikaner im Durchschnitt 76,1 (2022) und ein Chinese 77,1 Jahre (vor Aufhebung der COVID-19-Sperre) alt, beide liegen über 75 Jahre. Bei der Gesamtgeburtenrate liegt China mit durchschnittlich 1,18 Geburten[30] deutlich unter den 1,637 Geburten einer amerikanischen Frau.[31]

Russland, das die Ukraine ungerechtfertigt angegriffen hat, hat eine niedrige Geburtenrate (1,4 Geburten pro russische Frau) und das

Median-Alter liegt bei 39,6 Jahren, beides innerhalb eines Niveaus, das mehr Friedensliebe statt Krieg begünstigen sollte. Aber die Lebenserwartung ist ein paar Jahre unter dem Schwellenwert 75 (bei dem eine Kriegsaversion einsetzen würde). Wie die Vereinigten Staaten hat Russland einen großen Zustrom von Einwanderern aus seiner Nachbarschaft, namentlich Zentralasien. Tatsächlich ist Russland nach den Vereinigten Staaten das Land, in das am zweithäufigsten eingewandert wird, und ein Großteil der Rekrutierung für den Kriegseinsatz in der Ukraine erfolgte bislang in Gebieten, in denen Minderheiten mit höheren Geburtenraten leben.[32]

Eine Rückkehr zu den massiven militärischen Aufrüstungen des Kalten Krieges liegt weder im Interesse Europas noch im Interesse der USA. Alle westlichen Länder haben eine alternde Gesellschaft. Die Geburtenrate in den Vereinigten Staaten fiel Mitte der 1970er Jahre unter das Reproduktionsniveau (2 Kinder pro Frau), erholte sich jedoch mit zunehmender Einwanderung in den späten 1980er Jahren bis nach der Finanzkrise 2007/2008 auf einen Wert knapp unterhalb des Reproduktionsniveaus.[33] Im Jahr 1950, als der Kalte Krieg begann, gab es in Europa durchschnittlich über 2,6 Kinder pro Frau. In den späten 1970er Jahren fiel diese Rate mit 1,9 Kindern pro Frau leicht unter das Reproduktionsniveau und ging in den meisten europäischen Ländern weiter zurück.[34]

Zwischen den europäischen Ländern gibt es große Unterschiede: von der Türkei mit der höchsten Geburtenrate, die mit 1,9 noch unter dem Reproduktionsniveau liegt, und Frankreich nicht weit dahinter, bis hin zu einer mittleren Gruppe, die Schweden, Estland, das Vereinigte Königreich und Deutschland umfasst und Werte zwischen 1,7 und 1,5 aufweist, während einige südliche EU-Staaten (Spanien, Italien und Griechenland) in der Bandbreite von 1,3 bis 1,2 liegen. Die Geburtenrate in der Ukraine ist mit 1,3 niedrig und wird wahrscheinlich in naher Zukunft sinken, da so viele Ukrainer in anderen europäischen Ländern Zuflucht gesucht haben.[35]

Neustart der Globalisierung 2.0

Da alternde Gesellschaften weniger konfliktbereit sind, gibt es also Raum für eine friedliche Koexistenz. Eine stärkere Zusammenarbeit auf der internationalen Bühne in diesem günstigen Szenario, insbesondere zwischen den Vereinigten Staaten und China, sowie steigende Investitionen im Inland und eine Abschwächung der Ungleichheit könnten dazu beitragen, die Abneigung des Westens gegenüber der Globalisierung zu ändern. Es wäre besser, die Ecken und Kanten der Globalisierung abzuschleifen, als sie ganz und gar zu beenden. In den letzten Jahrzehnten hat die Globalisierung vielleicht nicht die Einkommen aller westlichen Mittelschichten erhöht, aber materielle Produkte, die die Mittelschicht konsumiert, sind billiger, besser und verfügbarer geworden. Digitale und andere mit der Globalisierung verbundene Technologien haben Innovationen beschleunigt; die mRNA-COVID-19-Impfstoffe waren ein Produkt, das sich als lebensrettend erwiesen hat.

Die Welthandelsorganisation (WTO), die der Motor der globalen Handelsliberalisierung war, befindet sich im Niedergang. Nichtsdestotrotz ist sie eine wertvolle Institution aufgrund ihrer nahezu universellen Mitgliedschaft (sie deckt 96 Prozent des Welthandels ab) und ihrer Rolle als einziger übergreifender Streitbeilegungsmechanismus. Die WTO sollte reformiert werden, weil ohne sie gemeinsame Regeln und Standards weniger wahrscheinlich sind. Ohne sie besteht die Gefahr, dass der Austausch eingeschränkt, der technologische Wandel verlangsamt und die Auswahl der Verbraucher verringert wird, wodurch die Preise steigen würden.[36]

Jüngste Trends hin zu regionalen Handelsclustern deuten darauf hin, dass sich die Handelsstrukturen in diesem guten Szenario weiterentwickeln könnten, indem die normgebenden Gremien der Vereinten Nationen einen lockeren globalen Schirm über regionale Vereinbarungen spannen und eine umfassende Deglobalisierung vermeiden. Eine reformierte WTO wäre von entscheidender Bedeutung, um den völligen Zerfall des globalen Wirtschaftssystems zu verhindern. In diesem guten Szenario würden die Vereinigten Staaten die WTO wieder funktionstüchtig machen, während China seine Missachtung der ursprünglichen Beitrittsbedingungen korrigieren würde.[37]

Eine angekurbelte Globalisierung würde zu einer Stärkung der Beziehungen mit den Blockfreien oder dem Globalen Süden führen, die nicht in der Tasche einer der Großmächte – der Vereinigten Staaten, Europas, Chinas oder Russlands – stecken wollen, in dem aber der größte Teil der Weltbevölkerung lebt. Trotz des Bildes, das wir von einem turbulenten Globalen Süden als Quelle von Instabilität und unerwünschten Einwanderern haben, ist der Westen auf die wertvollen natürlichen Ressourcen des Globalen Südens angewiesen – manche würden sagen, er beutet ihn aus –, um seinen eigenen wirtschaftlichen Wohlstand zu sichern.

Wir dürfen nicht vergessen, dass die Globalisierung ein Segen für arme Länder und Länder mit mittleren Einkommen war. Das Wachstum der Mittelschicht in den Entwicklungsländern und die damit einhergehende Verringerung der Armut war eine große Errungenschaft für die gesamte Menschheit, auf die der Westen ruhig noch ein wenig stolzer sein könnte. Im Jahr 2018 feierte der Präsident der Weltbankgruppe, Jim Yong Kim, die Tatsache, dass «in den letzten 25 Jahren […] Globalisierung mehr als eine Milliarde Menschen aus extremer Armut befreit wurden und die globale Armutsrate jetzt niedriger ist als je zuvor in der Geschichte. Das ist eine der größten menschlichen Errungenschaften unserer Zeit.»[38]

Auch die Anzahl der Menschen, die die globale Mittelschicht erreichen, spricht für sich: Laut dem Global Wealth Report 2021 der Credit Suisse hat sich die globale Mittelschicht, definiert als Erwachsene, deren Vermögen zwischen 10 000 und 100 000 US-Dollar liegt, von nur 507 Millionen im Jahr 2000 auf 1,7 Milliarden Mitte 2020 mehr als verdreifacht. Allein in China erreichten rund 707 Millionen die Mittelschicht, mehr als die Hälfte der Bevölkerung.[39]

Im Jahr 2022 gab die Weltbank jedoch bekannt, dass «die Fortschritte bei der Verringerung der globalen Armut im Wesentlichen zum Stillstand gekommen sind».[40] Die Engpässe bei Lieferketten und die Verlangsamung des Handels sowie die höheren Preise für Energie und Lebensmittel aus der Ukraine haben die Armut verschärft. Wirtschaftsstudien zeigen, dass Hemmnisse für die Exporte von Entwicklungsländern die Armut in diesen Ländern verschärfen.[41] Wie nicht anders zu erwarten, geriet die Mittelschicht in Schwellen- und Entwicklungsländern unter ebendiesen Druck, und laut einer Analyse des Pew Research Center wurden 54 Millionen Menschen aufgrund von COVID-19 aus der Mittelschicht verdrängt, die meisten davon in Süd- und Ostasien.[42]

Die Kruste der Zivilisation wird immer dünner. Die Demokratisierung von Gesellschaften ist schwer vorherzusagen und nimmt viele Formen an, aber im Allgemeinen begünstigen höhere Einkommen und eine besser ausgebildete Öffentlichkeit die Verbreitung der Demokratie. Wir haben beobachtet, wie die Wirtschaft die Politik in mehreren asiatischen Demokratien – Südkorea und Taiwan – verändert hat, sodass Asien heute wesentlich freier und demokratischer ist als zur Zeit des Kalten Krieges.

Aber der Weg zur vollen Demokratie ist oft ein steiniger. Indien hat sich zu einer der am schnellsten wachsenden Volkswirtschaften entwickelt, aber seine 75 Jahre alte Demokratie, die sich grob an der britischen Verfassung orientiert, steht vor einer neuen Krise. Sowohl das schwedische Institut Varieties of Democracy (V-Dem) als auch die amerikanische NGO Freedom House haben das Land 2021 herabgestuft.[43] V-Dem schätzt Indien nun als «Wahlautokratie» ein und stellt fest, dass ein Großteil des Rückgangs der demokratischen Freiheiten nach dem Wahlsieg der Bharatiya Janata Party (BJP) und Narendra Modis im Jahr 2014 stattgefunden hat. Modi hat den Fokus auf Indiens hinduistisches Erbe gelenkt, obwohl es in dem Land große Minderheiten gibt.[44] Wenn Indien seine von seiner Verfassung vorgeschriebene «säkulare Demokratie» ablegen und sich in eine bekennende Hindu-Nation verwandeln sollte, würden 276 Millionen Nicht-Hindus zu Bürgern zweiter Klasse werden.[45] «Indiens Autokratisierungsprozess ist in den letzten zehn Jahren weitgehend dem typischen Muster für Länder der ‹dritten Welle› gefolgt, also einer allmählichen Verschlechterung, bei der die Freiheit der Medien, der Wissenschaft und der Zivilgesellschaft zuerst beschnitten wurde.»[46] Die neuen IT-Vorschriften, die der Regierung weitreichende Befugnisse einräumen, «könnten die Medienfreiheit in Indien weiter beschränken».[47]

Die sich beschleunigende dritte Welle der «Autokratisierung», die das V-Dem-Institut analysiert hat, umfasst nicht nur Indien, sondern auch die Türkei und die Vereinigten Staaten. Laut Freedom House «verbesserten sich die Werte der USA zwar in zwei kritischen Bereichen, nämlich in Bezug auf die Transparenz der Regierung und die Versammlungsfreiheit, jedoch wurden diese Gewinne durch Verluste ausgeglichen, die auf eine Zunahme politischer Gewalt und Drohungen sowie einen Rückgang der akademischen Freiheit zurückzuführen sind, was ein Zeichen für einen wachsenden Illiberalismus im öffentlichen Bereich ist.»[48] In all diesen Fällen ist mehr wirtschaftliche und soziale Demokratie vonnöten.

In Indien besteht trotz des Diskriminierungsverbots aufgrund von Kastenzugehörigkeit «ein System der sozialen Stigmatisierung» fort.[49] Wie die westliche Arbeiterklasse «haben Angehörige der unteren Kasten aufgrund ihres höheren Anteils in prekären Tageslohnjobs und ihres niedrigeren Bildungsniveaus stärkere Arbeitsplatzverluste erlitten».[50] Es besteht die Chance, dass steigende Löhne in den Industrieländern die Ungleichheiten verringern werden, aber die Entwicklungsländer stehen vor einer noch größeren Herausforderung: Die wirtschaftliche Entwicklung verstärkt in der Regel bestehende Ungleichheiten. Sowohl für die Industrie- als auch für die Entwicklungsländer wird es wichtig sein, dass gute Bildung nicht das Privileg der Wohlhabenden ist, und dass der Zugang zu einer besseren Ausbildung vereinfacht wird, wenn die Demokratie gestärkt werden soll.

Wenn höhere Einkommen und bessere Bildung die Voraussetzungen sind, sollten wir nicht ausschließen, dass China in den nächsten ein bis zwei Jahrzehnten demokratischer wird, und seine Führung eine größere Mitbestimmung, insbesondere auf lokaler Ebene, ermöglicht. Unsere Enttäuschung über den Zusammenbruch der aufkeimenden russischen Demokratie in den 1990er Jahren sollte uns nicht dazu verleiten, die Globalisierung oder die Demokratisierung aufzugeben. Der Rekord für ein Einparteienregime liegt bei 74 Jahren und wird von der Sowjetunion gehalten.[51] Sowohl Mexiko als auch Taiwan hatten 71 bzw. 73 Jahre lang Einparteienregime.[52] Die Kommunistische Partei Chinas ist seit 1949 mit ihrem Sieg über die Kuomintang an der Macht und damit 74 Jahre alt, also genauso alt wie die Sowjetunion vor ihrem Untergang.

Eine ins Stocken geratene Wirtschaft würde Zweifel an der Legitimität der Partei aufkommen lassen und neue wirtschaftliche, wenn nicht sogar politische Reformen auslösen. Wie in der Sowjetunion in ihren späteren Jahren unter Gorbatschow birgt die Einführung von Reformen Risiken, die zum Sturz des Regimes führen können. Umgekehrt könnte westlicher Druck der beste Weg sein, um alternde autoritäre Herrscher in Peking zu stärken, wie im Iran, dessen Mittelschicht sich seit langem vom Mullah-Regime entfremdet hat. Die Öffentlichkeit neigt dazu, hinter ihrer Regierung zusammenzustehen, wenn sie glaubt, dass ihr Land von äußeren Kräften bedroht wird; dabei wird die Demokratie in den Hintergrund gedrängt.

Gemeinsames Interesse:
Die Bekämpfung des Klimawandels

Ungeachtet der konkurrierenden Regierungsformen können wir es uns nicht leisten, im Angesicht des Klimawandels nicht zusammenzuarbeiten. Die Vereinigten Staaten und China sind die größten Emittenten von Treibhausgasen, daher ist es sinnvoll, dass diese beiden Staaten gemeinsam eine Führungsrolle übernehmen. Wie die *Financial Times* feststellte,[53] dominiert China «die Beschaffung, Produktion und Verarbeitung von Schlüsselmineralien für saubere Energie weltweit» und ist weltweit führend in der Herstellung sauberer Technologien. China kontrolliert rund 70 Prozent der Metalle für Lithium-Ionen-Batterien und deren Verarbeitung sowie 90 Prozent der Seltenen Erden, die in Hightech-Waffensystemen und Offshore-Windkraftanlagen verwendet werden, und stellt drei Viertel der weltweiten Solarzellen her. Dennoch will US-Präsident Biden, dass die Vereinigten Staaten eine Vormachtstellung einnehmen, wie sein Inflation Reduction Act zeigt, der US-amerikanischen Herstellern von Solarmodulen und Elektrofahrzeugen Subventionen auf Kosten der asiatischen und europäischen Konkurrenz gewährt.

Zu Beginn der Biden-Administration hat Washington versucht, den Klimawandel trotz aller Rivalität gemeinsam mit China zu bekämpfen, auch weil Peking kooperierte. Zugleich wehrte man sich gegen alles andere, was China wollte oder tat. China betrachtete dies als einen schlechten Deal, solange die USA sich weigerten, China als gleichberechtigten Partner zu «respektieren». Auf ihrem Gipfel Ende 2022 fanden Xi Jinping und Biden einen Weg, die Gespräche über den Klimawandel wieder aufzunehmen, aber für wie lange? Nur etwa drei Monate nach dem Gipfel erklärte Bidens Klimabeauftragter, der ehemalige Präsidentschaftskandidat John Kerry, gegenüber den Medien, dass die Klimakooperation ins Stocken geraten sei: «Sie haben sich ein wenig zurückgezogen und das Gefühl zum Ausdruck gebracht, dass alles, was wir tun, darin besteht, sie zu schikanieren und zu schikanieren.»[54]

Die Bedrohung durch weitere «extremere» Wetterereignisse, wenn nicht gar Katastrophen, nimmt mit der Zeit zu. Bei einer plötzlichen weltweiten Katastrophe mit drastischen Auswirkungen, die die nördliche und südliche Hemisphäre gleichermaßen betreffen, wäre der Verdrängungswettbewerb, den wir bei anderen Themen erlebt haben, fehl am Platz. Vielleicht schwächt mit dem Abschmelzen der Arktis der nordpolare Jetstream ab und die Zirkulation der Wettersysteme bricht zusammen. Wir haben bereits beobachtet, wodurch sich Hoch- und Tiefdruckgebiete langsamer bewegen und so Hitzewellen und Stürme verlängern, die historische Überschwemmungen auslösen. Zu den ersten Anzeichen solcher Katastrophen gehören die Hitzewelle von 2021 im amerikanischen Westen, die eine bereits bestehende Dürre verschärfte und beispiellos hohe Temperaturen mit sich brachte, sowie die Überschwemmungen in Deutschland im Jahr 2022.

Wissenschaftler befürchten, dass der Golfstrom versiegen könnte, was enorme globale Auswirkungen hätte. «Dass die Anzeichen einer Destabilisierung bereits dermaßen sichtbar sind, ist etwas, das ich nicht erwartet hätte und das ich beängstigend finde», sagte Niklas Boers vom Potsdam-Institut für Klimafolgenforschung. «Das ist etwas, das man einfach nicht zulassen kann.»[55] Nach Ansicht der Wissenschaftler machen die Komplexität des Golfstroms oder der «Atlantischen Meridionalen Umwälzzirkulation (AMOC)» und die «Ungewissheit über das Ausmaß der zukünftigen globalen Erwärmung» eine exakte Prognose unmöglich. «Die Strömungen sind bereits an ihrem langsamsten Punkt seit mindestens 1600 Jahren, aber die neue Analyse zeigt, dass sie sich möglicherweise einem Stillstand nähern könnten, der innerhalb von ein oder zwei Jahrzehnten oder mehreren Jahrhunderten eintreten könnte.» Die Auswirkungen wären katastrophal und würden die globalen Niederschlagsmuster, von denen Indien, Südamerika und Westafrika für den Anbau ihrer Nahrungsmittel abhängig sind, empfindlich stören und darüber hinaus «Stürme verstärken und die Temperaturen in Europa senken; sie würden auch den Meeresspiegel im Osten Nordamerikas ansteigen lassen.»[56]

All dies klingt wie ein Albtraum, und es ist nicht klar, ob eine solche Krise die Menschen zusammenbringen würde. Schließlich hat die Pandemie, die eine gemeinsame Bedrohung darstellte, die Spannungen zwischen China und dem Westen geschürt, während der Globale Süden auf sich allein gestellt war. Zwar haben die extremen Wetterereignisse im Zusammenhang mit dem Klimawandel an Häufigkeit und Intensität stärker zugenommen, als die Wissenschaftler vor einigen Jahrzehnten vorhergesagt hatten, doch es würde wahrscheinlich eines plötzlichen Schocks bedürfen, zum Beispiel, wenn die Region New York City durch eine Sturmflut bedroht wäre, bei einem bereits angestiegenen Meeresspiegel. Eine solch massive Überschwemmung und Vertreibungen von Millionen von Menschen wären ein Äquivalent zu 9/11, würden aber diesmal eine viel stärkere globale Zusammenarbeit erfordern, einen kollektiven globalen Krieg gegen den Klimawandel und nicht den weitgehend einseitigen Krieg, den die Vereinigten Staaten nach 9/11 gegen den Terrorismus führten. Nur eine gemeinsame Anstrengung kann bei der Bekämpfung des Klimawandels erfolgreich sein, und diese Anstrengung müsste dann über ein oder zwei Jahrzehnte aufrechterhalten werden.

In einem solchen Fall, wenn es auch nicht unbedingt der schlimmstmögliche wäre, sollte es keine lähmenden Schuldzuweisungen an China geben, wie es während der Pandemie geschah, oder auch keinen Austritt aus multilateralen Organisationen, wie es der Fall war, als die Trump-Administration die Vereinigten Staaten aus der Weltgesundheitsorganisation abzog. Die historische Verantwortung des Westens für die Belastung der Atmosphäre durch CO_2-

Emissionen würde mit zerstörerischer Kraft auf ihn selbst zurückfallen. Die Sicherheit des Planeten sollte Vorrang vor der nationalen Sicherheit der einzelnen Länder haben. Gleichzeitig muss China offener und transparenter werden, wenn es eine Zusammenarbeit mit dem Westen geben soll.

Schwere Folgen des Klimawandels sind bereits eingetreten, aber bisher war nicht mal das Niederbrennen fast aller Urwälder im amerikanischen Südwesten der benötigte Appell zum Handeln in den Vereinigten Staaten. Ebenso stehen die Anforderungen an ein schnelles Wachstum in China, Indien und den Entwicklungsländern vorrangig vor der Umweltsicherheit der Entwicklungsländer, und das muss sich allmählich ändern.

Es ist unklar, an welchem Punkt die Waage kippt und der Klimawandel für alle Länder zur obersten Priorität wird. George W. Bush setzte sich im Jahr 2000 dafür ein, Truppen aus Bosnien zurückzuholen und Amerika wieder aufzubauen. Neun Monate nach seiner knappen Wahl zum Präsidenten, ereignete sich 9/11 und die Vereinigten Staaten setzten im Kampf gegen den Terrorismus verstärkt auf Auslandseinsätze. Dramatische Wendungen können passieren.

Wenn man auf die Geschichte zurückblickt, werden Ereignisse durch eine Kombination aus vielen Faktoren verursacht, von der Persönlichkeit politischer und militärischer Entscheidungsträger über die Gesundheit der Institutionen bis hin zum Eigenwillen und der Entschlossenheit vieler Individuen. Die Zeit nach dem Kalten Krieg wäre ohne Michail Gorbatschow oder das Aufbegehren der osteuropäischen Bevölkerungen zum Sturz ihrer kommunistischen Regime unvorstellbar. Der Zweck von Szenarien besteht darin, uns selbst zu aktivieren und uns gegen das Eintreten des schlimmsten Falls zu wappnen. Ein kalter Krieg, der in einen heißen Krieg nach dem Vorbild des Ersten Weltkriegs abdriftet, ist vermeidbar. Wir können aus den Fehlern der Geschichte lernen. Der Klimawandel, den es in diesem Ausmaß noch nie gegeben hat, ist ein gemeinsamer Feind und sollte die wachsenden Spannungen, die wir zwischen China/Russland und dem Westen beobachten, dämpfen.

Wir haben gesehen, dass in jedem denkbaren Szenario drei Schlüsselfaktoren eine Rolle spielen – die Ukraine, die sich verändernde

Weltwirtschaft und der Klimawandel –, die es schwieriger oder einfacher machen, eine neue Normalität zu finden, die Frieden und eine globale Zusammenarbeit begünstigt. Im nächsten Kapitel werden wir uns mit den erforderlichen politischen Veränderungen befassen, wenn wir einen Dritten Weltkrieg ernsthaft vermeiden wollen, der die Industrie- und Entwicklungsländer zurückwerfen, die wirtschaftlichen Aussichten für zukünftige Generationen stark eintrüben und jede Möglichkeit der Zusammenarbeit beim Klimawandel und der Rettung des Planeten zunichte machen würde.

— — —

Kapitel 4

WIE EIN DRITTER WELTKRIEG VERMIEDEN WERDEN KANN

Krieg in jeglicher Form wäre schädlich für den Westen, auch wenn er immer unvermeidlicher erscheint. Sicherzustellen, dass er nicht unser Schicksal ist, muss oberste Priorität haben. Eine Folge des Krieges ist, dass er bald alles verschlingt und ihm alles untergeordnet wird, um den Sieg zu erringen. Das wäre eine schreckliche Tragödie und ein unverzeihliches Vermächtnis für zukünftige Generationen. Man bedenke, wie lange es gedauert hat, bis sich die Welt vom Ersten oder Zweiten Weltkrieg und den verheerenden Folgen dieser Konflikte erholt hatte. Selbst wenn es dem Westen gelänge, einen Sieg zu erringen, wäre der Krieg gegen den Klimawandel wahrscheinlich dennoch verloren, der eine globale Anstrengung erfordert.

Russlands Krieg gegen die Ukraine entschärfen

Der «Neue Frieden» nach zwei verheerenden Weltkriegen war nicht das Ergebnis eines göttlichen Wunders, wie der Historiker Yuval Noah Harari betonte: «Er wurde erreicht, indem die Menschen bessere Entscheidungen trafen und eine funktionierende Weltordnung aufbauten.»[1] Leider nehmen zu viele der heutigen Staats- und Regierungschefs diese Errungenschaft als selbstverständlich hin, weil sie die Lehren der Geschichte ignorieren oder vergessen haben. Und diejenigen, die die auf liberalen Regeln basierende Ordnung in Frage stellen – seien es autokratische Regierungschefs wie Putin oder «demokratische» Präsidenten wie Trump –, haben den Weg in einen kalten und sogar heißen Krieg geebnet. Indem sie das vorantreiben, was sie als die Interessen ihres Landes verstehen, und universelle Werte und globale Institutionen untergraben, streben nationalistische Politiker nach wirtschaftlichen und militärisch ummauerten Festungen. Da jede nationale Festung auf Kosten ihrer Nachbarn mehr Wohlstand und Sicherheit für sich selbst anstrebt, sind Konflikte eine logische Konsequenz.

Kollektive Sicherheit ist notwendig

Natürlich liegt Sicherheit im vitalen Interesse sowohl des Einzelnen als auch des Staates. Doch ob sich Menschen oder Staaten friedlich verhalten, hängt von ihrem Sicherheitsverständnis ab. Staaten leben in friedlicher Koexistenz, wenn sie sich auf kollektive Sicherheit einigen. Wenn wir jedoch zu einer Welt zurückkehren, in der jeder seine eigene Sicherheit auf Kosten anderer sucht, tappen wir wieder in die Falle eines bekannten Sicherheitsdilemmas: Die Sicherheit des einen wird zur Unsicherheit des anderen.

Wie Yuval Noah Harari sehr deutlich gemacht hat, würde ein Erfolg von Putins Angriff auf die Ukraine die Idee der kollektiven Sicherheit weiter schwächen. «Autokraten auf der ganzen Welt werden lernen, dass Eroberungskriege wieder möglich sind, und auch Demokratien werden gezwungen sein, sich zu militarisieren, um sich zu schützen. [...] Eine neue Ära des Krieges, der Armut und der Krankheit wird die Folge sein.» Aber, um es mit den Worten des israelischen Historikers zu sagen: «Wenn Putin gestoppt und bestraft wird, wird die globale Ordnung durch seine Taten nicht gebrochen, sondern gestärkt werden. Jeder, der eine Mahnung brauchte, würde wieder erkennen, dass man diese Dinge einfach nicht tun kann.»[2] Bei dem Versuch, Russlands Krieg gegen die Ukraine zu entschärfen, kommt es also nicht nur auf den Frieden an, sondern auch darauf, wie dieser Frieden erreicht wird und was er mit sich bringt. Es gibt häufiger schlechte Friedensvereinbarungen als gute. Europa blickt auf eine lange Geschichte wiederholter Kriege zurück, und die Ukraine sowie andere osteuropäische Länder dienten oft als «Bloodlands» zwischen konkurrierenden europäischen Großmächten.

Wenn die ukrainische Regierung Putins Forderungen nachgeben würde, könnte der Frieden in wenigen Wochen erreicht werden.

Moskau hat in letzter Zeit keinen Regimewechsel in Kiew gefordert; seine Ziele konzentrieren sich eher auf die vier Provinzen, die Russland illegal annektiert hat, auf die Aufrechterhaltung einer Landbrücke zur Krim und vor allem auf das Halten der Krim. Die Abtretung dieser Provinzen könnte zu einem Frieden führen. Aber zu welchem Preis? Die Ukraine wäre vor zukünftigen russischen Interventionen nicht sicher. Russland könnte sich ermutigt fühlen, seinen Versuch, die totale Herrschaft über die Ukraine zu erlangen, weiterzuverfolgen. Und die Idee einer regelbasierten Weltordnung, die Idee des «Neuen Friedens», würde einen erheblichen Schlag erleiden, der dazu führen würde, dass sich die Staaten hauptsächlich auf militärische Macht verlassen, um ihre Sicherheit zu gewährleisten.

Der Umgang mit globalen Sicherheitsbedrohungen

Aus dieser Perspektive scheint es offensichtlich, wie man Russlands Krieg gegen die Ukraine entschärfen kann: Man muss nur dafür sorgen, dass die Ukraine gewinnt. Aber so einfach ist es leider nicht. Der Krieg ist eine globale Sicherheitsbedrohung. Sie betrifft nicht nur Russland und die Ukraine, sondern die ganze Welt. Der Krieg kann jeden Moment eskalieren und die NATO oder China mit einbeziehen. Er beflügelt die Inflation und belastet die globalen Wirtschaftsaussichten schwer. Im Winter 2022/23 stiegen die Kraftstoffpreise nicht so stark an wie befürchtet, aber die kommenden Winter könnten möglicherweise nicht mehr so mild sein und die Energievorräte, die Europa 2022/23 anzapfen konnte, sprudeln in Zukunft möglicherweise nicht mehr so kraftvoll. Darüber hinaus gefährdet der Krieg die globale Nahrungsmittelversorgung, insbesondere in ärmeren Ländern, was Revolutionen und Konflikte in diesen Gesellschaften wahrscheinlicher macht. Und er erschöpft den Vorrat an Munition und Waffen der NATO-Mitglieder. Je länger er dauert, desto höher ist das Risiko.

Der Einsatz von Atomwaffen durch Putin – der ungeachtet der Notlage der russischen Streitkräfte in der Ukraine völlig ungerechtfertigt wäre – würde den Krieg sofort zu einer größeren Auseinandersetzung der NATO mit Russland eskalieren lassen mit potenziell weitreichenden Zerstörungen für alle Beteiligten. Im Frühjahr 2023 glaubten viele Analysten, dass das Risiko dafür zurückgegangen sei: Wie bereits erwähnt wurde Putin neben dem Westen auch von China, Indien und anderen Ländern des Globalen Südens für seine Drohungen kritisiert. Aber das Risiko einer nuklearen Eskalation kann nicht ausgeschlossen werden. Während in Deutschland nicht viele Analysten mit den Nuklearstrategien der Großmächte vertraut sind[3] und die meisten daher die Risiken unterschätzen, glauben viele US-Sicherheitsexperten immer noch, dass Putin taktische Atomwaffen einsetzen würde, wenn Russland drohte, die Krim zu verlieren. Und um es ganz klar zu sagen: Der Einsatz von Atomwaffen könnte den Dritten Weltkrieg auslösen.

Die Biden-Administration und westliche Regierungen haben sich aus diesem Grund davor gehütet, zu viele Langstreckenwaffen bereitzustellen, mit denen die Ukrainer Russland angreifen könnten. Im Laufe der Zeit haben sie sich jedoch mit der Lieferung immer tödlicherer Waffen arrangiert. Die offizielle Rhetorik ist ganz klar: Der Westen wird die Ukraine so lange unterstützen, wie die Ukraine kämpfen will. Aber leider gibt es keinen einfachen Ausweg aus der Situation. Sollten die ukrainischen Streitkräfte größere Niederlagen erleiden, werden ihre Verbündeten unter Druck geraten, noch mehr Waffen, einschließlich Kampfflugzeugen, zu liefern, und letztendlich wird sich die Frage stellen, ob die NATO nicht mit eigenen Truppen intervenieren sollte. Gleichzeitig würde eine drohende Niederlage der russischen Streitkräfte in der Ukraine auch die Gefahr einer Eskalation erhöhen, insbesondere wenn Putin seine Drohungen mit dem Einsatz taktischer Atomwaffen wahr macht.

Widersprüchliche Ziele erreichen

Die Entschärfung dieses Krieges ist daher eine komplexe Aufgabe. Sie erfordert, dass der Westen und die Ukraine zwei widersprüchliche Ziele gleichzeitig austarieren: Putin nicht gewinnen zu lassen und den Krieg so schnell wie möglich zu beenden, bevor er weiter eskaliert und den Lebensgrundlagen in der Ukraine, in Europa und dem Rest der Welt zu viel Schaden zufügt. Dies kann nur durch pragmatisches Handeln erreicht werden, das sich an die militärischen Entwicklungen anpasst und auf einer realistischen Wahrnehmung der Situation aufbaut, und nicht auf abstrakten moralischen Prinzipien.

Russlands massive Zerstörung von Infrastruktur, zivilen Wohnungen und militärischen Zielen sowie der Tod von ukrainischen Zivilisten und Militärs haben den Einsatz für die Ukraine erhöht. Zu ihren Friedensbedingungen gehört der vollständige Abzug aller russischen Streitkräfte aus dem gesamten ukrainischen Territorium, einschließlich der 2014 verlorenen Krim. Außerdem fordert sie Reparationen und die Bestrafung russischer Kriegsverbrecher, vermutlich auch von Putin. Diese Ziele können nur erreicht werden, wenn Russland militärisch so weit besiegt wird, dass es keine andere Wahl hat, als diesen Bedingungen zuzustimmen. Sollte das Putin-Regime durch eine liberalere, weniger konfliktorientierte neue Regierung ersetzt werden, dann könnte ein dauerhafter Frieden leichter zu erreichen sein.

Die meisten Militäranalysten gehen jedoch zunehmend davon aus, dass sich der Krieg zu einem eingefrorenen Konflikt entwickelt, in dem die Landverluste oder -gewinne auf beiden Seiten begrenzt bleiben. Russland hat eine hohe Toleranz in Bezug auf festgefahrene Konflikte, nachdem es sich mit ähnlichen langjährigen Konflikten in der Ukraine (seit 2014), in Moldawien und in Georgien zufrieden gegeben hat. «Russland hat immer noch ungenutzte Kräfte (russische Beamte sprechen von 25 Millionen Soldaten) und könnte in diesem oder im nächsten Jahr eine weitere Mobilisierung fordern [...]. Es gibt nach wie vor einen Vorrat an gepanzerter Ausrüstung in strategischen Reserven (wie ältere Panzer, Artillerie und Kampffahrzeuge), der nach Schätzungen der Vorkriegszeit wahrscheinlich in die Tausende geht», so die Aussage eines RAND-Analysten vor dem Kongress.[4]

Die gelegentlich erhobene Forderung, Russland in diesem Krieg bis zur Machtlosigkeit zu schwächen, ist verständlich, aber äußerst gefährlich. Im Gegensatz zu anderen imperialistischen Staaten hat sich Russland noch nicht damit abgefunden, sein Imperium verloren zu haben und als «normales» Land agieren zu müssen. Doch welche Maßnahmen kann der Westen in Bezug auf Sanktionen oder gar militärische Aktionen noch ergreifen? Die Ukraine kann die größte

Atommacht der Welt nicht militärisch vernichten. Dies könnte allenfalls durch ein volles militärisches Engagement der USA und der NATO erreicht werden. Die Konsequenz einer solchen Entwicklung, die Moskau als existenzielle Bedrohung ansehen würde, wäre jedoch höchstwahrscheinlich ein europäischer Atomkrieg.[5]

Aber selbst wenn es nicht dazu käme und der Krieg Putin beseitigen und einen Regimewechsel in Moskau und eine mögliche Auflösung Russlands – eines Territoriums, das sich über elf Zeitzonen erstreckt – herbeiführte, würde ein solches Ergebnis ein gefährliches Machtvakuum schaffen. In einem gescheiterten Staat dieser Größe könnten konkurrierende ethnische Gruppen ihre Streitigkeiten gewaltsam austragen, was viele weitere Menschen zur Flucht aus ihren Heimatländern zwingen würde. Während Europa erneut vor enormen sozialen, wirtschaftlichen und sicherheitspolitischen Problemen stünde, könnten andere Länder wie China die Gelegenheit nutzen und versuchen, mehr Einfluss und geopolitischen Raum zu gewinnen.

Es ist verständlich, dass die Selenskyj-Regierung harte Friedensbedingungen fordert. Es ist jedoch höchst unwahrscheinlich, dass sie erreicht werden können. Nichtsdestotrotz zögern die westlichen Staats- und Regierungschefs zu Recht, Selenskyj zu ernsthaften Gesprächen mit Putin zu drängen, bevor klar wird, dass die Ukraine nur begrenzte Gewinne gegenüber Russland erzielen kann. Kriege sind jedoch unberechenbar, und je länger sie andauern, desto unberechenbarer werden sie, auch im eigenen Land. Zwei republikanische Präsidentschaftskandidaten, Donald Trump und Ron DeSantis, haben bereits davon gesprochen, dass die Kosten für den Ukraine-Krieg nicht für immer von den Vereinigten Staaten geschultert werden können.

Selenskyj befürchtet zu Recht, dass ein Waffenstillstand große Risiken für die Ukrainer birgt, sollten die Russen immer noch an einem Teil ihrer Gewinne nach dem 24. Februar 2022 festhalten und einen Großteil der Schwarzmeerküste der Ukraine abspalten und den Zugang zum Schwarzen Meer abriegeln. Es ist unwahrscheinlich, dass ein anfänglicher Waffenstillstand zu einem großen Truppenabzug führen wird, solange keine Einigung über die wichtigsten Punkte eines Friedensabkommens erzielt wurde. Und es ist fraglich, ob und wann ein solches Friedensabkommen zustande kommen könnte. Der Korea-Konflikt hat nie zu einem Friedensabkommen geführt und wäre kein guter Präzedenzfall für eine Beendigung des Ukraine-Kriegs. Es gibt einen Waffenstillstand und eine entmilitarisierte Zone. Mehr als ein halbes Jahrhundert nach dem Ende der Kämpfe sind die Spannungen nach wie vor hoch und nehmen weiter zu, da Nordkorea Atomwaffen entwickelt und in der Lage ist, diese mithilfe von Mittelstreckenraketen einzusetzen.

Sollten die ukrainischen Streitkräfte jedoch nicht mehr in der Lage sein, weitere Gebiete zu befreien, wird die Fortsetzung des Kampfes ebenso nutzlos wie gefährlich. Wenn der Krieg trotz der Waffenlieferungen der NATO und der Mobilisierung weiterer russischer Streitkräfte in eine Pattsituation mündet, steht der Westen vor einem ernsthaften Dilemma. Eine zu frühe Forderung nach der Einstellung der Kämpfe auf beiden Seiten würde Russland in die Hände spielen und könnte innerhalb des NATO-Bündnisses ost- und westeuropäische Mitglieder entzweien. Wenn der Westen jedoch im Falle einer Pattsituation nicht zu Friedensgesprächen aufruft, würde dies die wirtschaftlichen und menschlichen Kosten des Krieges nur vergrößern. Wenn sich die NATO-Chefs nicht um eine Beendigung der Kämpfe bemühen, könnten sie in den Vereinigten Staaten und Westeuropa unter öffentlichen Druck geraten, ihre bisherige Unterstützung zu reduzieren. Dies war bei anderen Militärkampagnen bereits der Fall, so im Irak, in Afghanistan und in Vietnam.

Einige Leser mögen sich an dem Gedanken stören, dass die NATO-Staaten ihre eigenen Bedingungen für die Beendigung des Krieges stellen sollten. Der Westen solle stattdessen in jeder Hinsicht ukrainischer Führung folgen. Wir würden dahingehend zustimmen, dass der Ukraine, dem Hauptopfer des Krieges, kein Waffenstillstand oder Frieden aufgezwungen werden sollte. Die Ukraine müsste natürlich bereit sein, einem solchen Abkommen zuzustimmen. Aber dieser Krieg ist mehr als nur ein Krieg der Ukraine geworden. Es geht nicht nur um die Waffen, die zivile Hilfe und die Unterstützung für Flüchtlinge, die die NATO-Verbündeten zur Verfügung gestellt haben, sondern es steht auch für den Westen viel auf dem Spiel, weil das Eskalationspotenzial und die wirtschaftlichen und sozialen Auswirkungen zunehmen, je länger der Krieg andauert.

Welche Art von Frieden sollte der Westen anstreben? Natürlich muss es das Ziel sein, dass die Ukraine die Kontrolle über einen möglichst großen Teil ihres Territoriums zurückerlangt. Russland darf aus diesem Konflikt nicht als Sieger hervorgehen. Darüber hinaus sollte ein Waffenstillstand oder eine Friedensregelung es Russland so schwer wie möglich machen, einen weiteren Angriff auf die Ukraine zu starten. Sicherheitsgarantien allein werden nicht ausreichen, solange die Ukraine kein Vollmitglied der NATO ist. Und selbst wenn die Ukraine der NATO beitritt: Kann die ukrainische Regierung hundertprozentig sicher sein, dass die NATO Artikel 5 erfüllen wird, sollte Russland erneut angreifen? Wird die französische oder die deutsche Öffentlichkeit einen Atomkrieg riskieren, um die Ukraine zu schützen? Mourir pour Kiev? Letztendlich werden Waffen und Munition die einzige verlässliche Sicherheitsgarantie sein, und der Westen sollte sein Möglichstes tun, um die Ukraine mit modernen Waffen auszurüsten, sobald ein Friedensvertrag geschlossen ist.

Eine stabile, wohlhabende und demokratische Ukraine wieder aufbauen

Die Existenz einer demokratischen, wirtschaftlich starken und nicht korrupten Ukraine könnte für die russische Führung und ihre Anhänger, die die Ukraine als schwach und arm verachtet haben, die größte Niederlage sein. Der Wiederaufbau einer stabilen, wohlhabenden und demokratischen Ukraine wird mehr als nur die Reparatur beschädigter Infrastruktur erfordern. Für einen erfolgreichen Frieden ist ein langfristiges Engagement der Vereinigten Staaten und der EU erforderlich, um sicherzustellen, dass die Ukraine zu einer vollwertigen Demokratie mit einer freien Justiz und marktwirtschaftlichen Grundsätzen wird.

Es lohnt, sich daran zu erinnern, dass die Ukraine vor dem Krieg und sogar vor 2014 der erfolgloseste Staat der ehemaligen Sowjetunion war. «Nicht nur, dass das Ausmaß der Korruption extrem hoch war, auch das Parlament war weitgehend dysfunktional und verschiedene Oligarchen, darunter derjenige, der Selenskyj an die Macht brachte, trieben ihr Unwesen.»[6] Die Wirtschaftsleistung war schlechter als die der meisten anderen Sowjetrepubliken. Zum Zeitpunkt der Auflösung der Sowjetunion war das Pro-Kopf-BIP in Russland und der Ukraine ziemlich ähnlich. Vor dem Krieg war das Pro-Kopf-BIP Russlands fast doppelt so hoch wie das der Ukraine. Vor dem Krieg gingen viele Ukrainer zum Arbeiten nach Russland, weil die Löhne dort dreimal so hoch waren.[7]

Die EU hat der Ukraine angeboten, sie auf den Weg zur Mitgliedschaft zu bringen, und wie bei anderen osteuropäischen Staaten kann die Aussicht auf eine EU-Mitgliedschaft als Ansporn oder Anreiz für die vollständige Reform des ukrainischen Staates und der ukrainischen Gesellschaft dienen. Nichts wäre schlimmer für die Menschen und die Aussichten auf Frieden, als wenn die Ukraine ohne die Mittel zum Wiederaufbau dastünde.

Dialog mit Russland

Nicht zuletzt erfordert ein dauerhafter Frieden auch, dass die Ukraine und die NATO wieder mit Russland zusammenarbeiten. Die Stimmung in der Ukraine (wie auch in weiten Teilen Europas und der Vereinigten Staaten) ist verständlicherweise darauf aus, die Zugbrücke hochzuziehen und alles dafür zu tun, Russland so weit fernzuhalten wie irgend möglich. Sicherlich muss die NATO ihre Kapazitäten erhöhen, um die Sicherheit der gefährdeten Nachbarn Russlands wie die baltischen Staaten, Polen, die skandinavischen Länder und andere Staaten, garantieren zu können. Aber der Bau einer mächtigen westlichen Festung wird nicht zu einem dauerhaften Frieden führen. Über Generationen hinweg führten Frankreich und Deutschland Krieg gegeneinander und gegen ihre Nachbarstaaten. Die große Veränderung kam mit der europäischen Integration, die etwa fünf Jahre nach dem Ende des Zweiten Weltkriegs mit der Gründung der Europäischen Gemeinschaft für Kohle und Stahl (EGKS) begann.

Russland wird in der EU wahrscheinlich nie willkommen sein, aber ein Dialog und eine Zusammenarbeit mit Moskau sind unabdingbar, wenn es nicht zu einem neuen Konflikt kommen soll. Die knapp verpasste nukleare Konfrontation zwischen den USA und der UdSSR jagte John F. Kennedy Schauer über den Rücken und veranlasste die USA, ihren Fokus auf eine Entschärfung zu legen. Willy Brandt verfolgte mutig die «Ostpolitik», um Vertrauen aufzubauen, und während der Nixon- und Ford-Regierungen verfolgten die Vereinigten Staaten eine Politik der «Entspannung». Die Entspannungspolitik führte zu mehreren amerikanisch-sowjetischen Gipfeltreffen und zur Unterzeichnung zahlreicher Rüstungskontroll- und vertrauensbildender Abkommen, darunter das Moskauer Atomteststoppabkommen (1963), der Atomwaffensperrvertrag (1968), der Vertrag über die Begrenzung von antiballistischen Raketenabwehrsystemen (1972) und das Helsinki-Abkommen (1975) als Ergebnis der Konferenz über Sicherheit und Zusammenarbeit in Europa (OSZE).

Rüstungskontrollverhandlungen werden auch nach einem Friedensabkommen schwierig sein, solange Putin an der Macht bleibt. Rose Gottemoeller, ehemalige Stellvertretende NATO-Generalsekretärin, hat jedoch vorgeschlagen, inmitten der anhaltenden Kämpfe eine «Nukleardiplomatie» oder diskrete Gespräche hinter den Kulissen zu beginnen, um Putins Drohung mit dem Einsatz taktischer Atomwaffen zu entschärfen. «Vor zwei Jahren bot Putin an, Russlands neue bodengestützte nukleare Mittelstreckenraketen unter überprüfbaren Bedingungen aus Europa abzuziehen, und untermauerte damit ein Moratorium für solche Raketen in Europa. Als sich Putin und Xi Jinping vor der Invasion im Februar in Peking trafen, sprachen sie über die Ausweitung eines solchen Moratoriums auf Asien. Vielleicht ist es an der Zeit, diskrete Gespräche zu führen, wenn auch nur auf technischer Ebene, um herauszufinden, was die beiden Männer im Sinn hatten. Es würde die schreckliche Krise in der Ukraine nicht lösen, aber es könnte die nukleare Temperatur senken.»[8] Nachdem Gottemoeller zu Gesprächen hinter den Kulissen aufgerufen hatte, kündigte Putin an, dass Russland den New-START-Vertrag aussetzen werde, der jede Ausweitung der US-amerikanischen und russischen Atomwaffen begrenzt. Gottemoeller betonte Anfang März 2023, dass eine Aussetzung nicht gleichbedeutend mit einer Ablehnung sei und es im Interesse der USA und des Westens liege, nicht in Panik zu geraten: «Einfach ausgedrückt sollten die Vereinigten Staaten zur Unterstützung ihrer eigenen Interessen jeden vernünftigen Schritt unternehmen, um einen Weg zur Wiederaufnahme der vollständigen Umsetzung von New START offen zu halten.»[9]

Russland wird eine Atommacht bleiben, derzeit verfügt das Land über das weltweit größte Arsenal an Atomwaffen. Das wird sich auch dann nicht ändern, wenn Putin stirbt oder gestürzt wird. Kein russischer Regierungschef wird diese ultimative Verteidigung und das verbleibende Symbol des Großmachtstatus jemals aufgeben. Eine Abschottung Russlands wird das Land nur noch mehr in Chinas Arme treiben und die Spaltung zwischen Ost und West vertiefen.

Mit ziemlicher Sicherheit wird Europa nie wieder so stark auf billiges Erdgas aus Russland angewiesen sein, selbst wenn die Importbeschränkungen nach Kriegsende gelockert werden. Neben der Diversifizierung der Erdgasquellen bietet die Energiekrise die Chance, die Substitution fossiler Brennstoffe durch erneuerbare Energien zu beschleunigen.

Andere Länder, insbesondere im Globalen Süden, bleiben aber auf Energie, Lebensmittel, Mineralien und andere Ressourcen aus Russland angewiesen, und auch ihre Notlage muss stärker als bisher berücksichtigt werden, sobald die Kämpfe beendet sind. Die wirtschaftliche Strangulierung Russlands als eine Art endlose Bestrafung für seine rechtswidrigen Handlungen gegen die Ukraine und das ukrainische Volk mag zwar emotional befriedigend sein, ist aber auf längere Sicht selbstzerstörerisch. Die Narben der schrecklichen 1990er Jahre und die Wahrnehmung der Russen, dass der Westen sich nach dem Fall des Kommunismus von ihnen abgewandt hat, legten den Grundstein für Putins heutigen Rückhalt. Die westliche Führung muss in der Öffentlichkeit dafür eintreten, dass die Folgen der Aufrechterhaltung der härtesten Sanktionen, wie die Beschlagnahmung russischer Vermögenswerte und russischer Energieexporte, längerfristig betrachtet werden.

Sicherheit in Europa kann nur dann dauerhaft erreicht werden, wenn durch eine Konferenz für Sicherheit und Zusammenarbeit in Europa (OSZE) eine neue Sicherheitsstruktur für Mittel- und Osteuropa geschaffen wird, die Russland nicht als Erzfeind ausschließt, sondern als eine Macht einbezieht, die für ihre eigenen Sicherheits-

und Wirtschaftsinteressen regionale Stabilität gewährleisten kann. Wie in den guten alten Zeiten des Kalten Krieges von 1962 bis 1979 könnte die OSZE dazu beitragen, das Nullsummenspiel des heutigen heißen Krieges in ein Positivsummenspiel zu verwandeln, indem sie zu einem vermittelnden Diskussionsforum zwischen den beiden Supermächten und den europäischen Ländern wird.

Harold James, Professor für Geschichte und Internationale Angelegenheiten an der Princeton University und Spezialist für deutsche Wirtschaftsgeschichte, erinnert uns an die Lehren des 20. Jahrhunderts und fordert, dass «die heutigen Sieger im Geiste des Marshallplans und nicht im Sinne des Versailler Vertrags vorgehen müssen».[10] In der Tat lassen sich aus den Unterschieden zwischen den Friedensbemühungen nach dem Ersten und dem Zweiten Weltkrieg relevante Lehren ziehen. Nach dem Ersten Weltkrieg gelang es den alliierten Mächten nicht, den Wiederaufbau Belgiens und Frankreichs mit der Wiedereingliederung des besiegten Deutschlands in Einklang zu bringen. Auch die Vertreter der Weimarer Demokratie befanden sich 1919 in einer Verliererposition, weil sie einen Friedensvertrag unterzeichnen mussten, der das Land an den Rand des sozioökonomischen Zusammenbruchs brachte und die Dolchstoßlegende nährte, die Adolf Hitler und den Nazis zum Aufstieg verhalf.

Am Ende des Zweiten Weltkriegs konnten die Vereinigten Staaten im Umgang mit einem besiegten Deutschland und Japan großzügig sein, weil ihre Wirtschaft intakt war und sie gestärkt aus dem Krieg hervorgingen. Wie bereits erwähnt, verfügten Roosevelt und Truman auch über die Erfahrung des Ersten Weltkriegs, an dem sie teilgenommen hatten. «Ich habe den Krieg gesehen. Ich habe den Krieg zu Land und zu Wasser gesehen. Ich habe Blut aus den Verwundeten fließen sehen [...]. Ich habe gesehen, wie Städte zerstört wurden [...]. Ich habe Kinder verhungern sehen. Ich habe die Qualen von Müttern und Ehefrauen gesehen. Ich hasse den Krieg.» Die Inschrift des Franklin Delano Roosevelt (FDR) Memorials, eines großen Denkmals im Zentrum von Washington, D. C., bringt seinen Wunsch zum Ausdruck, sich aus dem Krieg herauszuhalten. In der Mitte des Denkmals warnt ein weiteres FDR-Zitat den Besucher: «Mehr als ein Ende des Krieges wollen wir ein Ende des Beginns aller Kriege.»

Roosevelt und Truman machten das Scheitern der Friedensabkommen nach dem Ersten Weltkrieg dafür verantwortlich, den Boden für eine noch tödlichere Wiederholung bereitet zu haben.

Zwar waren die Vereinigten Staaten von den wirtschaftlichen Schocks des Ukraine-Kriegs besser abgeschirmt, doch wird sich keine Regierung, ob demokratisch oder republikanisch, so großzügig zeigen wie in der vergangenen Ära. Angesichts der zunehmenden Verschuldung und einer alternden Gesellschaft verfügen die Vereinigten Staaten nicht über die Ressourcen, die sie nach dem Zweiten Weltkrieg hatten, um gegenüber Russland oder der Ukraine großzügig zu sein. Washington hat bereits signalisiert, dass die Europäer die Kosten für den Wiederaufbau der Ukraine tragen müssen. China, das einer der größten Wirtschaftspartner der Ukraine war, ist ebenfalls bereit, durch Kredite und direkte Unterstützung zu helfen, von der es wahrscheinlich glaubt, dass sie zur Verbesserung seiner Beziehungen zu Europa beitragen wird.

Jedem US-Präsidenten würde es schwer fallen, den Kongress und die amerikanische Öffentlichkeit davon zu überzeugen, die Beziehungen im Rahmen eines «Reset» zu erneuern, bevor sich eine neue russische Regierung vollständig von Putins Politik lossagt und ihre Beziehungen zu Peking abbricht. Angesichts der zahlreichen Kriegsverbrechen, die die russischen Streitkräfte begangen haben, und der Zerstörung der ukrainischen Infrastruktur wird es den Amerikanern, und vor allem den Europäern, schwer fallen, Moskau gegenüber großmütig zu sein, es sei denn, Putin würde durch einen russischen Demokraten ersetzt, der bereit ist, auf eine erneute russische Aggression gegen die Ukraine zu verzichten. Doch das erscheint bisher als unwahrscheinlich. Solange die russische Armee nicht zusammenbricht und das Land keine andere Möglichkeit hat, ist es unwahrscheinlich, dass Moskau einen solchen Deal akzeptiert. Selbst im besten Fall, wenn ein für Moskau und Kiew akzeptabler Waffenstillstand oder ein Friedensabkommen vereinbart wird, wird die Erneuerung der Beziehungen und die Aufhebung der Sanktionen für die Vereinigten Staaten ein besonders langwieriger Prozess sein, die zudem einen Streitpunkt mit einigen Westeuropäern darstellen könnte, die sich Sorgen um das instabile Russland machen würden.

Der französische Präsident Macron möchte (mit seinem ausgeprägten Geschichtsbewusstsein) Russland nicht demütigen, aus Angst vor einem revanchistischeren Feind, wie es beim Friedensabkommen von Versailles der Fall war. Die meisten Europäer konzentrieren sich jedoch darauf, Russland zur Rechenschaft zu ziehen, einschließlich der Forderung nach hohen Reparationszahlungen. Wer heute verlangt, dass Russland und die russischen Oligarchen die Zeche für den Wiederaufbau der Ukraine zahlen, läuft Gefahr, die Fehler zu wiederholen, die nach dem Ersten Weltkrieg gemacht wurden. Die Geschichte lehrt, dass Reparationen den Preis der Rache und eines erneuten russisch-ukrainischen Krieges nicht wert sind.

Den Klimawandel bekämpfen

Die Herausforderung durch den Klimawandel zu nutzen, um die Welt in einer gemeinsamen Anstrengung zu vereinen, kann helfen, die vielen Streitpunkte zwischen den einzelnen Ländern in einen größeren Kontext zu stellen. Der Klimawandel kann nur durch globale Anstrengungen bewältigt werden. Wenn es nicht gelingt, ihn zu bekämpfen, wäre das eine Katastrophe für alle. Dabei gibt es auch ein Element der Ungerechtigkeit. Die ärmsten Länder sind am verwundbarsten und zugleich am wenigsten für den Klimawandel verantwortlich.

Laut eines Berichtes von Hunderten von Wissenschaftlern des Zwischenstaatlichen Ausschusses der Vereinten Nationen für Klimaänderungen im März 2023 «ist es ‹wahrscheinlicher› geworden, dass die globale Erwärmung in naher Zukunft einen Anstieg von 1,5 °C seit vorindustrieller Zeit erreichen wird […] und der Klimawandel, der jetzt stattfindet, wird sich über die Lebensspanne von drei Generationen fortsetzen, die 1950, 1970 und 2020 geboren wurden.»[11] Die letzten acht Jahre (2014–2022) waren laut dem Copernicus Climate Change Service der EU die wärmsten seit Beginn der Aufzeichnungen, wobei 2016 das heißeste war.[12] «Jedes der letzten vier Jahrzehnte war wärmer als das ihm vorausgehende»,[13] bekräftigt Russell Vose, ein Wissenschaftler der US-amerikanischen National Oceanic and Atmospheric Administration (NOAA). Vose schätzt, dass der Planet jetzt 1,2 Grad Celsius heißer ist als in der zweiten Hälfte des 19. Jahrhunderts, als sich die CO_2-Emissionen schnell vermehrten.[14]

Keine der Großmächte – weder die Vereinigten Staaten, Europa noch China – tut genug, um sich selbst zu schützen oder anderen zu helfen. Die EU schneidet laut Weltbank mit 7,6 Tonnen Kohlenstoffdioxid pro Kopf am besten ab.[15] China ist hingegen der größte Emittent von Treibhausgasen weltweit und verursacht mehr als ein Viertel der jährlichen Emissionen. Obwohl China die Vereinigten Staaten 2005 als größten Emittenten abgelöst hat, sind die Pro-Kopf-Emissionen in den Vereinigten Staaten laut Climate Watch immer noch mehr als doppelt so hoch wie in China.[16] Mit 9,0 Tonnen Kohlenstoffdioxid pro Kopf liegt China unter dem OECD-Durchschnitt von 10,7 Tonnen und damit deutlich hinter den USA (18,3 Tonnen pro Kopf).

Berücksichtigt man jedoch die Export-/Importeffekte, so geht die chinesische CO_2-Emission zurück, während die europäische/US-amerikanische CO_2-Emission steigt. Das liegt daran, dass ein erheblicher Teil der westlichen Produktion nach China ausgelagert wurde, die Produkte jedoch im Westen konsumiert werden. Chinas kohlenstoffintensive Schwerindustrie und der schnelle Ausbau von Infrastrukturen haben die CO_2-Emissionen stark ansteigen lassen. Insgesamt entfallen auf China 27 Prozent der jährlichen CO_2-Emissionen und ein Drittel der weltweiten Treibhausgase. China hat versprochen, den Höhepunkt seiner Kohlenstoffemissionen vor 2030 zu erreichen und bis 2060 klimaneutral zu werden.

Nach Angaben der Weltbank ist China sehr anfällig für die Auswirkungen des Klimawandels und könnte bereits 2030 erhebliche Verluste durch Naturkatastrophen in Höhe von 0,5 bis 2,3 Prozent seines BIP erleiden.[17] Um seine CO_2-Emissionen zu reduzieren und sein langfristiges Wachstumspotenzial zu erhöhen, muss das Land eine Umstellung von der Schwerindustrie hin zu hochwertigen Dienstleistungen vornehmen. Dieser erforderliche Übergang, den wir als einen der notwendigen Bestandteile des guten Szenarios bezeichnet haben, könnte eine Herausforderung darstellen, da er «eine schnelle Entkopplung von Wirtschaftswachstum und Emissionen und ein niedrigeres Einkommensniveau als in den fortgeschrittenen

Volkswirtschaften» beinhaltet.[18] Die Weltbank lobt jedoch die Tatsache, dass China bereits eine Vorreiterrolle bei der Förderung einer kohlenstoffarmen Energieversorgung und Mobilität einnimmt. Das Land verfügt über ein Drittel der weltweit installierten Windkraftanlagen und über ein Viertel der Solaranlagenkapazität. Bereits heute gibt es in China über vier Millionen Arbeitsplätze – mehr als die Hälfte der weltweiten Arbeitsplätze – im Bereich der erneuerbaren Energien.[19]

Dennoch bewertet der Climate Action Tracker, ein unabhängiges wissenschaftliches Analysetool, das von zwei Forschungsorganisationen erstellt wurde und von der EU und der deutschen Regierung finanziert wird, China insgesamt als «hochgradig unzureichend»: «Während Chinas Energiewende weiter an Dynamik gewinnt – hervorgehoben durch sektorale Spitzenpläne und erhöhte nationale und regionale Ambitionen für den schnellen Ausbau erneuerbarer Energien –, wird die Abhängigkeit von kohlenstoffintensiven fossilen Brennstoffen leider für die unmittelbare Zukunft bestehen bleiben.»[20]

Trotz der Bemühungen Bidens und der Demokraten, die Vereinigten Staaten nach dem Rückzug unter Trump wieder in den Kampf gegen den Klimawandel einzubringen, bewertet der Climate Action Tracker die Anstrengungen der Vereinigten Staaten insgesamt ebenfalls als «unzureichend».[21] Der Inflation Reduction Act von 2021, der die direkte Finanzierung und Subventionen für grüne Energien erhöhte, sei eine Maßnahme, die «einen radikalen Wandel im US-Klimaschutz darstellt und durch die feste Abwärtsbewegung der Emissionen ein globales Signal aussendet, dass der größte historische Emittent der Welt nun beginnt, seiner Verantwortung gerecht zu werden».[22] Die Wissenschaftler hinter dem Climate Action Tracker glauben jedoch, dass die Vereinigten Staaten «zusätzliche Maßnahmen ergreifen müssen, um ihr vorgegebenes Reduktionsziel von 50 bis 52 Prozent zu erreichen». Ohne weitere Anstrengungen «werden die US-Emissionen 26 bis 42 Prozent unter das Niveau von 2005 sinken [...]. Das ist immer noch weit entfernt von dem Ziel für 2030, 50 bis 52 Prozent unter dem Niveau von 2005 zu liegen.»[23] Ein weiteres Problem besteht darin, dass die Republikaner, die die nächste Präsidentschaftswahl gewinnen könnten, nicht mit Bidens Zielen übereinstimmen und eine größere Energieunabhängigkeit befürworten, einschließlich der vollständigen Erschließung der fossilen Brennstoffressourcen der Vereinigten Staaten.

Der Climate Action Tracker bewertete allerdings auch die Gesamtanstrengungen der EU als «unzureichend».[24] Er lobte zwar den von der Europäischen Kommission im Mai 2022 vorgelegten REPowerEU-Plan, der «bis 2030 zu einer Emissionsreduktion zwischen 58 und 60 Prozent gegenüber dem Niveau von 1990 führen […] und das EU-Ziel einer Reduzierung um «mindestens 55 Prozent» übertreffen würde.[25] Die Umweltwissenschaftler hatten jedoch große Bedenken, dass die durch Russlands Krieg gegen die Ukraine ausgelöste Energiekrise «einen großen Ansturm auf neue Investitionen in die Infrastruktur für fossiles Gas, insbesondere in neue LNG-Importterminals und Gaspipelines, ermöglicht hat. Die EU und ihre Mitgliedstaaten haben Vereinbarungen über die Ausweitung der Importe von fossilem Gas aus der ganzen Welt unterzeichnet, insbesondere aus Algerien, Angola, Aserbaidschan, dem Kongo, Australien und den Vereinigten Staaten. Der geplante Ausbau der Importkapazitäten übersteigt die früheren Gasimporte aus Russland, und die meisten Investitionen werden die Gasversorgung erst in zwei bis drei Jahren erhöhen. Das wäre genug Zeit, um die Nachfrage nach fossilem Gas in der EU deutlich zu reduzieren. Stattdessen werden solche Investitionen die Energieabhängigkeit von Russland auf andere Länder verlagern und zu einer Kohlenstoffbindung führen, die den Emissionsreduktionszielen der EU zuwiderläuft.»[26] Auch Deutschland wurde insgesamt mit «unzureichend» bewertet.[27] Denn der Climate Action Tracker ist der Ansicht, dass «Deutschland die Emissionen im Inland um mindestens 69 Prozent senken und deutlich mehr Klimafinanzierung für andere Länder zur Verfügung stellen müsste, um das 1,5 °C-Limit des Pariser Abkommen einzuhalten.»[28]

Krieg ist schlecht für den Kampf gegen den Klimawandel

Man kann Russland zu Recht vorwerfen, diesen Krieg begonnen zu haben, der die Abhängigkeit der EU von fossilen Brennstoffen zumindest kurzfristig noch einmal verschärft hat. Diese unglückliche

Wendung der Dinge unterstreicht allerdings die Notwendigkeit eines guten Szenarios, das das Risiko solcher unbeabsichtigter Folgen verringern und die Bemühungen wieder voll auf die Erhaltung der Gesundheit des Planeten ausrichten würde. In einem Paper von Chatham House und der OSZE, das die Auswirkungen des Ukraine-Kriegs auf die Klimasicherheit untersuchte, kamen die Experten zu dem Schluss, dass «der Krieg auch die Energiepolitik auf den Kopf gestellt hat». Die Ukraine hatte sich vor dem Krieg zum Ziel gesetzt, ihre Energieintensität um zwei Drittel zu senken. Jetzt, wo Russland einen Großteil der ukrainischen Infrastruktur schwer beschädigt hat, wird dies noch schwieriger. Der Wiederaufbau könnte der Ukraine den Übergang zu einer neuen Energieinfrastruktur mit effizienten, kohlenstoffarmen Alternativen erleichtern, aber das wird Zeit brauchen. Der Krieg hat zunächst zu einem Anstieg der Treibhausgas-emissionen geführt.[29]

Auch über den Krieg hinaus «sind die Ukraine und Russland wichtige Quellen für die wertvollen Mineralien, die für erneuerbare Energien benötigt werden. Der Zugang zu diesen Mineralien wird in den kommenden Jahrzehnten wahrscheinlich zu einem geostrategischen Wettbewerb führen.» Generell «besteht die Gefahr, dass neue Emissionen festgeschrieben werden, da die Sorge um die Energieunabhängigkeit die Länder dazu veranlasst, Maßnahmen zur Verringerung ihres CO_2-Fußabdrucks zu umgehen».[30]

Der Bericht hob zudem die Spillover-Effekte in anderen Regionen hervor. Eine Spaltung zwischen Russland und China auf der einen und den demokratischen NATO-Mitgliedern auf der anderen Seite könnte es unmöglich machen, die rasch voranschreitenden Klimaveränderungen in der Arktis in den Griff zu bekommen. Die Erderwärmung wiederum könnte weitere Risiken verursachen, etwa die Freisetzung von Methan durch den schmelzenden Permafrost. Gleichzeitig könnten bislang unzugängliche Rohstoffvorkommen in der Arktis erschlossen werden, weil durch den Klimawandel die Eismenge in den arktischen Meeren abnimmt. Damit entstehen dauerhaft nutzbare und wohl auch militärisch zu sichernde Routen, die den Welthandel verändern werden. Vor allem für China würde die Nordostpassage einen enormen Vorteil bieten: geringere Transportkosten zwischen Europa und Asien. Glaubt irgendjemand, dass ein größerer Krieg zwischen zwei Titanen – China und den Vereinigten Staaten – unter der Einbeziehung anderer Staaten die Bemühungen um den Klimawandel nicht erheblich zurückwerfen würde, womöglich für ein oder zwei Generationen?[31]

Globale Disparitäten verringern

Die Entwicklungsländer sind am stärksten durch den Klimawandel gefährdet, verfügen aber nicht über die Mittel, um all den Stürmen, dem Anstieg des Meeresspiegels, den Überschwemmungen und anderen negativen Auswirkungen, die diese Länder treffen, wirksam zu begegnen. Auf der UN-Klimakonferenz 2022 (COP27) in Sharm El-Sheikh gab es dahingehend einen gewissen Durchbruch – mit der Vereinbarung, «einen Fonds einzurichten, der armen, gefährdeten Ländern helfen würde, mit Klimakatastrophen fertig zu werden, die durch die von wohlhabenden Nationen verursachte Umweltverschmutzung verschlimmert werden, die den Planeten gefährlich erwärmt […]. Seit mehr als drei Jahrzehnten drängen die Entwicklungsländer auf Gelder für Verluste und Schäden […], aber die Vereinigten Staaten und andere wohlhabende Länder hatten die Idee lange blockiert, aus Angst, dass sie für die Treibhausgasemissionen, die den Klimawandel vorantreiben, rechtlich haftbar gemacht werden könnten.»[32] Die EU stimmte zwar der Idee eines solchen Fonds zu, bestand aber darauf, dass die Hilfe den am stärksten gefährdeten Ländern zugutekommen sollte und dass die Hilfe nicht nur finanzieller Art sein, sondern auch andere Optionen wie neue Versicherungsprogramme umfassen sollte.

Um die bestehenden globalen Ungleichheiten zwischen technologieaffinen Volkswirtschaften und Entwicklungsländern zu verringern und die Entwicklungsländer, die unter Schuldenbergen ächzen, auf einen nachhaltigeren Weg zu bringen, sollten die Vereinigten Staaten und Europa ihr politisches Gewicht in den «Bretton-Woods»-Organisationen (Weltbank und IWF) nutzen, um die Kreditvergabe an Nachhaltigkeitskriterien zu binden und insbesondere Investitionen in grüne Infrastruktur und Entwicklung zu fördern.

Auch aus den Vereinten Nationen gibt es Stimmen, die eine umfassendere Rolle der Weltbank und des IWF fordern, um einen «Green New Deal» als Motor für eine gerechtere und integrativere Entwicklung in der Weltwirtschaft zu gestalten. Ebenso könnte die Konferenz der Vereinten Nationen für Handel und Entwicklung (UNCTAD), ein ständiges Gremium der Generalversammlung der Vereinten Nationen mit Sitz in Genf, die überwiegend klassisch-geschulten, marktliberalen Ökonomen der Weltbank und des IWF mit umfassenderen ökonomischen Überlegungen unterstützen. Damit könnte das bisherige Versagen der sogenannten freien Märkte und ihrer Befürworter behoben werden.

Bislang bleibt die multilaterale staatliche Finanzierung des auf der COP27 im November 2022 angekündigten «New Loss and Damage Fund for Vulnerable Countries» fraglich. Internationale Finanzinstitutionen werden eine wichtigere Rolle bei der Finanzierung sogenannter «globaler öffentlicher Güter» wie der Eindämmung des Klimawandels spielen müssen. Es liegt an den multilateralen Entwicklungsbanken, die Kreditvergabe anzukurbeln und mehr private Investitionen zu unterstützen, nicht zuletzt in Form von Just Energy Transition Partnerships (JETPs).[33]

Im Dezember 2022 haben die Staats- und Regierungschefs der G7 bereits JETPs mit Südafrika und Indonesien angekündigt, weitere sind in Vietnam, Indien und Senegal im Gespräch. Es wird erwartet, dass diese JETPs zu Investitionen in zweistelliger Milliardenhöhe führen werden. Angesichts der Billionen von Dollar, die in den nächsten Jahrzehnten benötigt werden, um die Klima- und damit verbundenen Entwicklungsziele zu erreichen, ist dies jedoch nur der sprichwörtliche Tropfen auf den immer heißer werdenden Stein. Bis 2030 würden arme Länder etwa 2 bis 2,8 Billionen Dollar pro Jahr an Investitionen benötigen, um den Klimawandel zu bekämpfen.[34]

Der westliche Emmissions-Spitzenreiter, die Vereinigten Staaten, hat dahingehend keine Führungsrolle übernommen. Die Biden-Administration sagte 11,4 Milliarden Dollar an jährlicher internationaler Finanzierung zu, die der demokratisch kontrollierte US-Kongress auf weniger als ein Zehntel reduzierte.[35] Die Republikaner – von denen viele Klimaleugner sind – werden ihre Kontrolle über das Repräsentantenhaus (seit dem Gewinn der Zwischenwahlen 2022) wahrscheinlich nutzen, um noch weniger großzügig zu sein. Einen Lichtblick gibt es jedoch: Nachdem das Budget für Auslandshilfe sechs Jahre lang nicht ausgeweitet worden war, verabschiedete der Kongress einen Gesetzentwurf, der eine 6-prozentige Erhöhung der Hilfe vorsieht, die nicht nur rund 2,5 Milliarden Dollar für die Ukraine umfasst, sondern auch eine Aufstockung der Hilfe für andere Länder, insbesondere in den Bereichen Gesundheit und Innovation.[36]

Die Europäer waren etwas großzügiger. Deutschland hat seine Klimafinanzierung für Entwicklungsländer seit 2015 verdoppelt. Im Juni 2022 kündigte Bundeskanzler Olaf Scholz an, dass Deutschland seine Zusagen bis 2025 auf 6 Milliarden Euro erhöhen werde.[37] Über die Europäische Investitionsbank (EIB) nimmt die Kreditvergabe und die Finanzierung von Entwicklungsprojekten außerhalb der EU-Grenzen von Jahr zu Jahr zu, wenn auch nur auf eine Höhe von 8,1 Milliarden Euro.[38] Gemeinsam stellen die europäischen Länder mehr Mittel für die Kreditvergabe der Internationalen Entwicklungsorganisation (IDA) an notleidende Entwicklungsländer zur Verfügung.[39]

Dies ist immer noch wenig im Vergleich zu Chinas Krediten, die gleichwohl nicht ausschließlich mit Umweltbelangen verknüpft sind und oft zu Marktbedingungen und nicht zu Vorzugsbedingungen wie die Kredite der Weltbank vergeben werden.[40] Das wahre Ausmaß der Kredite ist nicht bekannt – schätzungsweise die Hälfte ist undokumentiert –, aber laut einer Berechnung hatten chinesische Entwicklungsprojekte bis Ende 2017 einen Gesamtwert von 843 Milliarden Dollar in 165 Ländern, und Dutzende von Ländern mit niedrigem und mittlerem Einkommen haben so 385 Milliarden Dollar an «versteckten Schulden» gegenüber Peking angehäuft, so eine Studie von AidData, einem internationalen Entwicklungsforschungslabor, aus dem Jahr 2021.[41] Dem Climate Action Tracker[42] zufolge hat China zugesagt, die Finanzierung für den Bau von Kohlekraftwerken im Ausland einzustellen. 2021 war das erste Jahr seit 2000, in dem Chinas zwei globale Politikbanken keine neuen Energiefinanzierungen an ausländische Regierungen zugesagt haben. Dies könnte dazu führen, dass 43 Gigawatt (GW) an neuen Kohleprojekten in ganz Asien gestrichen werden, wodurch auch keine neuen Kohleprojekte in Ländern wie Bangladesch und Sri Lanka zustande kommen würden.

Die Staats- und Regierungschefs der USA und Europas waren enttäuscht, dass sich viele Entwicklungsländer nicht auf die Seite des Westens gestellt haben, um Russland zu sanktionieren oder zu verurteilen. Stattdessen ist der Westen stärker isoliert, als Russland oder China es an vielen Orten des Globalen Südens sind. Und demokratische oder autoritäre Neigungen können nicht erklären, warum die Entwicklungsländer bei den verschiedenen UN-Abstimmungen über die Verurteilung Russlands gespalten waren. «23 Prozent – fast ein Viertel – der Länder, die sich nicht auf die Seite der Ukraine gestellt haben, liegen über dem Durchschnitt des Demokratieindex und gelten als hybride Regime oder fehlerhafte Demokratien (Madagaskar, Namibia, Senegal, Südafrika, Tansania, Marokko).»[43]

Den Vereinigten Staaten ist es zwar gelungen, ein westliches Bündnis gegen Russland zu schmieden, die Bildung einer «globalen Koalition», wie Präsident Biden sie ankündigte, ist aber misslungen. Laut der Beobachtung der Londoner Korrespondentin der *Washington Post*, Liz Sly, hat der Konflikt eine «tiefe globale Kluft» und die «Grenzen des US-Einflusses auf eine sich schnell verändernde Weltordnung» aufgedeckt: «Es gibt zahlreiche Beweise dafür, dass die Bemühungen, Putin zu isolieren, gescheitert sind, und dies nicht nur unter den russischen Verbündeten wie China und Iran, von denen erwartet werden konnte, dass sie Moskau unterstützen.»[44]

Indien, «die größte Demokratie der Welt», die die Vereinigten Staaten in ihr Bündnis gegen China aufnehmen wollen, ist sogar einer der Hauptnutznießer der westlichen Sanktionen gegen Russland. Indien gab bekannt, dass sein Handel mit Russland seit der Invasion um 400 Prozent gewachsen ist.[45] Im Dezember 2021 rollte der indische Premierminister Narendra Modi den roten Teppich für Wladimir Putin aus, als sie sich in Neu-Delhi trafen.

Darüber hinaus wurde der russische Außenminister Sergej Lawrow in mehreren Ländern des Nahen Ostens und Afrikas empfangen. Die südafrikanische Außenministerin Naledi Pandor begrüßte das Treffen als «wunderbar» und bezeichnete Südafrika und Russland als «Freunde» – eine Freundschaft, die bis in die Zeit des Apartheid-

Regimes zurückreicht. Viele der hochrangigsten Persönlichkeiten der heute regierenden Partei African National Congress (ANC) wurden während der Jahrzehnte, die sie in der Apartheid-Ära im Exil verbrachten, von der Sowjetunion unterstützt und ausgebildet.[46]

Ein weiterer Grund, warum die westlichen Plädoyers für die Ukraine den Globalen Süden nicht beeinflussen konnten, ist zeitgemäß und zukunftsorientiert: Francia Márquez, die Vizepräsidentin Kolumbiens, ist eher an westlicher Hilfe bei der Bewältigung der Folgen des Klimawandels interessiert. «Wir wollen nicht weiter darüber diskutieren, wer der Gewinner oder der Verlierer eines Krieges sein wird», sagte sie. «Wir sind alle Verlierer und am Ende ist es die Menschheit, die alles verliert.»[47]

Wie sollen wir den Klimawandel besiegen, ohne mehr (historisches) Verständnis, Vertrauen und Rücksicht auf die Bedürfnisse anderer aufzubringen – Attribute, die über die Unterscheidung zwischen Arm und Reich und Demokratie und Autokratie hinausgehen? Der Klimawandel sollte eine Gelegenheit für China und den Westen sein, zusammenzuarbeiten und dafür zu sorgen, dass die weniger Wohlhabenden die Mittel haben, ihn zu bekämpfen.

Hoch angesehene Wissenschaftler glauben, dass der Klimawandel niemals *allein* durch Emissionssenkungen kontrolliert werden kann. David Keith, Professor für angewandte Physik und Staatswissenschaft an der Harvard University, schrieb 2021 in der *New York Times*: «So zu tun, als könne der Klimawandel allein durch Emissionssenkungen gelöst werden, ist eine gefährliche Fantasie. Wenn man die Risiken durch die bereits in der Atmosphäre befindlichen Emissionen verringern will – sei es zur Verhinderung von Waldbränden wie in Algerien, Hitzewellen in British Columbia oder Überschwemmungen in Deutschland – muss man auf Kohlenstoffentfernung, solares Geoengineering und lokale Anpassung setzen.»[48]

Das Problem mit den Emissionen ist, dass sie, selbst wenn wir sie künftig vollständig reduzieren könnten, noch Tausende von Jahren in der Atmosphäre verbleiben werden. Die drakonischen Kürzungen würden nur gegen eine zukünftige Erwärmung helfen. Die heutigen Reduktionen könnten die Welt nicht wieder abkühlen, zumindest nicht für die heute lebenden Menschen: «Selbst wenn es der Welt gelänge, den Kohlenstoffausstoß bis 2050 vollständig zu reduzieren, würden extreme Wetterereignisse und der Anstieg des Meeresspiegels für viele Jahrhunderte eine größere Bedrohung darstellen, als sie es heute tun.»[49]

Die derzeitigen Schätzungen der wirtschaftlichen Schäden durch den Klimawandel unterschätzen wahrscheinlich deren Ausmaß. Einem Bericht des Versicherungsriesen Swiss Re zufolge könnte der Klimawandel die globale Wirtschaftsleistung bis 2050 um 11 bis 14 Prozent verringern, was einem Gegenwert von 23 Billionen Dollar entspricht, und zwar aufgrund sinkender Ernteerträge, Krankheiten, extremer Wetterereignisse, anderer natürlicher Auswirkungen und der Unterbrechung von Lieferketten. In Afrika prognostizierte die Economic Commission of Africa im Jahr 2021, dass das «Gesamt-BIP bis 2030 aufgrund klimabedingter Katastrophen und Ausgaben für die Anpassung an den Klimawandel um 15 Prozent sinken wird».[50]

In einem offenen Brief aus dem Jahr 2022 forderten jedoch über 370 Wissenschaftlerinnen und Wissenschaftler aus über 50 Ländern ein «International Non-Use Agreement on Solar Geoengineering».[51] Sie waren zwar besorgt über die die Auswirkungen des Klimawandels auf das Wettergeschehen, die Landwirtschaft und die Versorgung mit Nahrungsmitteln und Wasser, glaubten aber auch, dass «das derzeitige internationale System nicht in der Lage ist, die weitreichenden Vereinbarungen zu entwickeln und umzusetzen, die erforderlich sind, um eine faire, integrative und effektive politische Kontrolle über den Einsatz von Solar-Geoengineering aufrechtzuerhalten. Die Generalversammlung, das Umweltprogramm oder das Rahmenübereinkommen der Vereinten Nationen über Klimaänderungen sind allesamt nicht in der Lage, eine gerechte und wirksame multilaterale Kontrolle über den Einsatz von Solar-Geoengineering-Technologien auf planetarer Ebene zu gewährleisten. Dem Sicherheitsrat der Vereinten Nationen, der von nur fünf Ländern mit Vetorecht dominiert wird, fehlt die globale Legitimität, die erforderlich wäre, um den Einsatz von Solar-Geoengineering wirksam zu regulieren.»[52] Wir brauchen nicht weniger, sondern deutlich mehr Kooperation, wenn wir in diesem langen Kampf gegen den Klimawandel bestehen wollen.

Ein Bedrohungsmultiplikator

Wird sich der Klimawandel wie die Pandemie abspielen, bei der diejenigen, die über den Einfallsreichtum zur Herstellung wirksamer Impfstoffe verfügen, sich nur um sich selbst sorgen und ihre Entdeckungen für sich behalten? In der jüngsten Pandemie behinderte China die globale Kooperation, weil es externen Ermittlern, einschließlich der Weltgesundheitsorganisation, keinen Zugang zu verschiedenen Standorten in Wuhan wie den Nasstiermärkten oder dem Wuhan Institute of Virology gewährte, um den Ursprung des Virus zu untersuchen, was zur Verhinderung künftiger Pandemien beitragen könnte.[53] Wie bei der SARS-Epidemie von 2003 verzögerte China zudem die Berichterstattung über das Virus, was wahrscheinlich mehr Todesfälle verursachte, als wenn es eine frühere Warnung gegeben hätte.

Gleichzeitig deuten frühe Studien darauf hin, dass «die gepoolte Übersterblichkeit in Entwicklungsländern höher war als in Industrieländern, und Länder mit mittlerem Einkommen eine höhere Übersterblichkeit aufwiesen als Länder mit hohem Einkommen»,[54] was zum Teil auf den mangelnden Zugang zu westlichen Impfstoffen zurückzuführen ist. Wir haben diesen Verlauf schon einmal beobachten können, als es um den Zugang zu einer antiretroviralen Therapie im Zusammenhang mit HIV/AIDS ging. Im Jahr 2016 hatten 17,3 Millionen Menschen mit HIV Zugang zu einer antiretroviralen Therapie, und es sterben immer weniger Menschen an AIDS-bedingten Krankheiten. Im Jahr 2015 starben weltweit 1,1 Millionen Menschen an den Folgen von AIDS, verglichen mit 2 Millionen im Jahr 2005. Zwischen 2000 und 2015 ging die Zahl der Neuinfektionen um 45 Prozent zurück. Diese Fortschritte sind vor allem auf den verbesserten Zugang zu neuen Medikamenten und Behandlungen zurückzuführen.[55]

Der Klimawandel wird noch tödlicher sein als Pandemien. Es gibt nicht nur bereits zahlreiche Tote und Verletzte durch extreme Wetterereignisse, sondern der Klimawandel ist auch ein «Bedrohungsmultiplikator», ein Begriff, der erstmals von einem US-amerikanischen Think Tank, dem Center for Naval Analyses (CNA), in seinem wegweisenden Bericht «National Security and the Threat of Climate Change» geprägt wurde.[56] Der Zusammenhang zwischen Klimawandel und Konflikten zeigt sich an zwei Stellen: dem Versagen bei der Bewältigung und dem Versagen bei der Anpassungsfähigkeit.[57] Das Klima kann Konflikte verschärfen, indem es zu Bewältigungsfehlern (Zusammenbrüchen von Systemen) führt, die wiederum die Gewalt in Regionen mit bereits bestehenden politischen Missständen verschärfen können. In der Sahelzone hat der Klimawandel bereits verheerende Auswirkungen auf die G5-Staaten (Mali, Tschad, Niger, Mauretanien, Burkina Faso), die stark von Regenfeldbau und Weidehaltung abhängig sind. Bis 2030 wird der Klimawandel den Boden so weit austrocknen, dass er keine Niederschläge mehr aufnehmen kann, was die landwirtschaftliche Produktivität verringert. Eine wachsende Bevölkerung (die sich bis 2040 fast verdoppeln wird) wird den Druck auf diese Ernährungssysteme, insbesondere auf die Landnutzung, erhöhen und den Wettbewerb um die Ressourcen verschärfen. In Ermangelung starker Regierungsstrukturen, die auf eine solche Krise reagieren können, und inklusiver Institutionen, die auf die Bedürfnisse der betroffenen Bevölkerung eingehen, kann der Klimawandel als «Auslöser» für Zusammenstöße und Gewalt wirken.[58] Die Beziehung funktioniert tragischerweise auch umgekehrt. Länder, die derzeit von gewaltsamen Konflikten und Aufständen betroffen sind, sind auch institutionell geschwächt und daher weniger in der Lage, Umweltkrisen zu bewältigen.

Die andere Art und Weise, wie der Klimawandel zu Konflikten führen kann, ist ein Versagen der Anpassungsfähigkeit.[59] Klimaschocks können die menschliche Sicherheit beeinträchtigen und die gesellschaftliche Fragilität erhöhen, indem sie die Bereitstellung öffentlicher Dienstleistungen aushöhlen, wirtschaftliche Gewinne zunichtemachen oder die Nahrungsmittelsysteme stören. Kurz gesagt, sie können bereits fragile Gesellschaftsverträge untergraben. Die COVID-19-Pandemie ist dafür ein gutes Beispiel. Im Jahr 2020 nahmen Proteste und gewaltloser Widerstand in Ländern mit «schwacher Regierungsführung, politischer Gewalt und fragmentierter Autorität»[60] zu. Missstände und missbräuchliche Regierungsstrukturen gab es schon vor der Pandemie, aber COVID-19 brachte sie wieder ans

Licht, als die Regierungen es versäumten, das Funktionieren der Gesundheitssysteme und den Schutz der Menschen zu gewährleisten. Da die Auswirkungen des Klimawandels immer deutlicher werden, könnten sich soziale und zivile Unruhen weiter ausbreiten.

Seit Jahren warnen multilaterale Organisationen davor, dass die Folgen des Klimawandels zur Vertreibung von Menschen führen werden, was wiederum den globalen Migrationsdruck erhöhen wird. Schätzungen gehen davon aus, dass zwischen 50 und 300 Millionen Menschen aufgrund des Klimawandels auf der Flucht sein könnten; Lateinamerika, Südostasien und Afrika südlich der Sahara sind die am stärksten gefährdeten Regionen. Forschungsergebnisse deuten darauf hin, dass nicht nur extreme Wetterereignisse oder der Anstieg des Meeresspiegels die Menschen vertreiben. Auch «langsam einsetzende Umweltveränderungen» werden das menschliche Verhalten verändern und die Menschen zur Flucht bewegen. Die Wanderungsbewegungen werden sowohl innerhalb des Landes stattfinden, wenn die Menschen vom Land in die Städte ziehen, als auch über Grenzen hinweg, in Richtung der Zentren der Stabilität und des Wohlstands. Die Vereinigten Staaten beispielsweise sehen sich an ihrer Grenze zu Mittelamerika bereits massivem Druck ausgesetzt, da Länder wie Guatemala oder El Salvador mit einer Kombination aus Umweltveränderungen, Ressourcenknappheit, dem Verlust wirtschaftlicher Möglichkeiten, einer schwachen Regierungsführung und sogar sozialer Instabilität konfrontiert sind.[61] Auch Europa nimmt einen stetigen Strom von Klimaflüchtlingen aus Afrika auf.

Eine Welt mit weniger Konflikten und mehr Zusammenarbeit kann nicht existieren, ohne dass der Notlage der Entwicklungsländer im Kampf gegen den Klimawandel mehr Aufmerksamkeit geschenkt wird. Noch vor wenigen Jahren sorgten sich westliche Regierungen mit ihrem wachsenden Engagement in Afghanistan, im Nahen Osten und in Afrika mehr um scheiternde Staaten als um zwischenstaatliche Konflikte, wie wir sie bei der russischen Invasion in der Ukraine und einem möglichen großen Konflikt zwischen den Vereinigten Staaten und China sehen. Der russische Überfall auf die Ukraine hat das alles verändert. Die Nationale Sicherheitsstrategie der USA hat die Bedrohung durch nicht-konventionelle Kriege her-

abgestuft, aber Terrorismus und Aufstände sind vielerorts in den Entwicklungsländern immer noch ein zerstörerisches Element. Josep
Borrells Vorstellung von Europa als einem «Garten», der sich vom
«Dschungel» der Entwicklungsländer abhebt,[62] ist eher ein Hirngespinst der westlichen Vorstellungskraft, nicht die Realität. Aber Borrell hat Recht, dass Europa keine Mauer bauen kann, um zu verhindern, dass die Sintflut aus dem Rest der Welt den Garten verwüstet.
Wenn wir eine friedlichere und freundlichere Welt aufbauen wollen,
müssen wir uns mit diesem «Bedrohungsmultiplikator» Klimawandel
auseinandersetzen.

Ein Wettlauf nach unten?

Wenn der Klimawandel eine beispiellose internationale Herausforderung von gigantischem Ausmaß ist, dann müssen die Anstrengungen
global sein, und wir sollten nach Möglichkeiten einer weltweiten Zusammenarbeit suchen. Talente sind nicht nur im Westen zu finden,
sondern sind über den ganzen Globus verteilt. In diesem Bereich
muss die alte Denkweise, die neuesten technologischen Innovationen
zu nutzen, um sich einen Vorsprung zu verschaffen, wie es sowohl die
Vereinigten Staaten als auch China in Bezug auf grüne Technologien
versuchen, so angepasst werden, dass die bahnbrechenden Erfolge anderen zugutekommen können. Forschungslabore und Unternehmen
sollten für ihre Innovationsbemühungen voll entlohnt werden, aber
die daraus resultierenden lebenswichtigen grünen Energieprodukte
oder -dienstleistungen sollten weltweit verfügbar sein und nicht an
den Meistbietenden verkauft werden, damit die reichsten Länder sie
monopolisieren können. Natürlich sprechen wir nicht über alle grünen Energietechnologien, sondern nur über solche, die von zentraler
Bedeutung sind, zum Beispiel Batterieinnovationen, die Solar- und
Windenergie, Elektrofahrzeuge und andere wichtige grüne Technologien, die für einen schnelleren Ersatz fossiler Brennstoffe erforderlich
sind.

Die Defense Advanced Research Projects Agency des Pentagon,
besser bekannt als DARPA, trieb die Entdeckung vieler neuer Dual-
Use-Technologien voran, die das Silicon Valley später im Internet, in

den sozialen Medien und anderen revolutionären Anwendungen kommerzialisierte. «Die gesamte moderne Hochtechnologie haben wir im Kern dem US-Verteidigungsministerium zu verdanken, denn hier kam das Geld her, um einen Großteil der Technologie zu entwickeln, die wir heute nutzen», so Leslie Berlin, Historikerin für die Silicon Valley Archives an der Stanford University.[63] Warum können wir nicht ein internationales Modell der DARPA schaffen, das sich nicht auf die Verbesserung der Kampffähigkeiten konzentriert – den eigentlichen Zweck der DARPA –, sondern auf die Entwicklung grüner Technologien? Die grundlegenden wissenschaftlichen Entdeckungen wären ein kostenloses Gut, das die Technologieunternehmen der Welt übernehmen, skalieren und vermarkten könnten, um die Emissionen zu reduzieren und die Abschwächung und Anpassung zum Wohle der ganzen Welt zu verbessern, idealerweise bei gleichzeitiger Förderung des erforderlichen Wirtschaftswachstums.

Stattdessen scheint die Mentalität des Kalten Krieges die Oberhand zu gewinnen, wenn es um globale Herausforderungen geht, nicht nur in Bezug auf die bilateralen Beziehungen zwischen dem Westen und China. Der Regierungswechsel von Trump zu Biden hätte eine Chance für Joint Ventures bieten sollen. Laut dem von ihm beworbenen «Plan für eine Revolution der sauberen Energie und Umweltgerechtigkeit» wollte Biden «eine historische Investition in saubere Energie und Innovation» zu einem entscheidenden Faktor für Amerikas globale Führungsrolle machen: in zehn Jahren insgesamt 400 Milliarden US-Dollar an staatlichen Mitteln für saubere Energie und Innovation.[64] Bei der Umsetzung dieser ehrgeizigen Ziele musste die Biden-Administration jedoch aufpassen, dass ihre Maßnahmen nicht nach hinten losgehen. Wie bereits erwähnt, ist es sehr problematisch, dass viele Bestimmungen des Inflation Reduction Act 2023 protektionistisch sind, die Weltwirtschaft weiter fragmentieren und den Übergang zu nachhaltigen Volkswirtschaften kostspieliger und weniger effizient machen könnten.

Wenn die Biden-Regierung den Titel ihres umstrittenen Gesetzentwurfs wirklich ernst nähme, würde sie bei der Umsetzung des sogenannten Inflation Reduction Act flexible Auslegungen in Betracht ziehen, um den Europäern und anderen Gesellschaften einen besseren Marktzugang zu ermöglichen. Mehr Wettbewerb steigert bekanntlich nicht nur die Qualität, sondern senkt auch die Preise – und damit die Inflation. Im Gegensatz dazu würde ein weiterer transatlantischer Handelskrieg beide Seiten teuer zu stehen kommen und die Inflation anheizen, was die fiskalische und politische Stabilität auf beiden Seiten des Atlantiks gefährdet.

Und warum sollten die Vereinigten Staaten und die Europäer nicht gemeinsame Anstrengungen mit den Chinesen und anderen Staaten unternehmen, zum Beispiel für die Entwicklung besserer und langlebigerer Batterien? Um die Energiewende zu schaffen, brauchen wir nach Schätzungen von Wissenschaftlern «ein paar hundert Terawattstunden, das ist mindestens hundertmal mehr Kapazität als wir heute haben».[65] Die meisten Batterien sind heute auf Lithium und Kobalt angewiesen, wobei letzteres oft unter schrecklichen Bedingungen abgebaut wird, zum Beispiel im Kongo, wo Kinderarbeit eingesetzt wird. Ohne bessere Batterien wird der Übergang zu grünen Technologien ins Stocken geraten. Es wird bereits auf breiter Ebene geforscht, aber warum sollten die Bemühungen nicht durch eine verstärkte internationale wissenschaftliche Zusammenarbeit im Auftrag eines Konsortiums der Großmächte oder der G20 als Ganzes beschleunigt werden? Die Vereinigten Staaten befürchten eine Ausweitung von Chinas Beinahe-Monopol auf die Batterieproduktion und wollen die westlichen Länder von ihrer Abhängigkeit von China lösen und ihre eigenen Batterien produzieren. Dabei sollten einige entscheidende technologische Durchbrüche «öffentliches Gut» sein – für die Nutzung und Verwertung aller.

Zu diesem Zweck muss die Politik auch ihren bisherigen Ansatz nationalstaatlicher Lösungen überdenken und die Perspektive weiten – hin zu einem erweiterten internationalen Ordnungsrahmen, der die globale Kooperation erleichtert. Unternehmen, die ein neues Produkt herstellen, sollten verpflichtet werden, das durch den Klimawandel bedingte Risiko offenzulegen, damit die Märkte dieses Risiko einpreisen können. Um öffentliche und private Akteure weltweit in die Lage zu versetzen, fundierte Finanzentscheidungen zu treffen, könnten die Vorarbeiten der Task Force on Climate-Related Financial Disclosures (TCFD) genutzt werden, die 2015 vom Financial Stability Board (FSB), einem Gremium der Gruppe der zwanzig wichtigsten Industrie- und Schwellenländer (G20), eingerichtet wurde.[66] Weltweit sollten nationale Finanzaufsichtsbehörden, beispielsweise die US-Börsenaufsicht SEC in den USA, dafür sorgen, dass die TCFD-Empfehlungen Rechtskraft erhalten.[67]

Seit einiger Zeit arbeitet die EU-Kommission an einem Regelwerk für nachhaltige Geldanlagen. Mit der Taxonomie-Verordnung vom 18. Juni 2020 hat die EU die weltweit erste «grüne Liste» für nachhaltige Wirtschaftstätigkeiten erstellt. Dieses Klassifizierungssystem kann von Investoren genutzt werden, wenn sie in Projekte und Wirtschaftstätigkeiten mit signifikanten positiven Klima- und Umweltauswirkungen investieren wollen.[68] Um die Entwicklung und Verbreitung nachhaltiger Technologien zu fördern, sollte das 2009 von den USA initiierte Major Economies Forum (MEF) wiederbelebt werden. Auf Ministerebene könnten die 17 Volkswirtschaften, die für rund 80 Prozent der weltweiten Emissionen verantwortlich sind, multinationalen Unternehmen dabei helfen, Standards für saubere Energie festzulegen und neue Formen der nachhaltigen wirtschaftlichen Zusammenarbeit zu erkunden.[69]

Der Weg in eine kooperative Zukunft

Auf multilateraler Ebene der G20 und der Internationalen Energieagentur (IEA) könnten Anbieter und Verbraucher ins Gleichgewicht gebracht werden. Einige Länder auf der Energieversorgungsseite, wie Norwegen, planen bereits für die Zeit nach dem Versiegen ihrer Energieressourcen. Auch jene Länder, die noch über reichliche Reserven verfügen, sollten sich angesichts des gestiegenen internationalen Umweltbewusstseins, der Neuorientierung institutioneller Investoren und der Korruption bei staatlich dominierter Rohstoffausbeutung ernsthaft Gedanken über alternative ökonomische Wertschöpfung machen, um einen Staatskollaps zu vermeiden. Die absehbaren massiven Probleme vieler Ölförderländer, insbesondere im Hinblick auf mögliche niedrige Ölpreise in der Zukunft, geben Anlass zur Sorge, dass sie früher oder später zu Entwicklungshilfefällen werden könnten.[70] So ist nicht auszuschließen, dass in Zukunft nicht ein energiestarkes Russland, sondern eine bröckelnde russische Autokratie den Westen vor noch größere Herausforderungen stellen wird.[71]

Der Ausbau erneuerbarer Energien und Umwelttechnologien ist gerade für das ressourcenarme, aber innovationsreiche Europa ein gangbarer Weg, sich aus der Abhängigkeit von fossilen Brennstoffen und deren international beeinflusster Preisbildung zu befreien, die von autokratischen Regierungschefs in Problemregionen der Welt dominiert werden kann. Angesichts der Verwundbarkeit der westlichen Volkswirtschaften ist es dringend erforderlich, kostengünstige energiesparende Technologien und alternative Kraftstoffe für die fossile Brennstoffindustrie und den Verkehrssektor zu entwickeln.

Die Transformation im Energiesektor wird zu einer Machtverschiebung führen, weg von denjenigen, die fossile Brennstoffe exportieren und die Preise kontrollieren, hin zu denen, die die grünen Technologien der Zukunft beherrschen. Der Ausstieg aus fossilen Brennstoffen wird die strategische Position der EU erheblich verbessern, nicht zuletzt durch die Verringerung ihrer Abhängigkeit von Energieimporten, die von regionalen Mächten an sogenannten «Choke Points» wie der Straße von Hormus abgewürgt werden können.[72]

Obwohl der grüne Wandel nachhaltigere und widerstandsfähigere Volkswirtschaften ermöglicht, wird er nicht automatisch zu einer Welt mit weniger Konflikten oder weniger geopolitischem Wettbewerb führen. Dies liegt daran, dass der grüne Wandel selbst knappe Rohstoffe erfordern wird, von denen einige in Ländern wie China konzentriert sind. Diese Anfälligkeit kann bis zu einem gewissen Grad durch eine stärkere Wiederverwendung dieser wichtigen Ressourcen und durch umfassende Vereinbarungen mit den Exportländern behoben werden.

Hier wird die Zusammenarbeit mit Ländern des Globalen Südens, insbesondere mit China, wichtig sein. Die Zusammenarbeit beim Klimaschutz böte auch die Chance, die Kontakte zwischen den USA und China wieder aufzunehmen, die Gespräche in Gang zu bringen und neues Vertrauen zu schaffen. Der Versuch, sich selbst zu schützen und gleichzeitig die Notlage anderer zu ignorieren, die gegen den Klimawandel kämpfen, ist nicht praktikabel. Es muss ein globaler Kampf sein, ohne den niemand Erfolg haben wird. Die Zusammenarbeit mit China wird schon aufgrund seiner Schlüsselrolle bei der Beschaffung, Herstellung und Verarbeitung grüner Technologien unverzichtbar bleiben.

Europas Wertschöpfungsketten im Bereich der grünen Technologien wären im Falle einer weiteren Eskalation des Handelskrieges zwischen den USA und China extrem belastet. In unserer multipolaren Welt bedeutet Führung, zur Lösung der Probleme anderer beizutragen und sich nicht nur um die eigenen Interessen zu kümmern. Der Westen kann immer noch mit einer starken Stimme und einer Vision aufwarten, aber er muss zeigen, dass er breitere globale Interessen als nur seine eigenen verfolgt. Wenn wir uns hinter einer Demokratiemauer unter dem Euphemismus des «Friend-Shoring» verschanzen und uns der Welt nicht öffnen, ist das der beste Weg, um andere daran zu hindern, westliche Werte zu übernehmen, und das wirtschaftliche Fundament zu zerstören, auf dem unsere demokratische Zivilisation beruht.

Einen stärkeren Westen aufbauen

Es ist im Grunde eine Binsenweisheit, dass Zusammenarbeit sowohl im Privatleben als auch in der Staatskunst Selbstbewusstsein und Realitässinn voraussetzt. Der Versuch, Demokratien gegen Autokratien zu führen, während die eigenen politischen Systeme unter Druck oder – wie sich am 6. Januar 2020 in den USA gezeigt hat – am Rande des Zusammenbruchs stehen, verleiht wenig Glaubwürdigkeit. Westliche Länder, die von ihren inneren Schwächen absorbiert sind, können weder weiche noch harte Macht ausüben.

Dies war in den ersten Jahrzehnten der zügellosen Globalisierung nach dem Kalten Krieg deutlich anders, was zu der schnellsten Verringerung der globalen Armut und dem erstmaligen Wachstum einer großen «globalen» Mittelschicht außerhalb des Westens führte (die gleichwohl Jahrzehnte hinter dem Erreichen der Durchschnittseinkommen im Westen zurückbleibt). Auch die Demokratisierung machte in der Zeit unmittelbar nach dem Kalten Krieg einen Sprung nach vorne. Autoritäre Regime und Einparteiensysteme wurden diskreditiert und mit dem Ende der kommunistischen Sowjetunion beiseite gefegt. Im Jahr 2012 erreichte die Zahl der liberalen Demokratien mit 42 Ländern einen Höhepunkt. Sie wurde jedoch in den vergangenen zehn Jahren deutlich auf 34 Länder dezimiert, den niedrigsten Stand seit 25 Jahren. In den 34 demokratischen Nationen leben nur 13 Prozent der Weltbevölkerung.[73]

Ein Blick zurück in die Geschichte lehrt uns, dass viele der neuen Demokratien, die im Rahmen der «Dritten Welle» der 1990er Jahre ins Leben gerufen wurden, Halbdemokratien mit einem viel höheren Maß an politischer Instabilität waren. «Diese Halbdemokratien in Afrika südlich der Sahara, in Asien, dem Nahen Osten und Nordafrika sind dreimal so anfällig für autokratische Rückschritte als vollwertige Demokratien» und etwa viermal so häufig von Putschversuchen betroffen. Sie sind auch anfälliger für den Ausbruch bewaffneter gesellschaftlicher Konflikte.[74] Eine sehr ungleiche Einkommensverteilung, eine rückständige Bildung und schwierige Übergänge nach Konflikten stellen große Hindernisse für die Demokratisierung dar.[75]

Aber auch im traditionellen «Westen», in Nordamerika sowie in West- und Osteuropa, hat in den letzten zehn Jahren kein Land Fortschritte in Bezug auf die Demokratie gemacht, während Ungarn, Polen, Serbien, Slowenien und die Vereinigten Staaten von Amerika nach Angaben des schwedischen Varieties of Democracy (V-Dem) Institute erhebliche Rückschritte gemacht haben. Bezeichnenderweise geschieht der größte Teil demokratischer Einbußen nicht aufgrund einer ausländischen Kampagne zur Verbreitung von Autoritarismus, sondern aufgrund «einer Fäulnis, die innerhalb des mächtigsten Netzwerks der Welt aus überwiegend demokratischen Allianzen entsteht».[76]

Der Wiederaufbau der inneren Ordnung – damit sich die westlichen Mittelschichten nicht entrechtet fühlen – ist eine Voraussetzung, um den Wunsch nach globaler Zusammenarbeit wiederzubeleben und Konflikte zu vermeiden. Stagnierende Haushaltseinkommen sind nur ein Teil des Problems. Die steigenden Kosten für Bildung,

Wohnen, Gesundheitsversorgung und andere wichtige Faktoren für die Zugehörigkeit zur Mittelschicht sind für viele unerschwinglich geworden. Selbst bei den wohlhabenderen Bürgern führten diese steigenden Kosten dazu, dass sie sich unsicher fühlten, ob sie sich weiterhin einen traditionellen Lebensstil der Mittelschicht leisten können.

Der Niedergang der westlichen Mittelschichten erklärt einen Großteil des demokratischen Niedergangs und des wachsenden Nationalismus. Um die Globalisierung und die globale Zusammenarbeit wiederzubeleben, müssen die zugrunde liegenden Probleme angegangen werden. Die Herausforderungen, vor denen die westlichen Mittelschichten stehen, sind alarmierend angesichts des historischen Zusammenhangs zwischen einer gesunden Mittelschicht und den Aussichten auf Demokratie und politische Stabilität.

Das ist sehr gefährlich, denn nur in einem demokratischen Regierungssystem können die menschlichen Grundbedürfnisse nach Freiheit, materieller Sicherheit und Schutz vor willkürlicher Gewalt langfristig befriedigt werden. Die Freiheit des Einzelnen, eine wettbewerbsfähige Wirtschaft und eine machtteilende und kontrollierende Demokratie (Checks and Balances) hängen voneinander ab. Soziale, wirtschaftliche und politische Ordnungen beeinflussen sich gegenseitig und sind voneinander abhängig.

Einblicke in interdependente politische und ökonomische Ordnungen

Jeder, der das Konzept der «Interdependenz der Ordnungen» des verstorbenen Walter Eucken versteht, erkennt, dass Demokratien nicht davor gefeit sind, ihre Freiheit aufzugeben: Zu viel Konzentration wirtschaftlicher Macht ist auf das Versagen des Staates zurückzuführen, den Wettbewerb durch einen rechtlichen Rahmen und Vorschriften zu schützen. Umgekehrt können mächtige Konzerne und die von ihnen organisierten Interessengruppen die Politik, ja sogar die Regeln der politischen Debatte, zu ihren Gunsten beeinflussen, um ihre Privilegien zu bewahren. In den Vereinigten Staaten zum Beispiel gibt es bereits eine besorgniserregende Konzentration wirtschaftlicher und politischer Macht, insbesondere in den Bereichen

Medien, Informationstechnologie, Finanzdienstleistungen, Verteidigung und Ölindustrie. Diese Oligopole nehmen Einfluss auf die Politik, um durch Aufweichung gesetzlicher Regelungen, Steuererleichterungen und Subventionen noch mehr vom gesamtgesellschaftlichen Reichtum zu erhalten. Damit der Staat nicht zum Spielball von Einzelinteressen wird, ist die Kontrolle und damit die Begrenzung der wirtschaftlichen und politischen Macht unabdingbar.[77]

Neben rechtsstaatlichen Garantien und der politischen Gewaltenteilung (im Sinne liberaler Denker wie John Locke und Montesquieu) sorgt der staatlich konstituierte und regulierte Wettbewerb für diese Kontrolle. Wenn die Märkte offen gehalten werden, das Privateigentum gesichert ist, die Vertragsfreiheit gewährleistet ist und das Haftungsprinzip gilt, ist die Konvertierbarkeit von wirtschaftlicher Macht in politische Macht begrenzt und kontrollierbar. Im Gegensatz dazu führt eine sogenannte freie, in sich geschlossene Marktwirtschaft, in der das Laissez-faire-Prinzip herrscht, zwangsläufig zur Konzentration wirtschaftlicher und politischer Macht und birgt damit die Gefahr, dass Interessengruppen die Politik lenken.

Es braucht also nicht einen Nachtwächterstaat, der die «unsichtbare Hand» des Marktes im Sinne von Adam Smith agieren lässt,[78] sondern einen proaktiven Staat, der dafür sorgt, dass es möglichst viel Wettbewerb gibt, in dem niemand genug Macht hat, um andere zu dominieren. Staatstätigkeit ist demnach eine Frage des Wie, nicht des Wieviel: «Ob wenig oder mehr Staatstätigkeit – diese Frage geht am Wesentlichen vorbei. Es handelt sich nicht um ein quantitatives, sondern um ein qualitatives Problem. Der Staat soll weder versuchen, den Wirtschaftsprozess zu steuern, noch die Wirtschaft sich selbst überlassen: staatliche Planung der Formen – ja; staatliche Planung und Lenkung des Wirtschaftsprozesses – nein. Den Unterschied von Form und Prozess erkennen und danach handeln, das ist wesentlich», erklärten Walter Eucken und Franz Böhm 1948 im Jahrbuch für die Ordnung von Wirtschaft und Gesellschaft (ORDO).[79] Wer sich an diese Regeln hält, kann sowohl Markt- als auch Staatsversagen verhindern.

Aber die Deregulierung der Finanzmärkte, die Abschaffung des regulatorischen Rahmens, förderte sowohl Markt- als auch Staatsversagen. Dies ist besonders problematisch, weil der Staat als Hüter einer freiheitlichen Wirtschaftsordnung die persönlichen Freiheiten und Gestaltungspotenziale des Einzelnen schützen und damit auch die Entwicklung und Anpassungsfähigkeit wirtschaftlicher und politischer Ordnungen an äußere Veränderungen und Herausforderungen sicherstellen soll.

Globaler Wettbewerb um ein besseres System

Im globalen Wettbewerb der Systeme scheinen seit der Finanz- und Wirtschaftskrise 2007/2008 einige Autokratien und ihre gelenkten Volkswirtschaften erfolgreicher zu sein als westliche Demokratien und soziale Marktwirtschaften. Aber auf lange Sicht wird ihre grundlegende Qualität, das frei entfaltete kreative Potenzial ihrer Bürger und Unternehmen, demokratisch konstituierte Gesellschaften besser in die Lage versetzen, sich anzupassen und zu verändern, neuen globalen Herausforderungen zu begegnen und die internationale Ordnung nach westlichem Vorbild aufrechtzuerhalten.

Inzwischen ist dieses Selbstbewusstsein jedoch verloren gegangen: China hat nicht wie erhofft die Marktwirtschaft und die politischen Werte des Westens übernommen, sondern im Gegenteil, die westliche Führungsmacht, die Vereinigten Staaten, kopiert Chinas Merkantilismus und setzt seine Verbündeten unter Druck, dasselbe zu tun – um Chinas wirtschaftlichen und militärischen Aufstieg zu verhindern.

Stattdessen sollten die Vereinigten Staaten, wie bereits 1821 der damalige Außenminister John Quincy Adams riet, «nicht ins Ausland gehen, um nach Monstern zu suchen, die es zu zerstören gilt». Es ist vielmehr an der Zeit, die innenpolitischen Ursachen des Niedergangs der Demokratie in den westlichen Ländern anzuerkennen. Es gibt verschiedene Ursachen für die wachsende öffentliche Ernüchterung, darunter den Rückgang des Lebensstandards der Mittelschicht, wachsende Ungleichheiten, Funktionsstörungen der Regierung und (den Anschein von) politischer Korruption.

Dies ist umso wichtiger, als ein Verlust an demokratischer Qualität im Inland zu aggressivem Verhalten im Ausland führen kann: In der gesamten amerikanischen Geschichte hat ein äußerer Feind immer wieder dazu gedient, Geld für Rüstungsgüter zu mobilisieren, die Heimatfront zu stärken, persönliche Freiheiten im Namen der nationalen Sicherheit einzuschränken und von Konflikten abzulenken, die sich an sozioökonomischer Ungleichheit entzünden.

Das bedeutet jedoch nicht, dass ein kapitalistisches System im Sinne der marxistischen Doktrin zwangsläufig zu kriegerischem und imperialistischem Handeln führt. Aber wenn der Kapitalismus ungezügelt bleibt, wenn die interne Machtkontrolle versagt, dann sind auch eine allzu freie Wirtschaft und (illiberale) Demokratien nicht davor gefeit, nach außen hin Gewalt anzuwenden.

Kein «business as usual» mehr

Die meisten Amerikaner hegen heute eine tiefe Abneigung gegen die etablierte Politik, gegen das «business as usual». Wichtigstes Thema im Vorfeld des für viele Beobachter unerwarteten Wahlsiegs Donald Trumps 2016 war die weit verbreitete Überzeugung, dass eine Handvoll ihrer Landsleute zu viel Einfluss auf die Politik habe und dass dieses politische System korrumpiert sei. Bezeichnenderweise konnte der Milliardär Trump in dieser Gemengelage das Vertrauen seiner Wählerinnen und Wähler gewinnen, indem er behauptete, dass ihn niemand kaufen könne, weil er bereits viel Geld habe. Er selbst, so Trump, habe als Geschäftsmann Politikern Geld gegeben und immer erreicht, was er wollte. Mit diesem Argument konnte er auch Jeb Bush ausschalten, der bereits vor Bekanntgabe seiner Kandidatur über 100 Millionen Dollar an Wahlkampfspenden gehortet hatte und daher als sichere politische Bank galt. Gleichzeitig brachte der selbsternannte Sozialist Bernie Sanders Hillary Clinton in den Vorwahlen der Demokraten in Schwierigkeiten. Clintons größte Schwachstelle, die Trump später im Hauptwahlkampf ausnutzte, war die massive Unterstützung ihrer Kampagne durch die Finanzindustrie, deren ungezügeltes Handeln maßgeblich zur Finanzkrise 2007/2008 beigetragen hatte.[80]

Betrachtet man den Grad der Integrität von Wahlen, so gehören die Vereinigten Staaten, die bereits im Vorfeld der Wahl Trumps in der Kategorie marktwirtschaftlicher Demokratien auf Platz 52 von 153 Ländern rangierten, nicht gerade zu den Musterschülern. Selbst Kroatien, Griechenland, Argentinien, die Mongolei und Südafrika waren der einstigen Musterdemokratie voraus.[81] Kritisiert wird vor allem die massive Einflussnahme von Interessengruppen, die parteipolitische Ausgestaltung der Wahlbezirke, die Benachteiligung von Afroamerikanern und Latinos bei der Wählerregistrierung sowie die geringe Wahlbeteiligung. Dass sich bei US-Wahlen dennoch vielerorts Schlangen von Wählern bilden, liegt an der unzureichenden technischen Ausstattung – wie in Ländern der «Dritten Welt». Nichts davon passt zum Selbstverständnis einer Hightech-Nation.

Wir müssen daher die Klischees und Illusionen vom «Land der unbegrenzten Möglichkeiten» hinterfragen, die vielen noch im Kopf haften, wenn sie «Amerika» hören. Wir sollten uns auch nicht von den Hochglanzstatistiken der Wirtschaftsmedien blenden lassen. Es sind oft Potemkinsche Dörfer, bestenfalls Durchschnittswerte, also Fassaden, die die zugrunde liegenden Ungleichheiten und strukturellen Probleme verschleiern. Die Situation ist nicht so miserabel, wie Donald Trump es darzustellen versuchte, um Wählerstimmen zu gewinnen. Aber sie ist auch nicht so rosig, wie es von den Guten Boten aus der Neuen Welt, von der amerikanischen «Public Diplomacy» (früher Propaganda genannt) und von Bewunderern auf dem Alten Kontinent dargestellt wird.

Auch Donald Trump ist mehr Schein als Sein. Er hat sein Handwerk in verschiedenen Reality-TV-Shows gelernt und eine fiktive Figur, eine Medienfigur, von sich selbst geschaffen. Fast jeder Amerikaner kennt Trumps Reality-TV-Show «The Apprentice», in der er inkompetente Arbeiter mit dem Satz «You are fired!» entließ. Trump selbst ist eine Ikone des Erfolgs, obwohl er im wirklichen Leben viele Misserfolge hatte. Dennoch pflegt er das mediale Image eines erfolgreichen und mächtigen Geschäftsmannes, der Amerika wieder auf die Erfolgsspur bringen kann. So war sein politischer Erfolg in der amerikanischen Mediendemokratie möglich. Amerika und die westliche Welt werden die Geister, die der Zauberlehrling Trump rief, nicht mehr los.

Donald Trump ist jedoch nicht das Hauptproblem. Vielmehr hat es der Unternehmer Trump verstanden, nicht nur das soziale Elend vieler seiner Wähler, sondern auch grundlegende Defizite der amerikanischen Wirtschaft und Politik für seine Zwecke auszunutzen. Und auch Europa hat diese Probleme, wenn auch (noch) nicht in diesem extremen Ausmaß. Wer die kometenhaften Aufstiege von Donald Trump mit Populisten und Demagogen in Europa vergleicht, sieht dennoch trotz aller Unterschiede eine wichtige Gemeinsamkeit: die Unzufriedenheit mit der politischen Klasse.

Progressive Innen- und Außenpolitik

Die liberale Demokratie steht unter Druck. Weder in Amerika noch in Europa gelingt es dem Staat, seinen Bürgern ein Gefühl der Sicherheit zu vermitteln. Auch das Gefühl der materiellen Absicherung, der Glaube, dass möglichst viele Menschen etwas vom wirtschaftlichen Wohlstand bekommen, ist verloren gegangen. Die daraus resultierende Legitimationskrise zeigt sich darin, dass Populisten auf beiden Seiten des Atlantiks die massive Unzufriedenheit ausnutzen können: Marine Le Pen in Frankreich, Giorgia Meloni in Italien oder Donald Trump in den USA – der seine Wahlniederlage bei den vergangenen Wahlen immer noch nicht akzeptiert und seine Anhänger in der Republikanischen Partei zwingt, zu leugnen, dass US-Präsident Joe Biden rechtmäßig ins Weiße Haus gewählt wurde.

Wenn der Westen, angeführt von US-Präsident Biden, anderen die Demokratie predigen will, muss er ein Vorbild sein – um diesmal «die Welt für die Demokratie sicher zu machen». Woodrow Wilson war zwar ein einflussreicher Führer der Progressiven Bewegung, der einige demokratische Schäden im eigenen Land (mit Ausnahme des Rassismus) reparierte, aber es gelang dem 28. Präsidenten der Vereinigten Staaten (1913–1921) nicht, eine neue, friedlichere Weltordnung zu erreichen, nicht zuletzt wegen der innenpolitischen Widerstände gegen den Beitritt der Vereinigten Staaten zum Völkerbund und zur Übernahme einer größeren globalen Rolle.

Auch der demokratische Präsident Franklin D. Roosevelt konnte ein Jahrzehnt später sein Land und die Welt nicht vor den schwerwiegenden Fehlern des US-Gesetzgebers in den internationalen Handelsbeziehungen retten. Roosevelt (1933 bis zu seinem Tod am 12. April 1945) sprach sich in seinem Präsidentschaftswahlkampf 1932 gegen den Smoot-Hawley Tariff Act aus, der von Senator Reed Smoot und dem Abgeordneten Willis C. Hawley im Kongress initiiert und am 17. Juni 1930 von Roosevelts Vorgänger, Präsident Herbert Hoover (1929–1933), erlassen wurde. In der US-Außenpolitik herrschten danach isolationistische und protektionistische Stimmen vor, die einseitig und nach innen gerichtet waren, sich von «außerhemisphärischen» Sicherheitsverpflichtungen lösten und sich von der internationalen wirtschaftlichen Zusammenarbeit abwandten. Wir alle wissen, wie diese Geschichte endete: in einem katastrophalen Weltkrieg. Wir sollten aus den Fehlern der Vergangenheit lernen und eine andere und bessere Geschichte wählen, um diesmal ein glücklicheres Ende zu erreichen.

Die Weltwirtschaftsordnung stabilisieren

Es entbehrt nicht einer gewissen Ironie, dass gerade dann, wenn der Westen bereit ist, die Globalisierung über Bord zu werfen, einige der zugrunde liegenden Kräfte, die ihn während seiner Blütezeit in den frühen 2000er Jahren angetrieben haben, sich zugunsten einer stärkeren wirtschaftlichen Erneuerung im eigenen Land verlagern. Im vorherigen Kapitel ging es darum, wie die nun höheren Arbeitspreise in China und in anderen Teilen Asiens dazu führen, dass einige Investitionen wieder im eigenen Land getätigt werden. Die Periode der hochintensiven Globalisierung ist abgeklungen. Dies sollte ein Moment sein, um viele der Mängel in der Funktionsweise der globalen Wirtschaftsordnung zu beseitigen und die Aufmerksamkeit auch auf das Inland zu lenken, indem dort die Fähigkeiten durch qualifiziertere und effizientere Arbeitskräfte gestärkt werden. So können weiterhin Investitionen angezogen werden, statt in Protektionismus und Konflikte zu verfallen. Es muss nach wie vor einen Wettbewerb um gute Ideen geben: Die meisten Patente sind internationale Bemühungen. Der Handel ist nach wie vor wichtig, um die Verbreitung besserer Produkte und Dienstleistungen anzukurbeln.

Es ist wahrscheinlich, dass Xis staatslastiger Ansatz, den der Westen ablehnt, nicht nachhaltig sein wird. Private Unternehmen waren in den letzten Jahrzehnten der Motor für den wirtschaftlichen Erfolg Chinas, und die wachsende Rolle des Staates in der Wirtschaft schreckt private Investitionen so weit ab, dass sie versiegen. China hat sich mit der Aufhebung der COVID-19-Lockdowns, angeheizt durch die aufgestaute Verbrauchernachfrage, erholt. In der Tat ist das Ziel der Regierung von 5 Prozent Wirtschaftswachstum für 2023 nicht übermäßig ehrgeizig.[82] In den nächsten zwei Jahren könnte sich die Wirtschaft beruhigen und mittelmäßig entwickeln, wenn die Verbrauchernachfrage abflacht. Die Verbrauchernachfrage – auf die die Regierung setzt, um das Wirtschaftswachstum anzukurbeln – ist bereits vor dem Ausbruch von COVID-19 gestiegen, aber für einen großen Schub wird die Regierung nicht zuletzt auch eine bessere Renten- und Gesundheitsversorgung gewährleisten müssen. Ein stärkeres Sicherheitsnetz wird die Chinesen ermutigen, weniger zu sparen. Alternde Verbraucher geben ihr Geld überall sehr vorsichtig aus, weil sie von Natur aus dazu neigen, ihre Ressourcen zu schonen. Das Problem der zu großen Zurückhaltung der Verbraucher muss jetzt angegangen werden, bevor die Generationen, die vor dem Ruhestand stehen, sich darauf festfahren.

Rückblickend auf ihre Geschichte war die Kommunistische Partei Chinas ein pragmatischer Akteur, der seine Politik änderte, sobald klar war, dass sie nicht funktionierte. Wie bereits angedeutet beginnt Xi Jinping mittlerweile, über die Notwendigkeit zu sprechen, freundlicher gegenüber dem Privatsektor zu sein, auch wenn es sich dabei bislang lediglich um Worte handelt. Aber zumindest erkennt er, dass seine Neigung zur staatlichen Kontrolle nicht funktioniert.

Das Problem ist, dass die «Eindämmungs»-Gefahr, über die sich Xi Jinping beklagt hat,[83] das Schmieden eines neuen Abkommens zwischen den USA und China erschwert. In diesem Fall steht die Geopolitik einer natürlichen Entwicklung hin zu weniger Konfrontation im Weg, auch wenn China sich wieder dem Rezept zuwendet, das sein spektakuläres Wachstum befeuert hat. Die schwindende Leistungsfähigkeit des staatlichen Sektors würde in normalen Zeiten einen Wechsel zur Stärkung des privaten Sektors erzwingen. Aber ein neuer Kalter Krieg würde es China schwer machen, sich zu liberalisieren, und stattdessen scheint China sich auf einen Krieg um Taiwan vorzubereiten. Sozialwissenschaftler würden das eine negative Rückkopplungsschleife nennen, die schwer zu durchbrechen ist.

Die Lehren der Geschichte für die Überwindung der Blockade

Nach dem Zweiten Weltkrieg gab es vor allem in Europa eine große Sehnsucht danach, wieder in Frieden zu leben und das Zerstörte wieder aufzubauen. Vor allem Nachkriegsdeutschland wurde von seiner fortan amerikanischen Schutzmacht «umerzogen», um den Hitlerfaschismus zu überwinden. Die Alternative dazu war die internationale wirtschaftliche Integration – eine Art Gegenpol zu einem Nationalismus, dessen Staatsverständnis aus Territorium und Rivalität mit allen Nachbarnationen bestand.[84]

Im Juli 1952, weniger als drei Jahre nach der Gründung der Bundesrepublik Deutschland, trafen sich Bundeskanzler Konrad Adenauer und der französische Außenminister Robert Schuman in Paris, um ein Wirtschaftsabkommen zu schließen, die Europäische Gemeinschaft für Kohle und Stahl. Dies geschah auch um des zukünftigen Friedens auf dem europäischen Kontinent willen. Es ging darum, die Industrien zu vergemeinschaften, die die katastrophalen Kriege zwischen Frankreich und Deutschland im Jahrhundert zuvor angeheizt hatten. In der neuen Ära galt ein neuer kantischer Zeitgeist, der der Ökonomie als Friedensstifter: Wenn Staaten miteinander Handel treiben, werden sie darauf achten, den durch den Handel ermöglichten Wohlstand nicht durch nationalistische Kriege zu gefährden.

In diesem Sinne wurden die «Römischen Verträge» geschlossen, der Eckpfeiler der Europäischen Wirtschaftsgemeinschaft (EWG) mit sechs Mitgliedstaaten: Belgien, Deutschland, Frankreich, Italien, Luxemburg und den Niederlanden. Vier Jahre später, 1961, gründeten 20 Staaten die in Paris ansässige Organisation für wirtschaftliche Zusammenarbeit und Entwicklung (OECD). Inzwischen kümmern sich 38 Mitgliedstaaten immer mehr um die weitere Koordinierung von Wirtschaft, Technologie und Recht.

Das Bretton-Woods-System und das Allgemeine Zoll- und Handelsabkommen (GATT), der Vorläufer der Welthandelsorganisation (WTO), legten den Grundstein für eine währungs- beziehungsweise finanzpolitische Zusammenarbeit und stabile internationale Handelsbeziehungen. Aufgrund seiner traditionellen Exportorientierung war das Nachkriegsdeutschland einer der Hauptnutznießer dieser regelbasierten multilateralen Wirtschaftsordnung – die heute erneut bedroht ist, diesmal durch die chinesisch-amerikanische Rivalität.

Ab 2017 zogen die Vereinigten Staaten unter der kurzsichtigen Führung von Donald Trump die US-Unterstützung für die WTO effektiv zurück und begannen einen Handelskrieg mit China und Europa. Sein Nachfolger Joe Biden hat weder wichtige WTO-Funktionen wie den Streitbeilegungsmechanismus wiederhergestellt noch alle protektionistischen Handelsmaßnahmen Trumps aufgehoben, mit Ausnahme der Lockerung der Stahlzölle für Verbündete. Sollte der Protektionismus der Biden-Administration mit dem US-amerikanischen Inflation Reduction Act (IRA) und dem CHIPS and Science Act zum Vorbild werden, wird der Multilateralismus einen schweren Schlag erleiden. Wie wir gesehen haben, drohen China und seine europäischen Verbündeten, sich mit Subventionen für ihre grünen Industrien zu rächen.

Wenn sich die Vereinigten Staaten dann nicht nur mit China, sondern auch mit ihren eigenen Verbündeten in einem Handelskrieg wiederfinden, wie Anne O. Krueger, ehemalige Chefökonomin der Weltbank und erste Stellvertretende Geschäftsführende Direktorin des Internationalen Währungsfonds, warnt, «wird die Welt mit einer weiteren großen Krise konfrontiert sein: dem Zusammenbruch des internationalen Handelssystems».[85]

Lösungen zur Vermeidung
des Zusammenbruchs

Es ist dringend notwendig, dass wir wachsende Handelskriege und einen Wettlauf nach unten vermeiden. Mittels der Gruppe der Zwanzig (G20), eines zwischenstaatlichen Forums mit 19 Ländern und der Europäischen Union (EU), sowie einer neu gestalteten Welthandelsorganisation (WTO), könnte die Zusammenarbeit bei den großen gemeinsamen Herausforderungen vertieft und die Globalisierung erneuert werden. Eine Lockerung der militärischen Spannungen zwischen den USA und China wäre wiederum eine Grundvoraussetzung für die internationale Zusammenarbeit zur Reform des bestehenden multilateralen Wirtschaftssystems. Der Handel verhindert zwar nicht den Ausbruch eines Krieges, wie zuletzt der Einmarsch Russlands in die Ukraine gezeigt hat, aber er ist der Schlüssel für das Wachstum – wichtig insbesondere für die Entwicklungsländer, die versuchen, ihre Industrien auszubauen. Und ohne Handelsbeziehungen wird ein militärischer Konflikt noch wahrscheinlicher.

Europa kann den Multilateralismus retten, indem es dieses angeschlagene System am Leben erhält, während die Vereinigten Staaten und China einen Weg zurück finden. Allerdings ist eine Einigung der beiden rivalisierenden wirtschaftlichen Supermächte über die Zukunft der WTO in absehbarer Zeit unwahrscheinlich. Die Vereinigten Staaten glauben, dass ihre auf wirtschaftlicher und militärischer Stärke basierende Macht durch multilaterale Regeln eingeschränkt wird und diese vielmehr ihren Rivalen China und Europa helfen. Daher sehen viele Europäer nicht nur China, sondern auch die USA als Bedrohung für das multilaterale System an. Doch wer in Peking einen verlässlicheren Partner sieht, etwa bei der Reform der WTO, übersieht ebenso Chinas opportunistische Interpretation des Multilateralismus, die sich grundlegend vom regelbasierten Verständnis Europas unterscheidet.[86]

Aus diesem Grund hat die EU bereits mit Kanada und Norwegen ein alternatives Berufungsgericht auf der Grundlage von Artikel 25 des «Dispute Settlement Understanding» geschaffen, um internationale Streitigkeiten weiterhin regelbasiert beilegen zu können. Dies sollte so lange in Kraft bleiben, bis auf WTO-Ebene eine Einigung über den Fortbestand des Berufungsausschusses erzielt werden kann. Für den Fall, dass die Vereinigten Staaten die Ersetzung von Mitgliedern des Berufungsgremiums dauerhaft blockieren und damit das rechtsverbindliche Streitbeilegungsverfahren der WTO permanent aussetzen, sollte die EU mit gleichgesinnten Ländern einen Plan B verfolgen: ein multilaterales Streitbeilegungssystem ohne die Vereinigten Staaten.[87] Die EU sollte versuchen, die multilaterale Zusammenarbeit mit gleichgesinnten Staaten aufrechtzuerhalten. Sie hat eine gute Bilanz bei der Aushandlung von Handelspakten, auch wenn die Vereinigten Staaten der Öffnung ihrer Märkte den Rücken gekehrt haben und China wieder dazu übergeht, den Schutz seiner staatseigenen und -betriebenen Unternehmen gegenüber dem Privatsektor zu bevorzugen.

Makroökonomische Ungleichgewichte verringern

Eine internationale Koordinierung ist auch erforderlich, um die sich verschärfenden makroökonomischen Ungleichgewichte zu verringern, die sich zu einer Krise auswachsen können. Diese Risiken zeigten sich während der globalen Wirtschafts- und Finanzkrise 2007/2008, als die globalen Ungleichgewichte groß und ein Schlüsselfaktor für die Zuspitzung der Krise waren.[88] Der damalige US-Finanzminister Hank Paulson Jr. sagte: «Wenn wir nur bestimmte regulatorische Fragen angehen – so kritisch sie auch sind –, ohne die globalen Ungleichgewichte anzugehen, die die jüngsten Exzesse angeheizt haben, haben wir eine Gelegenheit verpasst, von jetzt an die Grundlage für die globalen Märkte und die wirtschaftliche Vitalität dramatisch zu verbessern. Der Druck durch die globalen Ungleichgewichte wird sich einfach wieder aufbauen, bis er ein anderes Ventil findet.»[89]

Ungleichgewichte werden nicht durch Zölle und Entkopplung von Wertschöpfungsketten abgebaut, sondern durch langfristige, strukturelle Anpassungsprozesse: Überschussländer wie Deutschland sollten weniger sparen und stattdessen mehr konsumieren und investieren. Deutschland hat die Binnennachfrage bereits gesteigert. Vor allem der Privatverbrauch trug zum wachsenden Gesamtkonsum bei. Dennoch könnte Berlin durch weitere öffentliche Investitionen (vor allem im Energie- und Digitalsektor) und eine Öffnung des Dienstleistungssektors – auch im Interesse seiner europäischen Partner – mehr tun, um den Leistungsbilanzüberschuss abzubauen. China muss seine Transformation zu einer konsumorientierten Wirtschaft beschleunigen, die weniger von Exporten abhängig ist. Wie bereits erläutert, müssten die Chinesen die Renten erhöhen und bei den Gesundheitsausgaben helfen, um ihre Mittelschicht davon zu überzeugen, mehr auszugeben und weniger zu sparen.

Eine Verringerung der Schuldenfinanzierung des Auslands würde den Druck auf Washington erhöhen, besser zu haushalten. Defizitländer wie die USA sollten mehr sparen, denn sie fördern auch makroökonomische Ungleichgewichte durch ihr riskantes Finanzverhalten, eine der Wurzeln der Finanzkrise 2007/2008, die die Weltwirtschaft zum Zusammenbruch führte, viele europäische Investoren ihres Vermögens beraubte und die Eurozone in eine Krise stürzte.

Die Zwillingsdefizite (Haushalt und Handel) der Vereinigten Staaten sind auch eine Folge der Dollardominanz. Daher sollten Maßnahmen ergriffen werden, um die strukturelle Überbewertung des Dollars zu reduzieren. Es gibt auch ein moralisches innenpolitisches Argument dafür, den Wert des Dollars zu senken: Die meisten amerikanischen Arbeiter, Bauern, Produzenten und kleinen Unternehmen werden durch einen starken Dollar benachteiligt. Die einzigen Nutznießer sind «zwei große, politisch mächtige Gruppen: die Wall Street und das Außen- und Verteidigungsestablishment».[90]

Gemeinsam mit Frankreich und als Kooperationsanreiz für China könnte die Bundesregierung auf Ebene der G7 und G20 die Reduzierung von Wechselkursschwankungen fördern, indem sie die Sonderziehungsrechte (SZR) des Internationalen Währungsfonds (IWF) zu einer supranationalen Reservewährung ausweitet. Der Dollar als Symbol und Mittel der amerikanischen Macht könnte nicht länger als Waffe missbraucht werden – mit der sich die Vereinigten Staaten eher früher als später auch ins eigene Knie schießen könnten.

Unterdessen zeigen die Auswirkungen der US-Sanktionen gegen Russland, wie groß der Einfluss der Vereinigten Staaten auf eine vom

Dollar getriebene Welt ist, was viele Länder dazu veranlasst, ihre Suche nach anderen Währungsoptionen zu beschleunigen. Es ist möglich, dass der nächste Schritt nicht in Richtung einer einheitlichen Reservewährung geht, sondern in Richtung von Währungsblöcken, die das Potenzial haben, den Protektionismus anzukurbeln.

Eine stärker multipolare Finanzordnung

Die US-Sanktionen sind aus dem Ruder gelaufen. Viele Kritiker behaupten, sie seien ohnehin nicht wirksam gewesen und hätten andere Mächte dazu veranlasst, Umgehungsstrategien zu entwickeln. Die sogenannten BRICS-Staaten (Brasilien, Russland, Indien, China und Südafrika) und vor allem Saudi-Arabien, der weltweit einzige Swing-Producer auf den globalen Ölmärkten, sind geneigt, China dabei zu helfen, «die Regeln des globalen Energiemarktes neu zu schreiben»,[91] als Teil einer größeren Anstrengung zur «Entdollarisierung» der Weltwirtschaft – als Reaktion auf Washingtons Nutzung der Dollar-Devisenreserven als Waffe nach dem Einmarsch Russlands in die Ukraine.

China kauft bereits seit einiger Zeit immer größere Mengen an Öl und Flüssigerdgas (LNG) aus dem Iran, Venezuela, Russland und Teilen Afrikas in der eigenen Währung, dem Renminbi (Yuan). Nach dem Treffen von Präsident Xi Jinping mit den Staats- und Regierungschefs Saudi-Arabiens und des Golfkooperationsrates (GCC) im Dezember 2022 ist zu erwarten, dass noch mehr Öl in Renminbi gehandelt werden wird. Einige Analysten, zum Beispiel Zoltan Pozsar von der Credit Suisse, bezeichnen die jüngsten Entwicklungen als «die Geburt des Petroyuan».[92]

Chinas Baby wird schnell erwachsen: Präsident Xi Jinping will in den nächsten drei bis fünf Jahren nicht nur die Importe aus den GCC-Staaten drastisch erhöhen, sondern strebt auch eine «multidimensionale Energiekooperation» an, die gemeinsame Exploration und Produktion sowie Investitionen in Raffinerien, Chemikalien und Kunststoffe umfasst. Nach den ehrgeizigen Plänen Pekings soll bereits 2025 an der Shanghaier Erdöl- und Erdgasbörse alles in Renminbi bezahlt werden.[93]

Während China bisher nicht das gleiche Maß an globalem Vertrauen und damit auch nicht den Status einer Reservewährung genießt wie die Vereinigten Staaten, hat seine Führung begonnen, den Anlegern ein Sicherheitsnetz zu bieten, indem sie den Renminbi an den Goldbörsen in Shanghai und Hongkong in Gold konvertierbar macht. Darüber hinaus wird der Ölmarkt von Ländern dominiert, die mehr mit China gemein haben als mit den Vereinigten Staaten. Die autokratischen Herrscher der Petrostaaten sind sich der Verwundbarkeit ihrer Kohlenstoffökonomien (und damit ihrer eigenen Macht) gegenüber der Waffe des US-Dollars bewusst.[94]

Leicht konvertierbare und mobile digitale Währungen, die von Regierungen gestützt werden, wie Pekings digitaler Yuan (im Gegensatz zu den angeschlagenen Kryptowährungen), sind eine langfristige Bedrohung für die Vorherrschaft des Dollars, aber China wird zusätzliche Schritte unternehmen müssen, um das Vertrauen der Investoren zu gewinnen, wie etwa eine unabhängige Justiz zu schaffen.

Der Dollar bleibt stark, auch wegen der Schwächen seiner potenziellen Konkurrenten: Der chinesische Renminbi ist nicht rechtsstaatlich abgesichert und der Euro hat zu viele Finanzkrisen erlitten. Trotz seiner aktuellen Stärke sitzt der Dollar jedoch im Inland auf einem Vulkan. «Das US-Leistungsbilanzdefizit liegt jetzt nahe der 5-Prozent-Schwelle, die es seit 1960 nur einmal überschritten hat. Das war während des Abschwungs des Dollars nach 2001.»[95] Und die US-Staatsverschuldung beträgt bereits 73 Prozent des US-BIP und wird aufgrund der Militärausgaben und der mit einer alternden Gesellschaft einhergehenden Sozialkosten voraussichtlich weiter steigen. Die 50-Prozent-Schwelle war in der Vergangenheit oft ein Indikator für Währungskrisen.[96]

Die Anleger sichern sich bereits ab und suchen Deckung in der Kategorie «andere Währungen», zu der der kanadische und australische Dollar, der Schweizer Franken und der chinesische Renminbi gehören, die 10 Prozent der globalen Reserven ausmachen (gegenüber 2 Prozent im Jahr 2001). Aber unter den großen vier Währungen – der Vereinigten Staaten, Europas, Japans und des Vereinigten Königreichs – beansprucht «King Dollar» immer noch den Löwenanteil von 59 Prozent aller Devisenreserven – das ist jedoch der niedrigste Wert seit 1995.[97]

Seit dem 15. Jahrhundert haben Reservewährungen, die von dem einen oder anderen «Reich» gehalten wurden, im Durchschnitt 94 Jahre überdauert. Der Dollar ist seit mehr als 100 Jahren die Reservewährung der Welt.[98] Viele Statistiker würden sagen, dass ein Wechsel überfällig ist.

US-Analysten wie Michael Pettis sind jedoch weniger pessimistisch. Laut Pettis würde eine bloße Aufwertung des Euro oder ein stärkerer Handel mit Renminbi – der auf andere Weise vorteilhaft ist – den Vorzug des Dollars nicht ausreichend schwächen, da die Vereinigten Staaten und andere anglophone Volkswirtschaften immer noch eine starke Anziehungskraft auf die globalen Kapitalströme ausüben.[99]

Es gibt drei grundlegende Möglichkeiten, die laut Pettis die Dollar-Herrschaft beenden könnten: Die Vereinigten Staaten könnten unfähig sein, die wirtschaftliche Last ihrer Schulden zu tragen, was mit einem festgefahrenen Kongress passieren könnte, der nicht mehr in der Lage ist, Steuern zu erhöhen oder Ausgaben effektiv zu kürzen, um das Vertrauen der Anleger zu stärken. Eine potenzielle Bedrohung für den Dollar ergibt sich aus dem permanenten Tauziehen um die Schuldenobergrenze des Landes. Sollte die einmal tatsächlich nicht erhöht und damit die Zahlungsfähigkeit der USA infrage gestellt werden, würde die Glaubwürdigkeit des Dollars zusammenbrechen. Ein solcher kompletter Absturz des Dollars wäre für die Welt kostspieliger als die Finanzkrise 2007/2008. Dies würde noch mehr Zweifel an der Zukunft der amerikanischen und westlichen Führung aufkommen lassen.

Eine geordnetere Möglichkeit in Form einer globalen Anstrengung wäre die Organisation eines neuen globalen Handels- und Kapitalregimes unter Verwendung der Ideen von John Maynard Keynes für eine synthetische Währung, die globale Ungleichgewichte absorbieren soll, wie eine supranationale Währung, die auf den oben erwähnten SZR des IWF basiert.[100]

Ein US-Präsident, der eine Bretton-Woods-ähnliche Konferenz einberufen würde, um das «exorbitante Privileg» des US-Dollars zu beenden (um Valéry Giscard d'Estaings Vorwurf zu verwenden), würde im Inland auf breiter Front angegriffen werden. Wahrscheinlicher wäre die Option einer Besteuerung ausländischer Investitionen, die im US-Kongress einige Befürworter findet. Dies würde jedoch auf die Ablehnung seitens der Wall Street und anderer stoßen, da es die Breite der US-Finanzmacht einschränken und die Wirkung von US-Sanktionen schwächen würde.

Die Führungsrolle der USA, die globale Wirtschaftsordnung auf sicherere Füße zu stellen, hat einen Präzedenzfall. Krisen schaffen Chancen, und eine ausgewogenere Finanzordnung könnte ein positives Ergebnis einer Abschwächung des Dollars nach dem Vorbild von Bretton Woods sein. Präsident Nixon hob 1971 einseitig die direkte internationale Konvertibilität des Dollars in Gold auf, als Reaktion auf einen zunehmend überbewerteten Dollar, eine negative Zahlungsbilanz und eine grassierende Inflation infolge des Druckens von Dollars. Jeffrey Garten war in mehreren Regierungen tätig, darunter auch in der Nixon-Administration, und verfasste als emeritierter Dekan der Yale School of Management ein Buch über den sogenannten «Nixon-Schock», in dem er schildert, wie während eines dreitägigen Treffens auf dem Präsidenten-Retreat in Camp David der Dollar vom Goldstandard abgekoppelt und die Weltwirtschaft verändert wurde.[101] Er sieht «viele Ähnlichkeiten zwischen dem, was jetzt vor sich geht, und dem, was 1971 geschah. Es gibt Inflation und große Handelsdefizite. Es gibt Herausforderungen für den Dollar. Am Horizont können wir erkennen, dass es aufgrund der Größe der chinesischen Wirtschaft und der digitalen Zentralbankwährungen Herausforderungen in Bezug auf China geben wird. Es wird echte Probleme an der Währungsfront geben. Ich denke, wir stehen kurz davor, einige wirklich große Entscheidungen über eine weitere Veränderung des globalen Finanzsystems treffen zu müssen [...]. Wir werden nicht wiederholen, was sie getan haben. Wir haben nicht mehr die unilateralen Möglichkeiten, die wir damals hatten.»[102]

Der Journalist und Autor der *Washington Post*, William Greider, beschrieb den 15. August 1971 als «genau den Tag, an dem Amerikas einzigartige Dominanz in der Weltwirtschaft endete». Die Nixon-Entscheidung fiel mit der Zeit zusammen, als die Vereinigten Staaten Truppen aus Vietnam abzogen. Im Juni wurden die Pentagon Papers veröffentlicht, die zeigten, wie Präsident Lyndon B. Johnson die Öffentlichkeit und den Kongress über den Krieg in Vietnam belogen hatte. Im Juli schockierte Nixon die Welt, als er ankündigte, China besuchen zu wollen, nach Jahrzehnten ohne diplomatische Beziehungen jeglicher Art.[103]

Als er 2021 über sein Buch sprach, sagte Garten: «Jeder der Leute dort [beim Camp David-Treffen] signalisierte etwas, das wir in Zukunft sehen werden [...]. Peter Peterson [einer der Teilnehmer mit einem Hintergrund in der Industrie] glaubte, dass die USA wirklich mehr Investitionen in die Arbeitskräfte und in die Hochtechnologie brauchten. Es ist genau die Debatte, die wir heute führen, aber es war noch zu früh, um große politische Aufmerksamkeit zu bekommen.»[104]

Garten glaubt nicht, dass die Vereinigten Staaten die Macht haben, die Art von einseitiger Entscheidung zu treffen, die sie seinerzeit getroffen haben, aber was passiert ist, als die Vereinigten Staaten es damals getan haben und möglicherweise immer noch tun können, ist, mehr internationale Zusammenarbeit zu entfachen, indem sie die Initiative ergreifen: «Wenn jemand gesagt hätte, dass das Ergebnis dieser einseitigen Entscheidung eine größere internationale Zusammenarbeit sein würde, niemand hätte es geglaubt. Ich bin mir nicht sicher, ob Nixon es geglaubt hätte. Aber Nixon schuf meisterhaft eine Situation, in der die Länder plötzlich verstanden, dass sie eine koordinierte Politik brauchten, um sich mit Finanzen, Handel, Energie und Nahrung zu befassen. *Wir traten in eine Periode enormer internationaler Zusammenarbeit ein, nachdem Nixon in Camp David eine sehr schwierige Entscheidung getroffen hatte.*»[105] (Hervorhebung durch die Autoren)

Die Volkswirtschaften auf den «perfekten» Sturm vorbereiten

Während China die geoökonomischen Implikationen der Geldpolitik klar erkannt hat und Schritte unternimmt, um sich vom Dollar als Weltreservewährung zu emanzipieren und das Weltfinanzsystem zu diversifizieren, fehlt in Europa, das noch anfälliger für geoökonomische Waffen ist, ein entsprechendes Bewusstsein. Obwohl der

Anteil des Euro an den Währungsreserven weltweit zunimmt, gab es bislang keine Initiativen, den Euro zu einem geoökonomischen Machtmittel zu entwickeln. Europäische Staaten und institutionelle Investoren könnten ihre Kapitalreserven gewinnbringender und strategischer in den Euro und die wirtschaftliche und militärische Aufrüstung Europas investieren als in die Finanzierung von US-Schulden, die außer Kontrolle geraten und zunehmend untragbar werden.

Dies würde jedoch einen tiefen, liquiden Markt für sichere EU-Anleihen erfordern, der es globalen Anlegern ermöglicht, ihr Geld in auf Euro lautenden europäischen Anleihen statt in US-Staatsanleihen zu parken. Dies würde Investitionen in die Zukunft ermöglichen und wäre hilfreich, um den Euro zu einer globalen Reservewährung zu entwickeln. Am wichtigsten ist, dass ein starker Euro die Handlungsfähigkeit der EU in einer neuen Welt(wirtschafts)ordnung sicherstellen kann, die durch die globale geoökonomische Rivalität zwischen den Vereinigten Staaten und China gekennzeichnet ist. Er könnte auch Druck auf die Vereinigten Staaten ausüben, ihre Defizite zu reduzieren, da die Anleger eine attraktive Alternative zum Dollar hätten.

Es ist das Gebot der Stunde, die politische Einheit Europas und damit auch den Wirtschafts- und Währungsraum im globalen geoökonomischen Wettbewerb zu stärken. Damit wird auch verhindert, dass die wieder anschwellenden makroökonomischen Ungleichgewichte durch einen großen Schock korrigiert werden – der beim nächsten Mal nicht mehr durch den Geldsegen der Notenbanken oder durch die bereits hoch verschuldeten Regierungen aufgefangen werden kann, die seit der «letzten» Finanz- und Wirtschaftskrise 2007/2008 ebenfalls «die Probleme auf die lange Bank geschoben haben», indem sie durch Gelddrucken Schulden zu einem immer höheren Preis (Inflation) anhäufen.

Angesichts des jüngsten Inflationsanstiegs befürchten viele Ökonomen, dass wir uns dem Ende des sicheren Weges nähern und nun vor einem fiskalischen Abgrund stehen. Da das Lohnniveau aufgrund der schrumpfenden Zahl der Arbeitskräfte im Westen, in China und im übrigen Asien steigt, werden die Kosten für Waren und Dienstleistungen steigen. Folglich könnte es schwieriger werden, die Inflation zu senken und auf dem jährlichen Anstiegsniveau von zwei Prozent zu halten, das die Zentralbanken für optimal ansehen.

Es sind nicht nur eine schrumpfende Erwerbsbevölkerung und eine hartnäckige Inflation, sondern auch eine steigende globale Verschuldung, die das Wachstum dämpfen könnten. Die Verschuldung von Unternehmen außerhalb des Finanzsektors (in Höhe von 88 Billionen Dollar, etwa 98 Prozent des globalen BIP) sowie die kombinierte Verschuldung von Staaten, Unternehmen und Haushalten (290 Billionen Dollar bis zum dritten Quartal 2022) sind laut dem International Institute of Finance in den letzten vier bis fünf Jahren merklich gestiegen.[106]

Alle gingen davon aus, dass die Ära des billigen Geldes, die von Negativzinsen, zweistelligen jährlichen Börsengewinnen und «quantitativer Lockerung» angetrieben wurde, für immer bestehen bleiben würde. Diese Weigerung, die Schattenseite in Betracht zu ziehen, war zum Teil auf die «Animal Spirits» zurückzuführen, über die Keynes 1936 schrieb, um zu erklären, warum die Weltwirtschaftskrise und andere Finanzkrisen entstehen.[107] «Animal Spirits» können Aufschluss darüber geben, warum sich Menschen irrational verhalten, und in diesem Fall ignorieren, aus welchen Gründen billiges Geld nicht immer verfügbar sein kann. Selbst Notenbanker, die normalerweise als schwerfällige, alte Konservative karikiert werden, sind nicht immun gegen finanzielle Höhenflüge. Der berühmte US-Notenbanker Alan Greenspan, ein strenger Monetarist, hat bekanntlich die Möglichkeit einer Immobilienblase heruntergespielt.[108] Leider platzte diese Blase und war der Auslöser für den Zusammenbruch der Wirtschaft 2007/2008.

Im Verborgenen lauert eine weitere Bedrohung, an die wir lieber nicht denken. Nach der Pandemie ist das Ausmaß der Verschuldung wesentlich größer als während der Finanzkrise 2007/2008, und die fiskalischen Bedingungen in den wichtigsten OECD-Ländern mit abnehmender Erwerbsbevölkerung und geringer oder keiner Produktivitätssteigerung sind noch problematischer.

Besorgniserregend ist auch das rückläufige Niveau der internationalen Zusammenarbeit,[109] die für die Überwindung der Finanzkrise

2007/2008 unerlässlich war. Da das US-Repräsentantenhaus bis 2024 von den Republikanern kontrolliert wird, ist es unwahrscheinlich, dass der Kongress «einer Ausweitung der IWF- und Weltbank-Ressourcen zustimmt, die zur Vermeidung von Zahlungsausfällen und zur Umschuldung benötigt werden, insbesondere in Entwicklungsländern, aber möglicherweise auch in Italien».[110] Der republikanische Präsident George W. Bush berief die G20 anstelle der G7 ein, um China nach dem Finanzcrash 2007/2008 direkt um Hilfe bei der Wiederbelebung der Weltwirtschaft zu bitten. Nach den frostigen chinesisch-amerikanischen Begegnungen in den letzten Jahren zu urteilen, müssten die Vereinigten Staaten entschlossenere Anstrengungen unternehmen, um einen G20-Gipfel nach Washington zu holen.

Aber bislang hören wir von der US-Seite kein Argument dafür, dass wir dringend mehr internationale Koordinierung brauchen. Die geschäftsführende Direktorin des IWF, Kristalina Georgiewa, und ihre Kollegen warnten im Frühjahr 2022, dass die Weltwirtschaft kurz vor «ihrer vielleicht größten Bewährungsprobe seit dem Zweiten Weltkrieg» stehe, da uns ein «mögliches Zusammentreffen von Katastrophen» drohe.[111] Ihrer Ansicht nach «können dringende globale Probleme nur durch eine internationale Zusammenarbeit angegangen werden». Weitere Konfrontationen und Kriege würden dagegen eher das «Risiko einer geoökonomischen Fragmentierung» und ihrer schlimmen Folgen erhöhen.[112]

Die durch die Überwindung des Kalten Krieges ermöglichte Globalisierung zu opfern und zu versuchen, einen Teilersatz zu schaffen, der in der «freien Welt» verankert ist, birgt in der Tat das enorme Risiko einer weiteren Schwächung. Die Globalisierung war für viele Entwicklungsländer das Vehikel, um aufzuholen, die Armut zu verringern und eine Mittelschicht aufzubauen, die im Laufe der Zeit die Chancen auf Demokratisierung und liberale Marktreformen erhöhen kann. Im Gegensatz dazu würde ein partiell liberales Handelssystem, das einen großen Teil der Welt ausschließt, die Wahrscheinlichkeit von Konflikten und Autoritarismus erhöhen, und die Abhängigkeit der Entwicklungsländer von China verstärken. Die dramatischste Auswirkung wäre jedoch, dass das gegenwärtige Nullsummen-Denken und die wirtschaftliche Kriegsführung die Institutionen und Instrumente beschädigen, die wir brauchen, um die wirklich großen Probleme der Menschheit wie den Klimawandel anzugehen.

FAZIT: HOFFNUNG AUF KOOPERATION UND EIN FRIEDLICHES MITEINANDER

Scheidungen sind schmerzhaft, wenn nicht sogar destruktiv. Es ist kaum drei Jahrzehnte her, dass die Vereinigten Staaten und China noch in einer innigen Umarmung lagen, der sogenannten «Chimerica» – ein Begriff, der aus Silben der Begriffe «China» und «America» zusammengesetzt und die Symbiose der Volkswirtschaften beider Länder bezeichnet,[1] wobei die beiden Staaten so stark voneinander abhängig waren, dass eine Trennung zu dieser Zeit fast unvorstellbar schien. Ist das nicht bei manchen Ehen so? Aber niemand in Washington machte sich die Mühe, daran zu denken, dass sein neuer wirtschaftlicher Ehepartner andere Pläne haben könnte und sich nicht für immer einem von den USA dominierten System anschließen wollen würde. China selbst war zu arm, um darüber nachzudenken, was passieren könnte, wenn es aus der Beziehung herauswachsen würde. Die Vereinigten Staaten versuchten auf alle möglichen Arten, Peking davon zu überzeugen, dass es in seinem Interesse sei, ein «verantwortungsbewusster Akteur» im US-System zu sein, genau wie viele ihrer NATO-Verbündeten.

Aber China, dass sich als Erbe einer sehr alten Zivilisation sieht, erinnerte an die Zeit vor dem «Jahrhundert der Demütigung», als China, das in den letzten 5000 Jahren anders als die westlichen Nationen nicht zu großen Eroberungszügen außerhalb seiner Region aufbrach, als Reich der Mitte selbst Tribut von seinen Nachbarn erhielt – von denen heute einige US-Verbündete sind –, weshalb man sich nun nicht bereitfindet, solche Tribute an die USA zu entrichten.

Die Vereinigten Staaten sind sich ihrer eigenen Schwächen bewusst und wurden immer reizbarer, als sie bemerkten, dass ihr wirtschaftlicher «Ehepartner» versuchte, sich zuerst als Regionalmacht und dann als Weltmacht zu etablieren. Chinesische Beamte und Experten haben immer erwartet, dass es einen schwierigen Moment in ihren Beziehungen zu den Vereinigten Staaten geben würde, aber die Überraschung war, dass dieser bereits zu einer Zeit kam, in der China nach westlichen Maßstäben immer noch ein relativ armes Land ist mit einem durchschnittlichen Lebensstandard, der weit unter dem der Vereinigten Staaten liegt.

Jetzt ist es zur Scheidung, zu einem hässlichen Rosenkrieg gekommen, mit Emotionen, die auf beiden Seiten hochkochen. Wie bei der Scheidung eines Paares ist es oft schwierig, rationale Entscheidungen zu treffen. Noch schwieriger ist es, wenn es auch noch um ein Kind geht – in diesem Fall Taiwan. Bei solchen Scheidungen befindet in der Regel ein Gericht über eine Vermögensaufteilung und die jeweiligen Rechte und Pflichten der ehemaligen Ehegatten untereinander und gegenüber ihren Nachkommen. Aber zwischen zwei Ländern stoßen solche geregelte juristischen Verfahren schnell an ihre Grenzen. China missachtete das Haager Urteil über seine Rechte im Südchinesischen Meer. Seit Längerem haben US-Präsidenten klargestellt, dass sie auch dann in erster Linie die Interessen der USA vertreten, wenn diese im Widerspruch zum Völkerrecht stehen, wie es bei Amerikas Angriff auf den Irak der Fall war.

Statt als Warnung zu dienen, hat der Krieg gegen die Ukraine viele im Westen ermutigt, sehr viel unverhohlener über einen möglichen Krieg mit China nachzudenken. Es ist, als ob der Ukraine-Krieg manchem einen größeren Appetit auf Konflikte gegeben hätte, zweifellos auch deshalb, weil der Westen den Ukrainern alle Kämpfe überlassen hat. Wie wir hoffentlich gezeigt haben, könnte ein großer Krieg zwischen den Vereinigten Staaten und China nicht einfach eingegrenzt werden und würde im Gegensatz zu Russlands Invasion in der Ukraine mit ziemlicher Sicherheit einen Weltkrieg auslösen, in den Russland auf der Seite Chinas eintritt, während die Europäer sich gezwungen fühlen, die Vereinigten Staaten zu unterstützen.

Mit anderen Worten, der Erste Weltkrieg noch einmal. In all den Diskussionen im Westen und in China kommt das nüchterne Abwägen der Konsequenzen zu kurz. Sicherlich sagt US-Präsident Biden, dass er keinen Kalten Krieg will, geschweige denn einen Dritten Weltkrieg, aber durch sein Handeln kann China nicht anders, als eine Eindämmungspolitik, wenn nicht sogar eine Vorbereitung auf einen Konflikt um Taiwan wahrzunehmen. Keine chinesische Regierung möchte, dass ihr Taiwan aus den Händen gleitet, und für die Kommunistische Partei ist die Rückgewinnung Taiwans zu einem Test ihrer Legitimität geworden, ebenso sehr oder sogar noch mehr als Chinas wirtschaftlicher Wohlstand.

Diplomaten auf allen Seiten haben die Autoren privat gewarnt, dass die Diplomatie tot ist. Sowohl der US-amerikanische als auch der chinesische Nationalismus lassen wenig Raum für Regierungen, denen es an starkem politischen Willen mangelt, einen Ausweg aus der Sackgasse zu finden. Ein Großteil der westlichen Medien ist nicht daran interessiert, über die Leitplanken zu sprechen, die es braucht, um einen offenen Konflikt zu verhindern. Auch in den von China kontrollierten Medien gibt es keine Bemühungen, Brücken zu bauen.

Müssen also, um es mit Edward Greys Redewendung zu sagen, die Lichter wieder ausgehen? Sind wir als Menschheit dazu verdammt, die gleichen Fehler zu wiederholen? Als von der Aufklärung inspirierte Denker hoffen wir, dass es nicht wieder passieren wird. Aber es ist an der Zeit, dass diejenigen mit denselben Befürchtungen anfangen, über die Folgen eines weiteren Weltkriegs zu sprechen und zu schreiben und die Regierungen auf allen Seiten zu drängen, einen Weg zu finden, um sicherzustellen, dass Differenzen friedlich beigelegt werden können.

In den Jahren 1991/92, inmitten eines tiefen Konflikts, taten südafrikanische Führer und Menschen aus verschiedenen Organisationen etwas Erstaunliches und kamen zusammen, um vier Szenarien für ihr Land zu entwickeln, was später als «Mont Fleur»-Szenario-Übung bezeichnet wurde.[2] Nelson Mandela war kurz davor freigelassen worden und der Afrikanische Nationalkongress (ANC), der Panafrikanische Kongress (PAC), die Kommunistische Partei Südafrikas (SACP) und andere Organisationen waren legalisiert worden. Historiker der «Mont Fleur»-Übung haben beschrieben, wie «sie Menschen aus verschiedenen Organisationen zusammenbrachte, um kreativ über die Zukunft ihres Landes nachzudenken».[3]

«Mont Fleur hat die Krise in Südafrika nicht gelöst. Das Projekt trug aber zusammen mit anderen, nicht Szenario-basierten Forenprozessen zur Etablierung eines gemeinsamen Vokabulars und gegenseitigen Verständnisses bei. Die gemeinsame Sprache von Mont Fleur ging über die Verhandlungselite hinaus und war so in der Lage, so etwas wie eine Erinnerung an Flamingo [das gute Szenario] in einer Sonntagspredigt in der Kirche und eine Besorgnis über Lame Duck [schlechtes Szenario] in einem ländlichen Radiointerview anzuregen. Diese Art von gemeinsamem Verständnis, zusammen mit vielen anderen Faktoren, förderte die Einigung über eine Lösung der Krise.»[4]

«Der Prozess war keine formelle, mandatierte Verhandlung. Vielmehr war es ein informelles, offenes Gespräch. Beim ersten Workshop rechneten einige der Teilnehmer damit, dass sie Schwierigkeiten haben würden, sich auf irgendetwas zu einigen. Im Laufe der Treffen unterhielten sie sich, bis sie Bereiche des gemeinsamen Verständnisses und der Übereinstimmung fanden, von denen einige für die formellen Verhandlungen, die gleichzeitig stattfanden, relevant waren.»[5]

Am wichtigsten ist, dass «es nicht um die Unterschiede zwischen den Teilnehmern ging. Verhandlungen konzentrieren sich in der Regel darauf, die Positionen und Interessen der Parteien zu identifizieren und dann einen Weg zu finden, diese Unterschiede zu verringern oder in Einklang zu bringen. Im Gegensatz dazu ging es beim Mont-Fleur-Prozess nur um den Bereich, den alle Beteiligten gemeinsam hatten: die Zukunft Südafrikas.»[6]

Warum sollte dies nicht ein Vorbild für den Westen, China, Russland und den Globalen Süden sein, sich auf Gemeinsamkeiten zu konzentrieren und ein gemeinsames Vokabular und Verständnis dafür zu entwickeln, was auf dem Spiel steht? Darüber hinaus könnten in solchen Diskussionen die verschiedenen Szenarien identifiziert werden, mit denen die Welt konfrontiert ist, um einen friedlicheren Weg zu finden.

Es ist höchste Zeit, dass wir mit dem «Traumwandeln» aufhören und uns auf die Realitäten konzentrieren, einschließlich des naheliegenden Potenzials zur Selbstzerstörung. Dies ist eine Krise, die über unser aller Zukunft entscheidet: Sie kann uns auf eine neue Ebene des gegenseitigen Verständnisses heben oder sie kann die Geschichte der Menschheit, wie wir sie kennen, beenden und zukünftige Generationen von vorne beginnen lassen.

DANK

In diesem Buch haben wir die vielen «geopolitischen Lunten» veranschaulicht, die Traumwandler in den großen Hauptstädten von heute bereits gelegt haben. Wenn es einen unvorhersehbaren Funken gibt, der wieder unkontrollierbare Kettenreaktionen entzündet, wird unsere Nachwelt, wenn es eine solche denn gibt, erneut darüber streiten, wer an der Eskalation schuld war. Heute wie damals (vor 1914, dem Ausbruch des Ersten Weltkriegs) ist es aber entscheidend, wer die Möglichkeiten einer effektiven Deeskalation nutzt – von denen wir viele dargelegt haben, um einen Dritten Weltkrieg zu vermeiden.

Deshalb haben wir dieses Buch «Den Friedensstiftern dieser Welt» gewidmet und dürfen uns in erster Linie bei Sebastian Ullrich vom C.H.Beck Verlag für die professionelle und konstruktive Zusammenarbeit bedanken, die zu diesem hehren Ziel beigetragen hat. Desweiteren gilt unsere Wertschätzung unseren vielen Kolleginnen und Kollegen, die uns zu diesem Werk inspiriert haben. Unsere Dankbarkeit gilt auch unseren Familien und engen Freunden, die uns in besorgniserregenden Zeiten – existenzieller Konflikte und großer Gefahren für die Menschheit – Frieden geschenkt haben.

Das soll nicht heißen, dass es keine Streitigkeiten geben sollte. Harmonie, basierend auf einer Art «volonté générale», ist ein gefährlicher Traum. Im Gegensatz zu autokratischen Systemen ist in einer Demokratie das Gemeinwohl nicht von vornherein bestimmt, sondern muss in einem laufenden Diskussionsprozess immer wieder neu verhandelt werden. Leidenschaftlich und vernünftig über Mittel und Wege zu streiten, um Zielkonflikte auszutarieren, ist eine Voraussetzung für eine funktionierende liberale Demokratie.

Wir sind jedoch der Meinung, dass angesichts der existenziellen Herausforderungen, vor denen wir stehen, zu wenig diskutiert wird. Mit diesem Buch wollen wir fortan die öffentliche Debatte anregen und versuchen, politische Entscheidungsträger dabei zu unterstützen, die neue Sicherheitslage auszuloten, strategische Ziele und Instrumente zu formulieren, um Risiken zu begegnen und Chancen für eine friedlichere Welt zu nutzen.

Washington, DC und Berlin im Frühjahr 2023
Mathew Burrows und Josef Braml

ANMERKUNGEN

Prolog

1 Zitiert in: Der Kanzler trickst seinen Kaiser aus, in: Münchner Neueste Nachrichten vom 28. Juli 1914, abgerufen auf: Süddeutsche Zeitung, 28.07. 2014, https://www.sueddeutsche.de/politik/muenchner-neueste-nachrichten-vom-28-juli-1914-hoffnung-auf-einen-kaiserlichen-friedensretter-1.2067643-2 (abgerufen am 16. Mai 2023).

2 Christopher Clark: The Sleepwalkers. How Europe Went to War in 1914, London, 2012.

3 Vgl. auch die Beschreibung der Juli-Krise von Jörn Leonhard: Die Büchse der Pandora. Geschichte des Ersten Weltkriegs, München, 2020.

4 Volker Ullrich: Zündschnur und Pulverfass, in: Die Zeit, 12.09.2013, https://www.zeit.de/2013/38/sachbuch-christopher-clark-die-schlafwandler-europa-erster-weltkrieg?utm_referrer=https%3A%2F%2Fde.wikipedia.org%2F.

5 Volker Ullrich: Die nervöse Großmacht 1871–1918. Aufstieg und Untergang des deutschen Kaiserreichs. Mit einem aktuellen Nachwort: Neue Forschungen zum Kaiserreich, Frankfurt am Main, 2010.

6 Anthony C. E. Quainton: World War I and the Failure of Diplomacy, in: American Diplomacy, September 2014, https://americandiplomacy.web.unc.edu/2014/09/world-war-i-and-the-failure-of-diplomacy-two/.

7 Francis Fukuyama: The End of History? In: The National Interest, 16 (1989), S. 3–18.

8 UN Chief Fears World is Heading Towards ‹Wider War› over Russia-Ukraine Conflict, in: The Guardian, 06.02.2023, https://www.theguardian.com/world/2023/feb/06/un-chief-antonio-guterres-fears-wider-war-russia-ukraine.

9 Zitiert in: Max Boot: In the U. S.-China Competition, the Real ‹Existential› Danger is Nuclear War, in: Washington Post, 17.04.2023, https://www.washingtonpost.com/opinions/2023/04/17/china-united-states-nuclear-conflict-danger/.

10 The Atlantic Council: The Global Foresight 2023 Survey, https://www.atlanticcouncil.org/content-series/atlantic-council-strategy-paper-series/2023-global-foresight-survey/.

11 Mike Minihan zitiert in: Nicholas Slayton: ‹Aim for the Head› – Air Force General Warns of a War with China by 2025 in Belligerent Memo, in: Task & Purpose, 28.01.2023, https://taskandpurpose.com/news/air-force-general-china-war-memo-minihan/.

12 Das Akronym CHIPS steht für Creating Helpful Incentives to Produce Semiconductors.

13 Edward Luce: Containing China is Biden's Explicit Goal. US Efforts to Isolate Beijing's High-tech Sector May Accelerate Xi Jinping's Bid to Take Control of Taiwan, in: Financial Times, 19.10.2022, https://www.ft.com/content/398f0d4e-906e-479b-a9a7-e4023c298f39.

14 Jeremy Shapiro: Transatlantic Trade Disputes are Moving to a New US-controlled Rhythm, in: Financial Times, 09.03.2023, https://www.ft.com/content/1a961a58-d6ec-46c4-bec1-e171ebod8ef1.

15 Library of America: How Barbara Tuchman's The Guns of August Influenced Decision Making During the Cuban Missile Crisis, 19.03.2012, https://loa.org/news-and-views/792-how-barbara-tuchmans-_the-guns-of-august_-influenced-decision-making-during-the-cuban-missile-crisis.

16 Maxwell D. Taylor: Swords And Plowshares, New York, 1972.

17 US National Intelligence Council: Global Trends 2030. Alternative Worlds, https://www.dni.gov/files/documents/GlobalTrends_2030.pdf.

18 Leon Fuerth: Anticipatory Governance. Upgrading Government for the 21st Century, Wilson Center, 13.11.2012, https://www.wilsoncenter.org/sites/default/files/media/documents/event/leonfuerthtranscript.pdf.

19 Ebd.

20 Viscount Grey of Fallodon, KG (Sir Edward Grey): Twenty-Five Years, Vol II, New York: Frederick A Stokes Company, 1925, S. 32, abgerufen auf: https://archive.org/details/GreyViscountOfFallodonTwentyFiveYears/Grey%2C%20Viscount%20of%20Falldon%20-%20Twenty-Five%20Years%201892-1916%20-%20Volume%202/mode/2up?view=theater.

Einführung: Die Risiken des «Traumwandelns»

1 Francis Fukuyama: The End of History and the Last Man, New York, 1992.

2 Immanuel Kant: Zum ewigen Frieden. Ein philosophischer Entwurf, Stuttgart, 2002 (1795).

3 Rachel Lipson, David Deming, Jerren Chang, Jacob Greenspon, Stephanie Nussbaum und Mariano Parro: The Search for Stability. A Review of Worker Transitions, American Enterprise Institute, 17.02.2021, https://www.aei.org/research-products/report/the-search-for-stability-a-review-of-worker-transitions/.

4 International Monetary Fund (IMF): Geoeconomic Fragmentation and the Future of Multilateralism, Januar 2023, S. 4, https://www.imf.org/en/Publications/Staff-Discussion-Notes/Issues/2023/01/11/Geo-Economic-Fragmentation-and-the-Future-of-Multilateralism-527266

5 Adam S. Posen: The Price of Nostalgia. America's Self-Defeating Economic Retreat, in: Foreign Affairs, Mai/Juni 2021, https://www.foreignaffairs.com/articles/united-states/2021-04-20/america-price-nostalgia.

6 David Fromkin: A Peace to End All Peace. The Fall of the Ottoman Empire and the Creation of the Modern Middle East, New York, 2009.

7 Aus seinem Nachruf in der New York Times, 15.06.2017, https://www.ny times.com/2017/06/15/world/middleeast/obituary-david-fromkin-dead-middle-east-author.html.

8 William T. Walker, ‹The War to End All Wars› … Didn't, in: USA Today, 04.04.2017, https://eu.usatoday.com/story/opinion/2017/04/04/world-war-i-woodrow-wilson-peace-plan/99982898/.

9 Ebd.

10 Joe Biden zitiert in: Jarrett Renshaw, Andrea Shalal und Michael Martina: Biden Says China Won't Surpass U. S. As Global Leader on His Watch, in: Reuters, 25.03.2021, https://www.reuters.com/article/us-usa-biden-china-id USKBN2BH2ZE.

Kapitel 1: Das schlechte Szenario – Die neue Bipolarität ist bereits da

1 Charlotte Yang und Bloomberg: Biden Is ‹Tougher› on China Than Trump, Says Former Morgan Stanley Chair in Asia, in: Fortune, 02.12.2022, https://fortune.com/2022/12/02/biden-tougher-china-trump-former-morgan-stanley-chair-asia-stephen-roach/.

2 Michael Schuman: Why Biden's Block on Chips to China Is a Big Deal, in: The Atlantic, 25.10.2022, https://www.theatlantic.com/international/archive/2022/10/biden-export-control-microchips-china/671848/.

3 Robert A. Manning: Is Biden's Chip Ban a Tipping Point in US-China Relations?, in: The Hill, 26.10.2022, https://thehill.com/opinion/national-secu rity/3704850-is-bidens-chip-ban-a-tipping-point-in-us-china-relations/; Robert A. Manning, Peter Engelke und Samuel Klein: The Global Innovation Sweepstakes. A Question to Win the Future, Atlantic Council, Scowcroft Center For Strategy and Security, Juni 2018, https://atlanticcouncil.org/wp-content/uploads/2018/06/The-Global-Innovation-Sweepstakes.pdf.

4 Edward Luce: Containing China Is Biden's Explicit Goal.

5 Antony J. Blinken: The Administration's Approach to the People's Republic of China, Speech by the Secretary of State at The George Washington University, Washington, DC, 26.05.2022, https://www.state.gov/the-administra tions-approach-to-the-peoples-republic-of-china/.

6 Das sagte Ma Jihua, ein erfahrener Branchenanalyst und Beobachter der chinesischen Chipindustrie: GT Yearender. China Stands Firm Against Relentless US Crackdown in 2022, in: Global Times, 29.12.2022, https://www.glo baltimes.cn/page/202212/1282912.shtml.

7 Cheng Ting-Fang und Lauly Li: US-China Tech War. Beijing's Secret Chipmaking Champions. How Washington's Sanctions Boosted Its Trade Rival's Semiconductor Sector, in: Financial Times, 13.05.2021, https://www.ft.com/content/795060b7-1932-4491-af6f-d983e3cffb50.

8 Mathew Burrows, Julian Mueller-Kaler, Kaisa Oksanen und Ossi Piironen:

Unpacking the Geopolitics of Technology, Atlantic Council, Dezember 2021, https://www.atlanticcouncil.org/wp-content/uploads/2021/12/GTC_ Unpacking-the-Geopolitics-of-Technology.pdf.

9 Joe Biden Calls Chinese President Xi Jinping a ‹Thug›, in: Axios, 26.02.2020, https://twitter.com/axios/status/1232496430595629058.

10 Zitiert in: Ryan Woo: China Says US Should Change Attitude Or Risk Conflict, in: Reuters, 08.03.2023, https://www.reuters.com/world/china/china-says-if-us-does-not-change-path-towards-it-there-will-surely-be-conflict-2023-03-07/.

11 The White House: Remarks by National Security Advisor Jake Sullivan at the Special Competitive Studies Project Global Emerging Technologies Summit, 16.09.2022, https://www.whitehouse.gov/briefing-room/speeches-remarks/2022/09/16/remarks-by-national-security-advisor-jake-sullivan-at-the-special-competitive-studies-project-global-emerging-technologies-sum mit/.

12 Christopher Johnson: Why China Will Play It Safe, in: Foreign Affairs, 14.11. 2022, https://www.foreignaffairs.com/china/why-china-will-play-it-safe.

13 Xi Sets Targets for China's Science, Technology Progress, in: China Daily, 30.05.2016, https://www.chinadaily.com.cn/china/2016-05/30/content_25540 484.htm; Laura Zhou und Orange Wang: How ‹Made in China 2025› Became a Lightning Rod in ‹War over China's National Destiny›, in: South China Morning Post, 18.01.2019, https://www.scmp.com/news/china/diplomacy/article/2182441/how-made-china-2025-became-lightning-rod-war-over-chinas.

14 Danielle Godfarb, Mercedes Fogarassy und Shaelyn Laurie: Chinese Perceptions of the US, in: RIWI, 17.11.2021, https://riwi.com/research/chinese-perceptions-of-the-us/. Dies ist eine der ersten regulären Umfragen, die die öffentliche Meinung Chinas über die Vereinigten Staaten bewertet. Während eine Vielzahl von Umfragen die amerikanische Haltung gegenüber China untersucht, sind repräsentative Umfragen über die Haltung der Chinesen gegenüber den USA selten. Die Umfrage war eine gemeinsame Anstrengung des amerikanischen Carter Center, das vom ehemaligen Präsidenten Jimmy Carter gegründet wurde, und der kanadischen Forschungsorganisation RIWI und zeigt, dass 60 Prozent der Chinesen ablehnend gegenüber den Vereinigten Staaten eingestellt sind, etwa die Hälfte dieser 60 Prozent sogar sehr ablehnend. Vgl. auch: The Pulse. Chinese Public Opinion, in: U. S.-China Perception Monitor, https://uscnpm.org/the-pulse/Üblich. Laut einer Gallup-Umfrage vom Februar 2021 stieg der Anteil der Amerikaner, die China als den größten Feind der Vereinigten Staaten betrachten, auf 45 Prozent, was einem Anstieg von mehr als 100 Prozent seit 2020 entspricht. Ebenso ergab eine kürzlich durchgeführte Umfrage des Pew Research Center, dass 89 Prozent der amerikanischen Erwachsenen China als «Konkurrenten oder Feind» der Vereinigten Staaten betrachten, während nur 15 Prozent der Amerikaner «Vertrauen in [den chinesischen Präsidenten Xi Jinping] haben, das Richtige in Bezug auf das Weltgeschehen zu tun».

15 Adam S. Posen, The Price of Nostalgia.

16 Ebd.

17 B. J. Bethel: Opioid Crisis in Rust Belt. The People who Backed Donald Trump Need His Help Now, in: The Sidney Morning Herald, 04.04.2017, https://www.smh.com.au/world/opioid-crisis-in-rust-belt-the-people-who-backed-donald-trump-need-his-help-now-20170404-gvcxbd.html.

18 Ebd.

19 Ebd.

20 Zitiert in: Monique Beals: US Accuses China of Failing to Meet Commitments to WTO, in: The Hill, 16.02.2022, https://thehill.com/policy/interna tional/trade/594501-us-accuses-china-of-failing-to-meet-commitments-to-world-trade/.

21 Stewart M. Patrick: The Biden Administration and the Future of Multilateralism, in: CFR Blog, 21.04.2021, https://www.cfr.org/blog/biden-adminis tration-and-future-multilateralism.

22 Rana Foroohar: Consciously Decoupling the US Economy, in: Financial Times, 01.12.2019, https://www.ft.com/content/f23d8854-11fa-11ea-a225-db2 f231cfeae.

23 Er ist auch der Erfinder der sogenannten «Elefantengrafik», die die ungleiche Verteilung des Einkommenswachstums für Individuen unterschiedlicher Einkommensgruppen veranschaulicht. Demnach ist die «Periode der hohen Globalisierung zwischen 1988 und 2008 gut für die asiatische Mittelschicht und das globale Top-Prozent gewesen, aber nicht für die westlichen Mittelschichten». Homi Kharas und Brina Seidel: What's Happening to the World Income Distribution? The Elephant Chart Revisited, Brooking Institution, 02.04.2018, https://www.brookings.edu/research/whats-happening-to-the-world-income-distribution-the-elephant-chart-revisited/.

24 Branko Milanović: Let's Go Back to Mercantilism and Trade Blocs!, in: Brave New Europe, 21.10.2022, https://braveneweurope.com/branko-milanovic-lets-go-back-to-mercantilism-and-trade-blocs.

25 Have China Hawks Flown the Coop?, in: Politico, 10.02.2023, https://www.politico.com/news/2023/02/10/have-china-hawks-flown-the-coop-00082095 ?cid=apn.

26 US Chamber of Commerce: Understanding U. S.-China Decoupling. Macro Trends and Industry Impacts, 2021, https://www.uschamber.com/assets/archived/images/024001_us_china_decoupling_report_fin.pdf.

27 The European Chamber (in Partnerschaft mit dem deutschen Think Tank MERICS): Decoupling. Severed Ties and Patchwork Globalisation, 14.01.2021, https://www.europeanchamber.com.cn/en/publications-decoupling.

28 Jean-Christophe Boucher und Cameron G. Thies: ‹I Am a Tariff Man›. The Power of Populist Foreign Policy Rhetoric under President Trump, Foreign Policy in the Age of Trump Symposium, in: The Journal of Politics, 81 (April 2019) 2, https://www.journals.uchicago.edu/doi/abs/10.1086/702229.

29 Robert A. Manning: Is Biden Creating Towards a Trade Strategy, in: The

Hill, 18.10.2021, https://thehill.com/opinion/international/577175-is-biden-creeping-toward-a-trade-strategy/.

30 Kentano Iwamoto: RCEP Kicks In As China Seeks to Lead Regional Economic Integration, in: NIKKEI Asia, 01.01.2022, https://asia.nikkei.com/Economy/Trade/RCEP-kicks-in-as-China-seeks-to-lead-regional-economic-integration.

31 Doug Palmer: Taiwan Sees U. S. Trade Deal As Vital to Maintaining Its Democracy, in: Politico, 04.07.2022, https://www.politico.com/news/2022/07/04/taiwan-sees-u-s-trade-deal-as-vital-00043556.

32 Heather Long: Trump's Steel Tariffs Cost U. S. Consumers $ 900,000 For Every Job Created, Experts Say, in: Washington Post, 07.05.2019, https://www.washingtonpost.com/business/2019/05/07/trumps-steel-tariffs-cost-us-consumers-every-job-created-experts-say/.

33 Ken Thomas: Biden Finalizes ‹Buy American› Rule for Government Procurements, in: Wall Street Journal, 04.03.2022, https://www.wsj.com/articles/biden-to-finalize-buy-american-rule-for-government-procurements-11646388000.

34 Inflation Reduction Act Benefits. Electric Vehicle Tax Incentives for Consumers and U. S. Automakers, in: Forbes, 02.09.2022, https://www.forbes.com/sites/energyinnovation/2022/09/07/inflation-reduction-act-benefits-electric-vehicle-tax-incentives-for-consumers-and-us-automakers/?sh=7c54cad117e.

35 Zitiert in: Gavin Bade: U. S. and Europe Trade Agendas Diverge on Energy, China, in: Politico, 07.11.2022, https://www.politico.com/newsletters/weekly-trade/2022/11/07/u-s-and-europe-trade-agendas-diverge-on-energy-china-00065369.

36 Chandan Das: New Legislation Poses Threat to Asian Car Makers, in: Asian Fund Managers, 20.08.2022, https://www.asiafundmanagers.com/us/new-us-legislation-poses-threat-to-asian-car-makers/.

37 James Politi, Aime Williams, Amanda Chu und Claire Bushey: Biden Offers Olive Branch to Allies in Electric Vehicle Subsidy Dispute, in: Financial Times, 31.03.2023, https://www.ft.com/content/6b7fdca1-d2ab-41b4-aad1-73b87e2d4bbd.

38 Rana Foroohar: Free Trade Has Not Made Us Free, in: Financial Times, 17.10.2022, https://www.ft.com/content/c8d550f9-c7c1-4eef-a6cc-3db3af298f1b.

39 US Department of the Treasury: Remarks by Secretary of the Treasury Janet L. Yellen on Way Forward for the Global Economy, Speech at the Atlantic Council, 13.04.2022, https://home.treasury.gov/news/press-releases/jy0714.

40 Transkript des Atlantic Council: US Treasury Secretary Janet Yellen on the Next Steps for Russia Sanctions and ‹Friend-Shoring› Supply Chains, 13.04.2022, https://www.atlanticcouncil.org/news/transcripts/transcript-us-treasury-secretary-janet-yellen-on-the-next-steps-for-russia-sanctions-and-friend-shoring-supply-chains/.

41 Michael Singh: The Saudi-Iran Deal Reflects a New Global Reality, in: Washington Post, 16.03.2023, https://www.washingtonpost.com/opinions/2023/03/16/saudi-arabia-iran-china-deal/.

42 Mathew Burrows und Maria J. Stephan: Bolstering Democracy. Lessons Learned and Path Forward, The Atlantic Council, Washington, DC, 2018, S. 22.

43 Ebd. Vgl. auch den Originalartikel von Darren Acemoglu: Oligarchic versus Democratic, in: Journal of the European Economic Association, 6 (März 2008) 1, S. 1–44, https://citeseerx.ist.psu.edu/document?repid=rep1&type=pdf&doi=118d93e80ec39ff7aee7ce92872766581612b2f6.

44 Iman Ghosh: How China Overtook the US and the World's Major Trading Partner, in: Visual Capitalist, 22.01.2020, https://www.visualcapitalist.com/china-u-s-worlds-trading-partner/#:~:text=How%20China%20Overtook%20the%20U.S.%20as%20the%20World%E2%80%99s%20Major%20Trading%20Partner.

45 Ebd.

46 Jonathan D. Moyer, Collin J. Meisel, Austin S. Matthews, David K. Bohl, und Mathew J. Burrows: China-US Competition. Measuring Global Influence, Atlantic Council, Mai 2021, https://www.atlanticcouncil.org/wp-content/uploads/2021/06/China-US-Competition-Report-2021.pdf.

47 Michael Singh: The Saudi-Iran Deal Reflects a New Global Reality.

48 Jonathan D. Moyer, Collin J. Meisel, Austin S. Matthews, David K. Bohl und Mathew J. Burrows: China-US Competition. Measuring Global Influence.

49 Jonathan Woetzel, Jeongmin Seong, Nick Leung, Joe Ngai, James Manyika, Anu Madgavkar, Susan Lund und Andrey Mironenko: China and the World. Inside the Dynamics of a Changing Relationship, McKinsey Global Institute, 01.07.2019, https://www.mckinsey.com/~/media/mckinsey/featured%20insights/china/china%20and%20the%20world%20inside%20the%20dynamics%20of%20a%20changing%20relationship/mgi-china-and-the-world-full-report-feb-2020-en.pdf.

50 Ebd.

51 Lambert Bu, Jacob Wang, Kevin Wei Wang und Daniel Zipser: China Digital Consumer Trends 2019. Discovering the Next Wave of Growth, McKinsey & Company, September 2019, https://www.mckinsey.com/~/media/mckinsey/featured%20insights/china/china%20digital%20consumer%20trends%20in%202019/china-digital-consumer-trends-in-2019.ashx.

52 Semiconductors and the U.S.-China Innovation Race. Geopolitics of the Supply Chain and the Central Role of Taiwan, in: Foreign Policy, 16.02.2021, https://foreignpolicy.com/2021/02/16/semiconductors-us-china-taiwan-technology-innovation-competition/.

53 Moskaus Bemühungen wurden erstmals 1949 von den Vereinigten Staaten entdeckt, nachdem eine sowjetische unterirdische Atomexplosion durchgeführt worden war. Die UdSSR zündete 1953 ihre erste Wasserstoffbombe und führte im November 1955 ihre erste «echte» thermonukleare Explosion her-

bei. Vgl. zur überraschten Reaktion der Amerikaner: This Day in History (September 23, 1949). President Truman Announces Soviets Have Exploded a Nuclear Device, in: History, 13.11.2009, https://www.history.com/this-day-in-history/truman-announces-soviets-have-exploded-a-nuclear-device.

54 Ebd.

55 Ebd.

56 Chinese Nuclear Program: Atomic Heritage Foundation, 19.07.2018, https://ahf.nuclearmuseum.org/ahf/history/chinese-nuclear-program/.

57 Zitiert in: Jonathan D. Spence: To Change China. Western Advisers in China, New York, 1980, S. 286.

58 The National Security Archive, George Washington University: China's First Nuclear Test 1964 – 50th Anniversary, 16.10.2014, https://nsarchive2.gwu.edu/nukevault/ebb488/.

59 Jacky Wong: Three-Way U. S. Chip Alliance Should Spook Beijing, in: Wall Street Journal, 30.01.2023, https://www.wsj.com/articles/u-s-tripartite-chip-alliance-should-spook-china-11675082522?page=1.

60 Ebd.

61 Doug Palmer: What Cold War? U. S. Trade With China Hits New High, in: Politico, 02.02.2023, https://www.politico.com/news/2023/02/07/trade-china-relations-economies-00081301.

62 China-EU – International Trade in Goods Statistics, in: Eurostat, Februar 2023, https://ec.europa.eu/eurostat/statistics-explained/index.php?title=China-EU_-_international_trade_in_goods_statistics.

63 Jacob Gunter zitiert in: Carolynn Look: China's Lure for Europe Inc. Has Barely Faded, in: Bloomberg, 18.08.2022, https://www.bloomberg.com/news/newsletters/2022-08-18/what-s-happening-in-world-economy-for-europe-inc-china-lure-has-barely-faded.

64 Ebd.

65 U. S. Chamber of Commerce: Understanding U. S.-China Decoupling. Macro Trends and Industry Impacts, 2021, https://www.uschamber.com/assets/archived/images/024001_us_china_decoupling_report_fin.pdf.

66 Sarang Shidore: Global South Again Shows Ambivalence on the Ukraine War, in: Responsible Statecraft, 13.10.2022, https://responsiblestatecraft.org/2022/10/13/global-south-again-shows-ambivalence-on-the-ukraine-war/.

67 Corinne Redfern: How the Focus on Ukraine is Hurting Other Humanitarian Responses, in: The New Humanitarian, 07.07.2022, https://www.thenewhumanitarian.org/news-feature/2022/07/07/Ukraine-aid-Russia-invasion-funding-donors.

68 Mathew Burrows: Defending Democracy and Countering China Requires US and Western Support for a Beleaguered Developing World, in: Atlantic Council, 09.06.2022, https://www.atlanticcouncil.org/content-series/engagement-reframed/engagement-reframed-7-defending-democracy-and-countering-china-requires-us-and-western-support-for-a-beleaguered-developing-world/.

69 Darren Dodd: 'Don't Get Carried Away', Say Global Policymakers, in: Financial Times, 20.01.2023, https://www.ft.com/content/acdef4cc-dc2c-45e7-bab9-4659a1421b4c.

70 Marc Jones: Serious Debt Crisis Unfolding Across Developing Countries – UNDP, in: Reuters, 11.10.2022, https://www.reuters.com/markets/rates-bonds/serious-debt-crisis-unfolding-across-developing-countries-undp-2022-10-11/.

71 United Nations Conference on Trade and Development (UNCTAD): UN Crisis Response Group Calls For Immediate Action to Avert Cascading Impacts of War in Ukraine, 13.04.2022, https://unctad.org/news/un-crisis-re sponse-group-calls-immediate-action-avert-cascading-impacts-war-ukraine.

72 David Pilling: Africa Watches With Envy at Ghana's ‹Boring› Presidential Race, in: Financial Times, 06.12.2020, https://www.ft.com/content/5a311e3e-1cde-4e58-b66a-d0a74ccobff6?utm_source=substack&utm_medium=email.

73 Adam Tooze: Finance and the Polycrisis (6): Africa's Debt Crisis, Chartbook, #181, 19.12.2022, https://adamtooze.substack.com/p/finance-and-the-poly crisis-6-africas.

74 Ebd.

75 Ebd.

76 Olalekan Fakoyejo: World Bank President, David Malpass, Addresses Nigeria's Debt Restructuring Claim, in: Ripples Nigeria, 14.10.2022, https://www.ripplesnigeria.com/world-bank-president-david-malpass-addresses-nigerias-debt-restructuring-claim/.

77 Ebd.

78 Sebastian Horn, Carmen Reinhart und Christoph Trebesch: China's Overseas Lending, Kiel Institute for the World Economy, Kiel Working Paper, Nr. 2132, Juni 2019 (Stand: 16.04.2020), https://www.ifw-kiel.de/fileadmin/Dateiverwaltung/IfW-Publications/Christoph_Trebesch/KWP_2132.pdf.

79 Alastair Gale: China's Military Is Catching Up to the U.S. Is It Ready for Battle?, in: Wall Street Journal, 20.10.2022, https://www.wsj.com/articles/china-military-us-taiwan-xi-11666268994.

80 Ebd.

81 Lara Seligman: Pentagon: China to More Than Triple Its Nuclear Arsenal by 2035, in: Politico, 29.11.2022, https://www.politico.com/news/2022/11/29/pentagon-china-nuclear-stockpile-00071101.

82 Euan Graham: The Hague Tribunal's South China Sea Ruling. Empty Provocation or Slow-Burning Influence?, Council on Foreign Relations, 18.08.2016, https://www.cfr.org/councilofcouncils/global-memos/hague-tribunals-south-china-sea-ruling-empty-provocation-or-slow-burning-influence.

83 H. Léo Kim, Paul Eckert, Paul Nelson und Mat Pennington: Lawyer Urges New Legal Case 5 Years after Landmark South China Sea Ruling, in: Radio Free Asia, 2021, https://www.rfa.org/english/news/special/scs-pca-5-years-later/.

84 Matthew Lee und Mark Thiessen: U.S., China Spar in First Face-to-Face

Meeting Under Biden, in: Associated Press, 19.03.2021, https://apnews.com/article/donald-trump-alaska-antony-blinken-yang-jiechi-wang-yi-fc23cd2b23332fa8dd2d781bd3f7c178.

85 Ebd.

86 Ebd.

87 Ebd.

88 Xiaojun Li: How Public Opinion Shapes China's Foreign Policy, in: LSE Blog, 20.05.2022, https://blogs.lse.ac.uk/cff/2022/05/20/how-public-opinion-shapes-chinas-foreign-policy/.

89 Charles F. Doran: Economics, Philosophy of History and the ‹Single Dynamic› of Power Cycle Theory. Expectations, Competition and Statecraft, in: International Political Science Review, 24 (2003) 1, S. 13–49, abgerufen auf JSTOR: https://www.jstor.org/stable/1601328.

90 Global Trends 2030: Alternative Worlds, The National Intelligence Council (NIC), Dezember 2012, https://www.dni.gov/files/documents/GlobalTrends_2030.pdf.

91 Minxin Pei: Xi Jinping's Covid Crisis Is Really an Opportunity, in: New York Times, 14.12.2022, https://www.nytimes.com/2022/12/14/opinion/china-covid-protest-democracy-xi.html.

92 Martin Wolf: What I Learnt in My Days on the Mountain in Davos, in: Financial Times, 25.01.2023, https://www.ft.com/content/40b58800-1bb6-407e-82cd-85cfdd332bd1.

Kapitel 2: Das hässliche Szenario – Ein Dritter Weltkrieg

1 Stephen S. Roach: Accidental Conflict. America, China, and the Clash of False Narratives, London, 2022.

2 Stephen S. Roach: Sleepwalking Toward Accidental Conflict, in: Project Syndicate, 27.02.2023, https://www.project-syndicate.org/commentary/taiwan-or-ukraine-could-spark-major-powers-war-by-stephen-s-roach-2023-02.

3 Five Key Takeaways From Biden and Xi's First Meeting As Leaders, in: The Guardian, 14.11.2022, https://www.theguardian.com/world/2022/nov/14/five-key-takeaways-from-biden-and-xis-first-meeting-as-leaders.

4 Jennifer Jacobs, Jenny Leonard und Iain Marlow: Biden's Vow to Defend Taiwan Makes US Policy Shift Explicit, in: Bloomberg, 20.09.2022, https://www.bloomberg.com/news/articles/2022-09-20/biden-s-vow-to-defend-taiwan-makes-us-policy-shift-explicit.

5 Mark D. Kelly zitiert in: Stephen Wertheim: World War III Begins With Forgetting, in: New York Times, 02.12.2022, https://www.nytimes.com/2022/12/02/opinion/america-world-war-iii.html. Weitere Informationen zum CSIS-Wargaming bei: Justin Katz und Valerie Insinna: ‹A bloody Mess› with ‹Terrible Loss of Life›: How a China-US Conflict Over Taiwan Could Play Out, in: Breaking Defense, 11.08.2022, https://breakingdefense.com/2022/

08/a-bloody-mess-with-terrible-loss-of-life-how-a-china-us-conflict-over-taiwan-could-play-out/.

6 Ebd.

7 Ebd.

8 Ebd.

9 Wir sind Anca Agachi für ihre Analyse von Konflikttrends zu Dank ver-pflichtet, in: Global Foresight 2022, The Atlantic Council, Dezember 2021, https://www.atlanticcouncil.org/content-series/atlantic-council-strategy-pa per-series/global-foresight-2022/.

10 Peter T. Coleman: Characteristics of Protracted, Intractable Conflict. To-ward the Development of a Metaframework-I, Peace and Conflict, in: Jour-nal of Peace Psychology, 9 (2003) 1, S. 1–37.

11 Håvard Hegre, Håvard Mokleiv Nygård, Håvard Strand, Scott Gates und Ranveig D. Flaten: The Conflict Trap, Paper Prepared for the 2011 Annual Meeting of the American Political Science Association (APSA) in Seattle, WA, 24.08.2011, https://www.researchgate.net/publication/228213708_The_Conflict_Trap.

12 David Uren: History Shows the West's Sanctions on Russia Could Backfire, in: The Strategist, 05.04.2022, https://www.aspistrategist.org.au/history-shows-the-wests-sanctions-on-russia-could-backfire/.

13 Greg Myre: U. S. Sanctions Against Russia Never Go Away – They Just Evolve, in: NPR, 21.07.2017, https://www.npr.org/2017/07/21/538086476/u-s-sanctions-against-russia-never-go-away-they-just-evolve.

14 American Foreign Relations: Embargoes and Sanctions – Cold War Sancti-ons, https://www.americanforeignrelations.com/E-N/Embargoes-and-Sanc tions-Cold-war-sanctions.html.

15 Greg Myre: U. S. Sanctions Against Russia Never Go Away.

16 Zitiert in: American Foreign Relations, Embargoes and Sanctions – Cold War Sanctions. Für eine umfassende empirische Studie zu Wirtschaftssank-tionen vgl. Gary Clyde Hufbauer, Jeffrey Schott, Kimberly Ann Elliott und Barbara Oegg: Economic Sanctions Reconsidered, Washington, DC, 2009.

17 Zitiert in: Monique Beals: Putin Says Sanctions Against Russia Aimed at ‹Worsening Lives› of Millions of People, in: The Hill, 16.03.2022, https://the hill.com/policy/finance/598438-putin-says-sanctions-against-russia-aimed-at-worsening-lives-of-millions-of/.

18 Natasha Bertrand, Kylie Atwood, Kevin Liptak und Alex Marquardt: Aus-tin's Assertion that US Wants to ‹Weaken› Russia Underlines Biden Strategy Shift, in: CNN, 26.04.2022, https://edition.cnn.com/2022/04/25/politics/biden-administration-russia-strategy/index.html.

19 Jennifer Rubin: Lloyd Austin is Right. Russia Must Be Weakened, in: Wa-shington Post, 28.04.2022, https://www.washingtonpost.com/opinions/2022/04/28/lloyd-austin-is-right-russia-weakened-ukraine-war/.

20 Tara Copp und Lolita C. Baldor: Pentagon. Despite Russia's War, China Still Top Threat to US, in: Associated Press, 27.10.2022, https://apnews.com/

article/europe-middle-east-china-united-states-beijing-4521a349b4171b4e97 92a5ed96f6f44 f.

21 The White House: National Security Strategy, 12.10.2022, https://www. whitehouse.gov/wp-content/uploads/2022/10/Biden-Harris-Administrations-National-Security-Strategy-10.2022.pdf.

22 Dieser Kollege ist James Siebens, in: The Stimson Center, Experts React. Biden Administration's National Security Strategy, 14.10.2022, https://www. stimson.org/2022/experts-react-biden-administrations-national-security-strategy/.

23 Kelly Grieco in: ebd.

24 Asma Mhalla: Techno-politique de la puissance, des alliances et des interdépendances, in: Le Grand Continent, 28.11.2022, https://legrandcontinent.eu/ fr/2022/11/28/techno-politique-de-la-puissance-des-alliances-et-des-interde pendances/?utm_source=substack&utm_medium=email.

25 Margaret Macmillan: The Rhyme of History. Lessons of the Great War, Washington, DC, 14.12.2013, http://csweb.brookings.edu/content/research/ essays/2013/rhyme-of-history.html.

26 Ebd.

27 Ebd.

28 Ebd.

29 Ebd.

30 Ebd.

31 Zum Beispiel: Christopher K. Johnson: Why China Will Play It Safe. Xi Would Prefer Détente – Not War – With America, in: Foreign Affairs, 14.11. 2022, https://www.foreignaffairs.com/china/why-china-will-play-it-safe.

32 James Glanz, Mara Hvistendahl und Agnes Chang: How Deadly was China's Covid Wave?, in: New York Times, 15.02.2023, https://www.nytimes.com/ interactive/2023/02/15/world/asia/china-covid-death-estimates.html.

33 Gewinnen ohne zu kämpfen (不战而屈 人之兵): «Die größte Leistung besteht darin, den Widerstand des Feindes ohne einen Kampf zu brechen» (Sun Tzu).

34 Robert A. Manning: The Troubling Question Haunting US Foreign Policy, in: The Hill, 19.08.2022, https://thehill.com/opinion/3607349-the-troubling-question-haunting-us-foreign-policy/.

35 Charity S. Jacobs und Kathleen M. Carley: Taiwan. China's Gray Zone Doctrine in Action, in: Small Wars Journal, 11.02.2022, https://smallwarsjournal. com/jrnl/art/taiwan-chinas-gray-zone-doctrine-action.

36 European Commission: EU Requests Two WTO Panels Against China. Trade Restrictions on Lithuania and High-tech Patents, Brüssel, 07.12.2022, https://ec.europa.eu/commission/presscorner/detail/en/ip_22_7528.

37 Charity S. Jacobs und Kathleen M. Carley: China's Gray Zone Doctrine in Action.

38 Ebd.

39 Phelim Kine: How Biden Bungled the Pelosi Trip, in: Politico, 03.08.2022,

https://www.politico.com/news/2022/08/03/biden-pelosi-taiwan-trip-bei
jing-00049625.

40 Ebd.

41 Election Study Center, National Chengchi University: Taiwan Independence vs. Unification with the Mainland (1994/12–2022/12), Taipei City/
Taiwan, https://esc.nccu.edu.tw/PageDoc/Detail?fid=7801&id=6963.

42 James Lee: Taiwan and the ‹New Cold War›, in: Network for Strategic Analysis (NSA), 29.08.2022, https://ras-nsa.ca/taiwan-and-the-new-cold-war/.

43 Taiwan's Ruling DPP Needs Soul-searching After Election Loss, in: Nikkei
Asia, 30.11.2022, https://asia.nikkei.com/Opinion/The-Nikkei-View/Taiwan-
s-ruling-DPP-needs-soul-searching-after-election-loss.

44 Taiwan's KMT Has a Mountain to Climb for 2024 Presidential Race, in:
Nikkei Asia, 29.11.2022, https://asia.nikkei.com/Politics/Taiwan-elections/
Taiwan-s-KMT-has-a-mountain-to-climb-for-2024-presidential-race.

45 James Lee: Taiwan and the ‹New Cold War›.

46 Shannon Tiezzi: How Eisenhower Saved Taiwan, in: The Diplomat, 29.07.
2015, https://thediplomat.com/2015/07/how-eisenhower-saved-taiwan/.

47 Kyle Mizokami: In 1996, America and China Nearly Clashed Over Taiwan,
in: The National Interest, 07.06.2021, https://nationalinterest.org/blog/
reboot/1996-america-and-china-nearly-clashed-over-taiwan-187138.

48 James Lee: Taiwan and the ‹New Cold War›.

49 John C. Hulsman: Taiwan Is the ‹Berlin› of the Sino-American Cold War, in:
Observer Research Foundation, 26.05.2021, https://www.orfonline.org/
expert-speak/taiwan-is-the-berlin-of-the-sino-american-cold-war/.

50 Warren P. Strobel: War Game Finds U.S., Taiwan Can Defend Against a
Chinese Invasion, in: Wall Street Journal, 09.08.2022, https://www.wsj.com/
articles/war-game-finds-u-s-taiwan-can-defend-against-a-chinese-invasion-
11660047804.

51 Todd South: In Think Tank's Taiwan War Game, US Beats China at High
Cost, in: Military Times, 12.08.2022, https://www.militarytimes.com/news/
2022/08/12/in-think-tanks-taiwan-war-game-us-beats-china-at-high-cost/.

52 Stacie Pettyjohn, Becca Wasser und Chris Dougherty: Dangerous Straits.
Wargaming a Future Conflict over Taiwan, Center for a New American Security (CNAS),15.06.2022, https://www.cnas.org/publications/reports/dange
rous-straits-wargaming-a-future-conflict-over-taiwans.

53 Semiconductor Wafer Capacity by Geographic Region (2020), https://any
silicon.com/semiconductor-wafer-capacity-by-geographic-region-2020/.

54 Lloyd's List: One Hundred Ports 2021, https://lloydslist.maritimeintelli-
gence.informa.com/-/media/lloyds-list/images/top-100-ports-2021/top-100-
ports-2021-digital-edition.pdf.

55 Kevin Varley: Taiwan Tensions Raise Risks in One of Busiest Shipping Lanes,
in: Bloomberg, 02.08.2022, https://www.bloomberg.com/news/articles/
2022-08-02/taiwan-tensions-raise-risks-in-one-of-busiest-shipping-lanes?
sref=VZPf2pAM&leadSource=uverify%20wall.

56 Christine McDaniel und Weifeng Zhong: Submarine Cables and Container Shipments. Two Immediate Risks to the US Economy If China Invades Taiwan, Mercatus Center, https://www.mercatus.org/research/policy-briefs/submarine-cables-and-container-shipments-two-immediate-risks-us-economy-if.

57 Matthew P. Goodman und Matthew Wayland: Securing Asia's Subsea Network. U. S. Interests and Strategic Options, Center for Strategic and International Studies (CSIS), 05.04.2022, https://www.csis.org/analysis/securing-asias-subsea-network-us-interests-and-strategic-options.

58 Gerard DiPippo: What Are the Economic Stakes of a Taiwan Conflict?, in: Center for Strategic and International Studies (CSIS): Are Washington and Beijing on a Collision Course over Taiwan?, Washington, DC, 06.10.2022, https://www.csis.org/analysis/are-washington-and-beijing-collision-course-over-taiwan.

59 Kathrin Hille und Demetri Sevastopulo: US Warns Europe a Conflict Over Taiwan Could Cause Global Economic Shock, in: Financial Times, 10.11. 2022, https://www.ft.com/content/c0b815f3-fd3e-4807-8de7-6b5f72ea8ae5.

60 Doug Bandow: What Would a US War with China Look Like?, in: Responsible Statecraft, 24.10.2022, https://responsiblestatecraft.org/2022/10/24/what-would-a-us-war-with-china-look-like/.

61 James Kitfield: 'We're Going to Lose Fast'. U. S. Air Force Held a War Game that Started with a Chinese Biological Attack, in: Yahoo! News, 10.03.2021, https://www.yahoo.com/now/were-going-to-lose-fast-us-air-force-held-a-war-game-that-started-with-a-chinese-biological-attack-170003936.html.

62 S. Clinton Hinote zitiert in: ebd.

63 Michael O'Hanlon: There Should Be No War Over Taiwan, in: The Hill, 09.06.2022, https://thehill.com/opinion/national-security/3622891-there-should-be-no-war-over-taiwan/.

64 Robert Manning, Mercedes Trent und Sam Gardner-Bird: How Far Will the US Go to Defend Taiwan, in: Inkstick, 10.02.2022, https://inkstickmedia.com/adults-in-a-room-vi/.

65 Kevin Rudd: Rivals Within Reason? U. S.-Chinese Competition Is Getting Sharper – But Doesn't Necessarily Have to Get More Dangerous, in: Foreign Affairs, 20.07.2022, https://www.foreignaffairs.com/china/rivals-within-reason.

66 Sarah Keoghan: Rudd Warns of ‹War by Accident› Between China and US, in: The Sydney Morning Herald, 09.03.2023, https://www.smh.com.au/world/asia/rudd-warns-of-war-by-accident-between-china-and-us-20230309-p5cqwy.html.

67 Thomas J. Wright: All Measures Short of War. The Contest for the 21st Century and the Future of American Power, London, 2017.

Kapitel 3: Das gute Szenario – Katalysatoren für eine Kooperation

1 Charles Goodhart und Manoj Pradhan: The Great Demographic Reversal. Ageing Societies, Waning Inequality, and an Inflation Revival, London, 2020.

2 Ebd.

3 Zitiert in: Steve Holland und Jeff Mason: Obama, in Dig at Putin, Calls Russia ‹Regional Power›, in: Reuters, 25.03.2014, https://www.reuters.com/article/us-ukraine-crisis-russia-weakness/obama-in-dig-at-putin-calls-russia-regional-power-idUSBREA2O19J20140325.

4 Victor Gaspar: Book Review of The Great Demographic Reversal, IMF, Frühjahr 2021, https://www.imf.org/external/pubs/ft/fandd/2021/03/book-review-the-great-demographic-reversal-goodhart-pradhan.htm.

5 Charles Goodhart und Manoj Pradhan: The Great Demographic Reversal. An Introduction to Our New Book, in: Semantic Scholar, 01.10.2020, https://www.semanticscholar.org/paper/The-Great-Demographic-Reversal-Goodhart-Pradhan/1bcbabb6a7000153c100dda0ddf4c2af003ef1f3.

6 Ebd.

7 Ebd.

8 Ji Siqi: China GDP to Surpass US Around 2035, Years Later than Previously Expected, Goldman Sachs, in: South China Morning Post, 09.12.2022, https://www.scmp.com/economy/china-economy/article/3202752/china-gdp-surpass-us-around-2035-years-later-previously-expected-goldman-sachs-predicts.

9 Ebd.

10 Lindsay Maizland: China and Russia. Exploring Ties Between Two Authoritarian Powers, Council on Foreign Relations, 14.06.2022, https://www.cfr.org/backgrounder/china-russia-relationship-xi-putin-taiwan-ukraine.

11 Tom Mitchell, Sun Yu und James Kynge: Emboldened Xi Jinping Steps Back on to World Stage with G20 Summit, in: Financial Times, 13.11.2022, https://www.ft.com/content/89e7c3e5-2a8f-4849-a090-1e1517abf9a6.

12 Alexandra Alper: U. S. Accuses Five firms in China of Supporting Russia's Military, in: Reuters, 29.06.2022, https://www.reuters.com/world/us-accuses-chinese-companies-supporting-russias-military-2022-06-28/.

13 James Kynge, Sun Yu und Xinning Liu: Xi Jinping's Plan to Reset China's Economy and Win Back Friends, in: Financial Times, 10.01.2023, https://www.ft.com/content/e592033b-9e34-4e3d-ae53-17fa34c16009.

14 Xi Jinping zitiert in: ebd.

15 Robert Manning: What to Make of China's ‹Peace Plan› for Ukraine, in: The Hill, 28.02.2023, https://thehill.com/opinion/international/3875996-what-to-make-of-chinas-peace-plan-for-ukraine/.

16 Edward Luce: China is Right about US Containment, in: Financial Times,

08.03.2022, https://www.ft.com/content/bc6685c1-6f17-4e9e-aaaa-922083c0
6e70.

17 Rush Doshi: The Long Game. China's Grand Strategy to Displace American
    Order, New York, 2021.

18 Alex Thompson, Phelim Kine und Max Tani: Jake's Nest of China Hawks,
    in: Politico, 13.04.2022, https://www.politico.com/newsletters/west-wing-
    playbook/2022/04/13/jakes-nest-of-china-hawks-00024976.

19 Laura Silver, Kat Devlin und Christine Huang: Americans Fault China for
    Its Role in the Spread of COVID-19, Pew Research Center, 30.07.2020,
    https://www.pewresearch.org/global/2020/07/30/americans-fault-china-for-
    its-role-in-the-spread-of-covid-19/.

20 Ebd.

21 Xiaojun Li: How Public Opinion Shapes China's Foreign Policy, in: LSE
    Blog, 20.05.2022, https://blogs.lse.ac.uk/cff/2022/05/20/how-public-opinion-
    shapes-chinas-foreign-policy/.

22 Qi Dongtao: More Mainland Chinese Elites Supporting Armed Unification
    with Taiwan. A Cause for Concern?, in: Think China, 30.08.2021, https://
    www.thinkchina.sg/more-mainland-chinese-elites-supporting-armed-unifi
    cation-taiwan-cause-concern; Xiaojun Li und Adam Y Liu: Public Support
    for Territorial Unification by Force. The case of Taiwan, Mai 2022, https://
    www.researchgate.net/publication/360603992_Public_Support_for_Territo
    rial_Unification_by_Force_The_case_of_Taiwan.

23 Xiaojun Li: How Public Opinion Shapes China's Foreign Policy.

24 Pew Research Center: Domestic and Foreign Policy Views. Generations Di-
    vide on Some – Not All – Social Issues, 03.11.2011, https://www.pewresearch.
    org/politics/2011/11/03/section-8-domestic-and-foreign-policy-views/.

25 Samuel Barnett, Natalie Thompson und Sandy Alkoutami: How Gen Z Will
    Shake Up Foreign Policy, in: Carnegie Endowment for International Peace,
    03.12.2020, https://carnegieendowment.org/2020/12/03/how-gen-z-will-sha
    ke-up-foreign-policy-pub-83377.

26 Natalie Dowzicky: Who's Zooming Who? What Gen Z Really Thinks About
    Foreign Policy, in: Responsible Statecraft, 03.02.2021, https://responsiblesta
    tecraft.org/2021/02/03/whos-zooming-who-what-gen-z-really-thinks-about-
    foreign-policy/.

27 Laura Silver: Fast Facts About Americans' Views of China-Taiwan Tensi-
    ons, Pew Research Center, 01.08.2022, https://www.pewresearch.org/fact-
    tank/2022/08/01/fast-facts-about-americans-views-of-china-taiwan-tensi
    ons/.

28 Dina Smeltz und Craig Cafura: Americans Favor Aiding Taiwan With Arms
    But Not Troops, The Chicago Council on Global Affairs, August 2022,
    https://globalaffairs.org/sites/default/files/2022-08/2022%20CCS%20Taiwan
    %20Brief.pdf.

29 Deborah Jordan Brooks, Stephen G. Brooks, Brian Greenhill und Mark L.
    Haas: Why Old Societies are the Most Peaceful and Young Societies are Con-

flict Prone, in: Political Violence at a Glance, 06.08.2019, https://political violenceataglance.org/2019/08/06/why-old-societies-are-the-most-peaceful-and-young-societies-are-conflict-prone/#:~:text=For%20one%20thing%2C %20societal%20aging%20reduces%20the%20capacity,their%20ability%20to %20secure%20funds%20for%20military%20spending.

30 Laura Silver und Christine Huang: Key Facts About China's Declining Population, Pew Research Center, 05.12.2022, https://www.pewresearch.org/ fact-tank/2022/12/05/key-facts-about-chinas-declining-population/#:~:text= China%E2%80%99s%202022%20total%20fertility%20rate%20is%20estima ted%20to,replacement%20rate%20%E2%80%9D%20of%202.1%20children %20per%20woman.

31 Bill Chappell: U. S. Birthrate Fell By 4% in 2020, Hitting Another Record Low, in: NPR, 05.05.2021, https://www.npr.org/2021/05/05/993817146/u-s-birth-rate-fell-by-4-in-2020-hitting-another-record-low#:~:text=The%20sta tistical%20replacement%20rate%20is%202%2C100%20births%20per,year% 20earlier%2C%20it%20was%20just%20over%201%2C700%20births.

32 Mary Elizabeth Malinkin: Russia. The World's Second-Largest Immigration Haven, in: National Interest, 10.07.2014, https://nationalinterest.org/blog/ the-buzz/russia-the-worlds-second-largest-immigration-haven-11053.

33 Jeff Chapman: The Long-Term Decline in Fertility – and What It Means for State Budgets, Pew Charitable Trust, 05.12.2022, https://www.pewtrusts.org/ en/research-and-analysis/issue-briefs/2022/12/the-long-term-decline-in-ferti lity-and-what-it-means-for-state-budgets.

34 Cash for Babies. How Europe is Tackling Its Falling Birthrate, World Economic Forum, 27.02.2020, https://www.weforum.org/agenda/2020/02/europe-ageing-population-migration-birthrate/.

35 Total Fertility Rate in Europe in 2022, by Country, in: Statista, https://www. statista.com/statistics/612074/fertility-rates-in-european-countries/.

36 World Trade Organization: Accession in Perspective, 2022, https://www.wto. org/english/thewto_e/acc_e/cbt_course_e/c1s1p1_e.htm#:~:text=Their%20 membership%20of%20the%20WTO,99.35%20percent%20of%20world%20 population.

37 Ebd.

38 World Bank: Decline of Global Extreme Poverty Continues But Has Slowed, Press Release, 19.09.2018, https://www.worldbank.org/en/news/press-release/ 2018/09/19/decline-of-global-extreme-poverty-continues-but-has-slowed-world-bank.

39 Credit Suisse Research Institute: Global Wealth Report 2021, Juni 2021, file:///C:/Users/josef/Downloads/global-wealth-report-2021-en.pdf.

40 Zitiert in: Andrea Shalal: World Bank Says Goal of Ending Extreme Poverty by 2030 Unlikely to Be Met, in: Reuters, 05.10.2022, https://www.reuters. com/world/africa/world-bank-says-goal-ending-extreme-poverty-by-2030-wont-be-met-2022-10-05/.

41 Matt Nesvisky: Globalization and Poverty, in: The Digest, No. 3, National

Bureau of Economic Research, März 2007, https://www.nber.org/digest/mar07/globalization-and-poverty.

42 Rakesh Kochhar: The Pandemic Stalls Growth in the Global Middle Class, Pushes Poverty Up Sharply, Pew Research Center, 18.03.2021, https://www.pewresearch.org/global/2021/03/18/the-pandemic-stalls-growth-in-the-global-middle-class-pushes-poverty-up-sharply/.

43 India Is No Longer a Democracy but an ‹Electoral Autocracy›: Swedish Institute, in: The Wire, 11.05.2021, https://thewire.in/rights/india-no-longer-democracy-electoral-autocracy-v-dem-institute-report-bjp-narendra-modi.

44 Ebd.

45 Ebd.

46 Ebd.

47 Ebd.

48 Sarah Repucci: Freedom in the World 2022. Reversing the Decline of Democracy in the United States, Freedom House, https://freedomhouse.org/report/freedom-world/2022/global-expansion-authoritarian-rule/reversing-decline-democracy-united-states.

49 Ashwini Deshpande: How India's Caste Inequality Has Persisted – and Deepened in the Pandemic, in: Current History, 120 (April 2021) 825, S. 127–132, https://online.ucpress.edu/currenthistory/article-abstract/120/825/127/116546/How-India-s-Caste-Inequality-Has-Persisted-and?redirectedFrom=fulltext.

50 Ebd.

51 Minxin Pei: The Coming Crisis of China's One-Party Regime, in: Project Syndicate, 20.09.2019, https://www.project-syndicate.org/commentary/crisis-of-chinese-communist-party-by-minxin-pei-2019-09.

52 Ebd.

53 Frank Fannon: New Standards Needed for the Clean Energy Technology Supply Chain, in: Financial Times, 12.06.2021, https://www.ft.com/content/763eaf26-fd35-491e-9464-2a8dc0a37501.

54 Zitiert in: Ben Geman und Andrew Freedman: Kerry: China Tensions Hurting Climate Talks, in: Axios, 07.03.2023, https://www.axios.com/2023/03/07/john-kerry-us-china-stalled-talks-climate-change.

55 Niklas Boers zitiert in: Damian Carrington: Climate Crisis. Scientists Spot Warning Signs of Gulf Stream Collapse, in: The Guardian, 05.08.2021, https://www.theguardian.com/environment/2021/aug/05/climate-crisis-scientists-spot-warning-signs-of-gulf-stream-collapse.

56 Ebd.

Kapitel 4: Wie ein Dritter Weltkrieg vermieden werden kann

1 Yuval Noah Harari: The End of the New Peace, in: The Atlantic, 12.12.2022, https://www.theatlantic.com/ideas/archive/2022/12/putin-russian-ukraine-war-global-peace/672385/?mc_cid=789ee9a97d&mc_eid=b07c1cd8ea.

2 Ebd.

3 Eine der umfangreichsten und nach wie vor relevanten Studien in Deutschland wurde geschrieben von Kurt Lauk: Die nuklearen Optionen der Bundesrepublik Deutschland, Kiel, 1977.

4 Dara Massicot: Russian Military Operations in Ukraine in 2022 and the Year Ahead, RAND Corporation, 28.02.2023, S. 6, https://www.rand.org/pubs/testimonies/CTA2646-1.html.

5 Harald Kujat: Ein Frieden ist möglich, in: Preußische Allgemeine, 21.12.2022, https://paz.de/artikel/ein-frieden-ist-moeglich-a8028.html.

6 Branko Milanović: Four Historico-ideological Theories About the Origin of the Current War in Ukraine, in: Brave New Europe, 27.12.2022, https://braveneweurope.com/branko-milanovic-four-historico-ideological-theories-about-the-origin-of-the-current-war-in-ukraine.

7 Ebd.

8 Rose Gottemoeller: Nuclear Diplomacy with Russia Could Avert the Threat of Armageddon, in: Financial Times, 07.10.2022, https://www.ft.com/content/e3b6df70-7735-414f-bf2c-816638455ff4.

9 Rose Gottemoeller und Marshall L. Brown, Jr: Legal Aspects of Russia's New START Suspension Provide Opportunities for US Policy, in: Bulletin of Atomic Scientists, 02.03.2023, https://thebulletin.org/2023/03/legal-aspects-of-russias-new-start-suspension-provide-opportunities-for-us-policy-makers/.

10 Harold James: What Happens After the War?, in: Project Syndicate, 21.12.2022, https://www.project-syndicate.org/commentary/russia-war-ukraine-what-comes-after-by-harold-james-2022-12.

11 Attracta Mooney und Camilla Hodgson: Global Warming Set to Reach 1.5C in the Near-term, UN Reports, in: Financial Times, 20.03.2023, https://www.ft.com/content/a9901b6a-e8eb-414b-99c5-455618cc968b.

12 Henry Fountain und Mira Rojanasakul: The Last 8 Years Were the Hottest on Record, in: New York Times, 10.01.2023, https://www.nytimes.com/interactive/2023/climate/earth-hottest-years.html.

13 Zitiert in: ebd.

14 Ebd.

15 World Bank Group: China Country Climate and Development Report, Oktober 2022, https://openknowledge.worldbank.org/server/api/core/bitstreams/35ea9337-dfcf-5d60-9806-65913459d928/content.

16 Climate Watch: Global Historical Emissions, https://www.climatewatchdata.org/ghg-emissions?end_year=2019&start_year=1990.

17 Ebd., S. 3.

18 Ebd., S. 5.

19 Ebd., S. 5.

20 Climate Action Tracker, China, https://climateactiontracker.org/countries/china/.

21 Climate Action Tracker, USA, https://climateactiontracker.org/countries/usa/.

22 Ebd.

23 Ebd.

24 Climate Action Tracker, EU, https://climateactiontracker.org/countries/eu/.

25 Ebd.

26 Ebd.

27 Climate Action Tracker, Germany, https://climateactiontracker.org/countries/germany/.

28 Ebd.

29 Chatham House / Organization for Security and Co-operation in Europe (OSCE): The Impact of Russia's War Against Ukraine on Climate Security and Climate Action, Januar 2023, https://alpanalytica.org/wp-content/uploads/2023/02/Independent-Experts-Analysis-The-impact-of-Russias-war-against-Ukraine-on-climate-security-and-climate-action-9-Feb-23.pdf.

30 Ebd.

31 Ebd.

32 Brad Plumer, Lisa Friedman, Max Bearak und Jenny Gross: In a First, Rich Countries Agree to Pay for Climate Damages in Poor Nations, in: New York Times, 19.11.2022, https://www.nytimes.com/2022/11/19/climate/un-climate-damage-cop27.html.

33 United Nations: COP27 Reaches Breakthrough Agreement on New ‹Loss and Damage› Fund for Vulnerable Countries, UN Climate Press Release, 20.11.2022, https://unfccc.int/news/cop27-reaches-breakthrough-agreement-on-new-loss-and-damage-fund-for-vulnerable-countries.

34 So die Ökonomen Nicholas Stern und Vera Songwe, zitiert in: What Would the Perfect Climate-change Lender Look Like?, in: The Economist, 23.02.2023, https://www.economist.com/finance-and-economics/2023/02/23/what-would-the-perfect-climate-change-lender-look-like.

35 Jennifer A. Dlouhy: Congress Poised to Torpedo Biden's Climate Finance Commitment, in: Bloomberg, 20.12.2022, https://www.bloomberg.com/news/articles/2022-12-20/congress-poised-to-torpedo-biden-s-climate-finance-commitment?leadSource=uverify%20wall.

36 Adva Saldinger: What's in the US Budget for Foreign Aid?, in: Devex, 21.12.2022, https://www.devex.com/news/what-s-in-the-us-budget-for-foreign-aid-104685.

37 Madeleine Speed: Germany Steps Up on Climate Finance and Seeks Overhaul of World Bank, in: Financial Times, 20.10.2022, https://www.ft.com/content/c7ea1893-75a4-4fa2-b524-aa5df625ee91.

38 EIB Group Increases Financing to a Record € 95 Billion in 2021, Helping the

European Union Fight the Pandemic and Speed Up the Green and Digital Transformation, European Investment Bank, 27.01.2022, https://www.eib.org/en/press/all/2022-022-eib-group-increases-financing-to-a-record-eur95-billion-in-2021-helping-the-european-union-fight-the-pandemic-and-speed-up-the-green-and-digital-transformation.

39 Annex 16: IDA Partner Contributions in US\$, World Bank, 15.12.2022, https://thedocs.worldbank.org/en/doc/de673efb6d163ebe533e902221b5d415-0410012022/original/IDA20-donor-contributions-2022.pdf.

40 Sebastian Horn, Carmen M. Reinhart und Christoph Trebesch: How Much Money Does the World Owe China?, in: Harvard Business Review, 26.02.2020, https://hbr.org/2020/02/how-much-money-does-the-world-owe-china.

41 Elliot Smith: Chinese Loans Leave Developing Countries With \$ 385 Billion in Hidden Debts, Study Says, in: CNBC, 30.09.2021, https://www.cnbc.com/2021/09/30/study-chinese-loans-leave-developing-countries-with-385-billion-in-hidden-debts.html.

42 Climate Action Tracker, China.

43 Aude Darnal: How the War in Ukraine Illustrates the Weakness of US Policy Toward Africa, in: Just Security, 18.04.2022, https://www.justsecurity.org/81139/how-the-war-in-ukraine-illustrates-the-weakness-of-us-policy-toward-africa/.

44 Liz Sly: A Global Divide on the Ukraine War is Deepening, in: Washington Post, 22.02.2023, https://www.washingtonpost.com/world/2023/02/22/global-south-russia-war-divided/?utm_source=alert&utm_medium=email&utm_campaign=wp_news_alert_revere&location=alert.

45 Ebd.

46 Ebd.

47 Zitiert in: Laura Pitel and Guy Chazan: Western Pleas Over Ukraine Fail to Sway African and South American Leaders, in: Financial Times, 19.02.2023, https://www.ft.com/content/f41949bb-0812-4b43-8ced-e10ca24d2e91.

48 David Keith: What's the Least Bad Way to Cool the Planet?, in: New York Times, 01.10.2021, https://www.nytimes.com/2021/10/01/opinion/climate-change-geoengineering.html.

49 Spencer Bokat-Lindell: Should We Block the Sun to Counter Climate Change?, in: New York Times, 11.01.2023, https://www.nytimes.com/2023/01/11/opinion/geoengineering-climate-change-solar.html.

50 Boris Ngounou: Africa. Climate Change Will Cause a 15% Drop in GDP by 2030, in: Afrik21, 10.03.2021, https://www.afrik21.africa/en/africa-climate-change-will-cause-a-15-drop-in-gdp-by-2030/.

51 «Wir fordern ein internationales Nichtnutzungsabkommen über solares Geoengineering», heißt es in diesem offenen Brief, https://www.solargeoeng.org/non-use-agreement/open-letter/.

52 Ebd.

53 Michaeleen Doucleff: What Does the Science Say About the Origin of the SARS-CoV-2 Pandemic?, in: NPR, 28.02.2023, https://www.npr.org/secti

ons/goatsandsoda/2023/02/28/1160162845/what-does-the-science-say-about-the-origin-of-the-sars-cov-2-pandemic.

54 Weijing Shang, Yaping Wang, Jie Yuan, Zirui Guo, Jue Liu und Min Liu: Global Excess Mortality During COVID-19 Pandemic. A Systematic Review and Meta-Analysis, in: Vaccines, 10 (2022) 10, 1702, https://doi.org/10.3390/vaccines10101702.

55 Government of Canada: «HIV/AIDS in Developing Countries», zuletzt geändert am 08.06.2017, https://www.international.gc.ca/world-monde/issues_development-enjeux_developpement/global_health-sante_mondiale/hiv_aids-vih_sida.aspx?lang=eng

56 Center for Naval Analyses (CNA) Corporation: National Security and the Threat of Climate Change, 2007, https://www.cna.org/cna_files/pdf/natio nal%20security%20and%20the%20threat%20of%20climate%20change.pdf.

57 Kategorisierung entnommen aus: Katariina Mustasilta: Preparing for a Hotter, Increasingly Digital and Fragmented 2030, European Union Institute for Security Studies (EUISS), Chaillot Paper No. 167, Mai 2021, S. 19–20, https://www.iss.europa.eu/sites/default/files/EUISSFiles/CP_167_0.pdf.

58 Robert Malley: 10 Conflicts to Watch in 2021, International Crisis Group, 30.12.2020, https://www.crisisgroup.org/global/10-conflicts-watch-2021.

59 Katariina Mustasilta: Preparing for a Hotter, Increasingly Digital and Fragmented 2030.

60 Jarrett Blanc und Frances Z. Brown: Conflict Zones in the Time of Coronavirus. War and War by Other Means, Carnegie Endowment for International Peace, 17.12.2020, https://carnegieendowment.org/2020/12/17/conflict-zones-in-time-of-coronavirus-war-and-war-by-other-means-pub-83462.

61 Abrahm Lustgarten: The Great Climate Migration, in: New York Times Magazine, Juli 2020, https://www.nytimes.com/interactive/2020/07/23/magazi ne/climate-migration.html.

62 Jorge Liboreiro: Josep Borrell Apologises for Controversial ‹Garden vs Jungle› Metaphor But Defends Speech, in: Euronews, 20.10.2022, https://www.euronews.com/my-europe/2022/10/19/josep-borrell-apologises-for-contro versial-garden-vs-jungle-metaphor-but-stands-his-ground.

63 April Dembosky: Silicon Valley Rooted in Backing From US Military, in: Financial Times, 09.06.2013, https://www.ft.com/content/8c0152d2-d0f2-11e2-be7b-00144feab7de.

64 Joe Biden's Campaign Website, Fact Sheet: 9 Key Elements of Joe Biden's Plan for a Clean Energy Revolution, https://joebiden.com/9-key-elements-of-joe-bidens-plan-for-a-clean-energy-revolution/.

65 The Biggest Challenge: Everyone Wants More Battery Power, in: Kanthal News, 13.09.2022, https://www.kanthal.com/en/news-stories/news-feed/news-media/2022/september/battery-industry-growth-pains/#:~:text=The%20biggest%20challenge%3A%20everyone%20wants%20more%20batte ry%20power,rethink%20how%20they%20are%20sourced%2C%20manufac tured%20and%20recycled.

66 Im Einzelnen: https://www.fsb-tcfd.org/.

67 John Podesta und Todd Stern: A Foreign Policy for the Climate. How American Leadership Can Avert Catastrophe, in: Foreign Affairs, Mai/Juni 2020, https://www.foreignaffairs.com/articles/united-states/2020-04-13/foreign-policy-climate.

68 Vgl. die umfangreiche Arbeit der EU-Kommission zur Regulierung nachhaltiger Finanzanlagen, die sogenannte EU-Taxonomie: https://ec.europa.eu/info/publications/sustainable-finance-technical-expert-group_en.

69 Ausführlicher vgl. U.S. Department of State: https://2009-2017.state.gov/e/oes/climate/mem/index.htm.

70 Amy Myers Jaffe: Emerging-Market Petrostates Are About to Melt Down. Collapsing Oil Prices Risk Igniting a Sovereign Debt Crisis, in: Foreign Affairs, 02.04.2020, https://www.foreignaffairs.com/articles/2020-04-02/emerging-market-petrostates-are-about-melt-down?utm_medium=promo_email&utm_source=promo_2&utm_campaign=mjo20-camp2-newsltr-panel-a&utm_content=20200415&utm_term=mjo20-camp2-newsltr-panel-a.

71 So auch die Einschätzung von Joseph S. Nye: A Western Strategy for a Declining Russia, in: Project Syndicate, 03.09.2014, https://www.project-syndicate.org/commentary/joseph-s--nye-wants-to-deter-Russland-ohne-es-isolieren.

72 Frans Timmermans und Josep Borrell: The Geopolitics of Climate Change, in: Project Syndicate, 26.04.2021, https://www.project-syndicate.org/commentary/eu-geopolitics-of-climate-change-by-frans-timmermans-1-and-josep-borrell-2021-04.

73 V-Dem Institute: Democracy Report 2022. Autocratization Changing Nature, März 2022, S. 7, https://v-dem.net/media/publications/dr_2022.pdf.

74 Mathew Burrows und Maria J. Stephan: Bolstering Democracy. Lessons Learned and Path Forward, The Atlantic Council, 2018, S. 22.

75 Ebd.

76 Max Fisher: U.S. Allies Drive Much of World's Democratic Decline, Data Shows, in: New York Times, 16.11.2021, https://www.nytimes.com/2021/11/16/world/americas/democracy-decline-worldwide.html.

77 Walter Eucken: Die Grundlagen der Nationalökonomie, Jena 1939 (6. Auflage), Berlin/Göttingen/Heidelberg, 1950.

78 Adam Smith: An Inquiry Into the Nature and Causes of the Wealth of Nations (erstmals 1776 veröffentlicht); vgl. Edwin Cannan's Zusammenstellung (Methuen and Co., Ltd) von Smiths 5. Auflage des Buches (1789) von 1904.

79 Walter Eucken und Franz Böhm: ORDO – Jahrbuch für die Ordnung von Wirtschaft und Gesellschaft, Band 1, Bad Godesberg, 1948.

80 Vgl. Patrick O'Connor: GOP 2016 Hopefuls Carly Fiorina, Ben Carson, Mike Huckabee Gain Ground, in WSJ/NBC News Poll, in: Wall Street Journal, 21.06.2015, http://www.wsj.com/articles/gop-2016-hopefuls-carly-fiorina-ben-carson-mike-huckabee-gain-ground-in-wsj-nbc-news-poll-1434891601.

81 Vgl. die Berechnungen der Demokratie- und Wahlforscher an der Harvard

University: Pippa Norris et al.: The Electoral Integrity Project, September 2016, https://sites.google.com/site/electoralintegrityproject 4/home.

82 Evelyn Chen: China Takes a Cautious Approach to its Economy in 2023, in: CNBC, 06.03.2023, https://www.cnbc.com/2023/03/06/china-takes-a-cautious-approach-to-its-economy-in-2023.html.

83 Keith Bradsher: China's Leader, With Rare Bluntness, Blames U.S. Containment for Troubles, in: New York Times, 07.03.2023, https://www.nytimes.com/2023/03/07/world/asia/china-us-xi-jinping.html?searchResultPosition=1.

84 Ernst von Weizsäcker: Also reicht das nicht! Außenpolitik, neue Ökonomie, neue Aufklärung – Was wir in der Klimakrise jetzt wirklich brauchen, 4. Kapitel: Die Ökonomie von 1945 bis 2045, Paderborn, 2022.

85 Anne O. Krueger: Sleepwalking Into a Global Trade War, in: Project Syndicate, 22.12.2022, https://www.project-syndicate.org/commentary/trade-world-war-us-subsidies-protectionism-by-anne-o-krueger-2022-12?.

86 Hanns Maull: The ‹Alliance for Multilateralism› by Germany and France. About Time, But It Needs to Be Serious, Stiftung Wissenschaft und Politik (SWP), August 2019, https://www.swp-berlin.org/en/point-of-view/2019/the-alliance-for-multilateralism-by-germany-and-france-about-time-but-it-needs-to-be-serious/.

87 European Commission: Joint Statement by the European Union and Canada on an Interim Appeal Arbitration Arrangement, 25.07.2019, https://ec.europa.eu/commission/presscorner/detail/pt/statement_19_4709.

88 Steven Dunaway: Global Imbalances and the Financial Crisis, Council on Foreign Relations, März 2009, https://www.cfr.org/report/global-imbalances-and-financial-crisis.

89 US Department of the Treasury: Remarks by Secretary Henry M. Paulson, Jr., on the Financial Rescue Package and Economic Update, Press Release, 12.11.2008.

90 Michael Pettis: Changing the Top Global Currency Means Changing the Patterns of Global Trade, Carnegie Endowment for International Peace (CEIP), 12.04.2022, https://carnegieendowment.org/chinafinancialmarkets/86878.

91 Rana Foroohar: A New World Energy Order Is Taking Shape. Global Oil Trade Is De-dollarising Slowly But Surely, in: Financial Times, 03.01.2023, https://www.ft.com/content/d34dfd79-113c-4ac7-814b-a41086c922fa?shareType=nongift.

92 Ebd.

93 Ebd.

94 Ebd.

95 Ruchir Sharma: A Post-Dollar World Is Coming, in: Financial Times, 28.08.2022, https://www.ft.com/content/989b2e50-e8b5-474c-86a3-190c6881b235.

96 Ebd.

97 Ebd.

98 Ebd.

99 Michael Pettis: Changing the Top Global Currency Means Changing the Patterns of Global Trade.

100 Ebd.

101 Jeffrey E. Garten: Three Days at Camp David. How a Secret Meeting in 1971 Transformed the Global Economy, New York, 2021.

102 Jeffrey E. Garten: How the ‹Nixon Shock› Remade the World Economy, Interview conducted and edited by Ted O'Callahan, in: Yale Insights, 13.07. 2021, https://insights.som.yale.edu/insights/how-the-nixon-shock-remade-the-world-economy.

103 Zitiert in: ebd.

104 Ebd.

105 Ebd.

106 Ben Holland: Global Debt Pile Declines But Interest Bill Set to Surge, IIF Says, in: Bloomberg, 22.11.2022, https://www.bloomberg.com/news/articles/ 2022-11-22/global-debt-declines-but-interest-bill-is-set-to-surge-iif-says?lead Source=uverify%20wall.

107 John Maynard Keynes: The General Theory of Employment, Interest, and Money, London, 1936.

108 Ryan Grim: Greenspan Wanted Housing-Bubble Dissent Kept Secret, in: HuffPost, 03.07.2010, https://www.huffpost.com/entry/greenspan-wanted-housing_n_560965.

109 Mathew Burrows und Robert A. Manning: The Top Ten Global Risks of 2023, in: National Interest, 19.12.2022, https://nationalinterest.org/feature/ top-ten-global-risks-2023-206027.

110 Ebd.

111 Kristalina Georgieva, Gita Gopinath und Ceyla Pazarbasioglu: Why We Must Resist Geoeconomic Fragmentation – And How, in: IMF Blog, 22.05. 2022, https://www.imf.org/en/Blogs/Articles/2022/05/22/blog-why-we-must-resist-geoeconomic-fragmentation.

112 Ebd.

Fazit: Hoffnung auf Kooperation und ein friedliches Miteinander

1 Wikipedia-Artikel zu «Chimerica» (https://en.wikipedia.org/wiki/Chimerica): «Der Historiker Niall Ferguson und der Ökonom Moritz Schularick prägten den Begriff erstmals Ende 2006 mit dem Argument, dass das Sparen der Chinesen und die übermäßigen Ausgaben der Amerikaner zu einer unglaublichen Periode der Vermögensbildung führten, die zur Finanzkrise von 2007/08 beitrug. Jahrelang häufte China große Währungsreserven an und kanalisierte sie in US-Staatsanleihen, die die nominalen und realen langfristigen Zinssätze in den Vereinigten Staaten künstlich niedrig hielten. Ferguson beschreibt Chimerica als eine Volkswirtschaft, die ‹rund 13 Prozent der

Landfläche der Welt, ein Viertel der Bevölkerung, etwa ein Drittel des Bruttoinlandsprodukts und etwas mehr als die Hälfte des globalen Wirtschaftswachstums der letzten sechs Jahre ausmacht›. Er meinte, das Chimerica enden könnte, wenn China sich von den Vereinigten Staaten abkoppeln würde, was eine Verschiebung der globalen Macht mit sich brächte und es China ermöglichte, ‹andere Sphären des globalen Einflusses zu erkunden, von der Shanghai Cooperation Organisation, der auch Russland angehört, bis zu seinem eigenen informell entstehenden Imperium im rohstoffreichen Afrika›» (abgerufen am 16. Mai 2023).

2 University of Southern California: The Mont Fleur Scenarios, Deeper News, Bd. 7, Nr. 1, https://exed.annenberg.usc.edu/sites/default/files/Mont-Fleur.pdf.

3 Ebd., S. 1.

4 Ebd., S. 2.

5 Ebd., S. 2.

6 Ebd., S. 2.

AUS DEM VERLAGSPROGRAMM

317 Seiten mit 2 Karten | Broschiert | 978-3-406-78246-6

Der Soziologe und Menschenrechtsaktivist Olaf Bernau zeigt,
warum Menschen in Westafrika aufbrechen – und was die Dauer-
krise dieser Region mit Europa zu tun hat. Dabei kommt auch
das koloniale Erbe ausführlich zur Sprache.

«Mit genauen und differenzierten Analysen bietet ‹Brennpunkt
Westafrika› einen exzellenten Einstieg in die ansonsten allzu oft
ideologisch aufgeladene Fluchtursachen-Thematik.»
Andreas Eckert, Die ZEIT

«Ein lesenswertes Buch. Es liefert Stoff für Debatten, die das
Verhältnis von Afrika und Europa weiterbringen könnten.»
Judith Raupp, Süddeutsche Zeitung

WWW.CHBECK.DE

199 Seiten mit 8 Graphiken und 2 Karten | Klappenbroschur | 978-3-406-79325-7

Seit der Niederlage in Afghanistan und Putins Krieg gegen die Ukraine stehen die Grundlagen westlicher Außen- und Sicherheitspolitik auf dem Prüfstand. Was muss sich ändern, damit wir in der neuen Weltunordnung bestehen können?

«Mit provokanten Thesen zur ‹Weltunordnung› hat Carlo Masala den Finger in eine offene Wunde gelegt.»
Conrad Lay, Deutschlandfunk

«Er ist der Mann, der uns den Krieg erklärt.»
Jagoda Marinic, Freiheit Deluxe, Hessischer Rundfunk

C.H.BECK

WWW.CHBECK.DE

4.648 Seiten | 4 Bände im Schuber | Gebunden
ISBN 978-3-406-69781-4

Der Westen – seit dem Zeitalter der Entdeckungen ist er gleichsam das welthistorische Maß aller Dinge. Er hat fremde Reiche erobert und ganze Kontinente unterworfen, die Erde bis in ihre entlegensten Winkel erschlossen, die Naturwissenschaften und die moderne Technik hervorgebracht, die Menschen- und Bürgerrechte, die Herrschaft des Rechts und die Demokratie erfunden. Aber er hat auch oft genug seine Werte verraten, Freiheit gepredigt und Habgier gemeint und mit dem Kapitalismus eine Ökonomisierung aller Lebensverhältnisse entfesselt, die bis heute die Menschheit in Atem hält.

«Eine Darstellung, wie man sie klüger, genauer und umfassender kaum denken kann. Ein Meisterwerk.»
Ulrich Herbert, Frankfurter Allgemeine Zeitung

C.H.BECK
WWW.CHBECK.DE

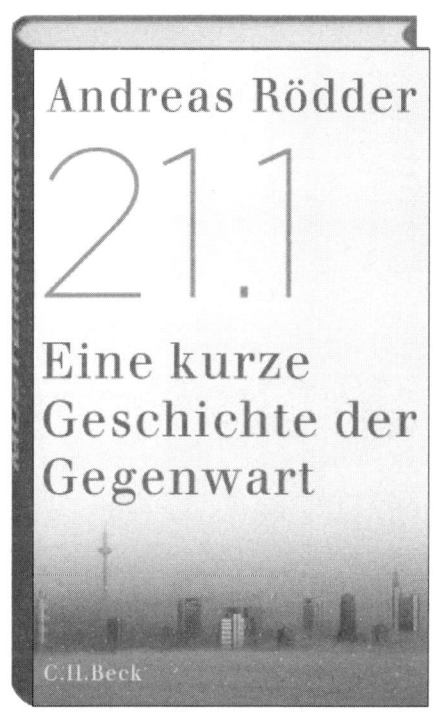

510 Seiten mit 1 Abbildung und 8 Grafiken | Gebunden
ISBN 978-3-406-80096-2

Was sind die Konfliktkonstellationen unserer Gegenwart, wie sind sie entstan-
den und woher kommen sie? Haben sie sich radikalisiert, verästelt oder weiter
entfaltet? Andreas Rödder knüpft an die Erfolgsgeschichte seiner brillanten
Gegenwartsanalyse «21.0» an und legt mit «21.1» das lang erwartete Update
seines historischen Crashkurses durch die Grundprobleme unserer Zeit vor.

«Ein behutsam und ausgewogen auf die Höhe der Zeit gebrachtes Kompendium
über Deutschlands Lage inmitten globaler Veränderungen. ... Bietet einen
beeindruckenden und nützlichen Überblick über die Bedingungen zeitgenössi-
scher Lebensverhältnisse und politischer Entscheidungen.»
Johan Schloemann, Süddeutsche Zeitung

C.H.BECK
WWW.CHBECK.DE